城市轨道交通运营车辆系统岗位培训教材

城市轨道交通电客车驾驶

丛书主编：张　辉　谭文举　柳　林
主　　编：谭文举　王　亮　唐宇斌　金敏敏
主　　审：李文柱　马进火

中国建筑工业出版社

图书在版编目（CIP）数据

城市轨道交通电客车驾驶/张辉，谭文举，柳林丛书主编；谭文举等分册主编. —北京：中国建筑工业出版社，2017.3
城市轨道交通运营车辆系统岗位培训教材
ISBN 978-7-112-20394-9

Ⅰ.①城… Ⅱ.①张… ②谭… ③柳… Ⅲ.①电车-驾驶员-岗位培训-教材 Ⅳ.①U282

中国版本图书馆CIP数据核字（2017）第026851号

本书包括6章。分别是电客车司机岗位概述、行车设备、行车组织、故障处理、安全管理、司机培训考试规定等内容。本书从电客车司机职能及作业标准、行车组织、地铁车辆机械、车辆控制及地铁信号系统、安全管理以及故障和实际操作等几方面详细介绍电客车司机的业务知识。

本书可作为城市轨道交通运营车辆系统岗位培训考试用书，也可作为运营管理部门、设计部门、科研单位和教育机构的参考书。

责任编辑：胡明安
责任设计：谷有稷
责任校对：焦　乐　刘梦然

城市轨道交通运营车辆系统岗位培训教材
城市轨道交通电客车驾驶
丛书主编：张　辉　谭文举　柳　林
主　编：谭文举　王　亮　唐宇斌　金敏敏
主　审：李文柱　马进火

*

中国建筑工业出版社出版、发行（北京海淀三里河路9号）
各地新华书店、建筑书店经销
霸州市顺浩图文科技发展有限公司制版
环球东方（北京）印务有限公司印刷

*

开本：850×1168毫米　1/32　印张：13⅛　字数：362千字
2017年6月第一版　　2017年6月第一次印刷
定价：41.00元
ISBN 978-7-112-20394-9
（29915）

版权所有　翻印必究
如有印装质量问题，可寄本社退换
（邮政编码100037）

本书编委会

丛书主编：张 辉　谭文举　柳 林
主　　编：谭文举　王 亮　唐宇斌　金敏敏
主　　审：李文柱　马进火
编　　委：（排名不分先后）

罗 敏	姚 闽	任旭平	代 轲	李燕艳
蒋 鑫	蒋超鹉	李大洋	庞林通	韦翔军
秦杰荣	谭睿珂	林 雄	肖 凯	姜宏安
刘 骏	赵大伟	徐莎莎	罗来勇	石祖警
徐逸世	刘光普	张雪琦	孙拓东	李久旺
周山君	崔海龙	崔会义	赵恒松	仇 博
任光涛	陈春妍	樊 伟	周 靓	郑和江
高雅伟	唐福波	潘小坤	黄室榕	郭 涛
黄仕致	张孝宇	吕金枚	胡崇文	蒋 超

参编单位：南宁轨道交通集团有限责任公司
　　　　　　中国建筑股份有限公司

序

目前，随着我国城市轨道交通事业的快速发展，城市轨道交通的运营、管理及安全已经摆到了首位。轨道交通系统一旦建成，就必须夜以继日地保持系统的安全和高效运营。城市轨道交通系统设备先进、结构复杂，高新技术应用越来越普及，要保障这样庞大系统的安全和高效，必须依靠与之相协调的高素质的人员。轨道交通行业职工素质的高低直接关系到企业的生存和发展。因此，企业必须拥有一支高素质的技术队伍，培养一批技术过硬、技艺精湛的能工巧匠，才能确保安全生产，提高工作效率，提升非正常情况下的应急应变能力。

岗位培训是人才培养的重要途径，是提高企业核心竞争力的重要手段，而岗位培训需要适合的培训教材，在对国内城市轨道交通行业进行广泛调研的基础上，推出了"城市轨道交通运营车辆系统岗位培训教材"，涉及城市轨道交通标准化作业教程、电客车驾驶、工程车驾驶、工程车检修技术、厂段调度、车辆系统功能与组成、车辆检修技术、设备维修技术、设备操作原理、运营安全管理等内容。

本套教材由南宁轨道交通集团和中国建筑股份有限公司组织从事城市轨道交通建设和运营管理的专家编写。在教材内容方面，力求实用技术和实际操作全面、完整，在注重实际操作的基础上，尽可能将理论问题讲解清楚，并在表达上能够深入浅出。本套丛书不仅是城市轨道交通工程运营专业人员的岗位培训、技能鉴定的培训教材，也可以作为城市轨道交通大中专院校、职业学校学生的教学参考用书。

相信该套培训教材，能在广泛吸收国内、外同行技术与管理经验的基础上，结合国内行业实际情况，为城市轨道交通车辆系统，提供一套完整而系统的参考读物，亦为我国城市轨道交通运营管理的基础理论和实用技术填补空白。

张　辉

前　言

随着城市化进程的加快和城市规模的不断扩大，城市交通需求不断增加，出行距离、出行时间也越来越长。城市轨道交通具有大容量、快速、准点、安全、环保等特点，满足了城市大量人口快速移动和城市可持续发展的要求。因此，轨道交通被越来越多的城市青睐。

地铁大多处于地下或高架的环境里，具有隐蔽性、封锁性、人员和设备密集性等特点，所以行车安全的重要性不言而喻。地铁电客车司机作为保障地铁行车安全的关键，是安全运营的基础条件，如果稍有不慎，就会造成无法估计的损失和意想不到的影响。因此，为了培养和提高电客车司机的知识水平和操作技能，笔者根据多年在地铁工作的实践经验，结合地铁电客车司机现场实际，并参考了地铁司机专业所需要的相关知识，借鉴其他地铁公司及相关厂家的资料编写了本书。本书从电客车司机职能及作业标准、行车组织、地铁车辆机械、车辆控制及地铁信号系统、安全管理以及故障和实际操作等几方面详细介绍电客车司机的业务知识。

本书是编者多年来对城市轨道交通的实践进行的较为科学全面的总结，具有较强的实用性和操作性，可作为轨道交通院校、电客车司机岗位技能培训的教科书与业内管理人员的培训教材，也可供广大的专家、读者进行参考、交流、学习。

全书共分为6章，第1章为电客车司机岗位概述，由赵恒松负责编写。第2章为行车设备，由蒋超鹉负责编写。第3章为行车组织，由任旭平负责编写。第4章为故障处理，由蒋鑫负责编写。第5章为安全管理，由姜宏安负责编写。第6章为司机培训考试规定，由石祖警负责编写。各部分力求文字深入浅出，简明易懂。

本书在编写过程中得到了南宁轨道交通集团及运营分公司领导专家的大力支持，在此一并致谢。在成文过程中，也参考和引用了部分同行的相关成果，特向相关作者表示感谢。鉴于编者水平有限，书中纰漏和不足之处在所难免，恳请广大专家、读者批评指正！

编　者

目 录

1 电客车司机岗位概述 ·· 1
  1.1 电客车司机概述 ·· 1
  1.2 电客车司机服务标准 ·· 3
  1.3 电客车司机安全标准 ·· 5
  1.4 电客车司机的作业标准 ·· 9
  1.5 正线运行规定 ··· 16

2 行车设备 ·· 23
  2.1 线路设备 ··· 23
    2.1.1 概述 ··· 23
    2.1.2 正线线路介绍 ··· 33
    2.1.3 车厂线路介绍 ··· 38
    2.1.4 线路限界 ··· 44
    2.1.5 线路速度 ··· 46
    2.1.6 供电系统 ··· 50
  2.2 车辆设备 ··· 52
    2.2.1 车辆机械结构 ··· 53
    2.2.2 列车空气管路系统 ······································· 94
    2.2.3 车辆牵引及制动 ·· 110
    2.2.4 辅助系统 ·· 127
    2.2.5 通信及乘客信息 ·· 134
  2.3 信号设备 ·· 141
    2.3.1 车辆信号设备 ·· 141

  2.3.2 列车总线及110V控制电路 ………………… 144
  2.3.3 信号基础 ……………………………………… 158
  2.3.4 轨旁设备 ……………………………………… 164
 2.4 屏蔽门 …………………………………………………… 165
  2.4.1 概述 …………………………………………… 165
  2.4.2 屏蔽门介绍 …………………………………… 168
  2.4.3 屏蔽门组成 …………………………………… 170

3 行车组织 …………………………………………………… 188

 3.1 场段内作业 ……………………………………………… 188
  3.1.1 概述 …………………………………………… 188
  3.1.2 整备作业 ……………………………………… 189
  3.1.3 调车作业 ……………………………………… 207
  3.1.4 洗车作业 ……………………………………… 215
  3.1.5 列车出、入车厂程序 ………………………… 220
  3.1.6 场段内应急处理 ……………………………… 224
 3.2 行车组织基础 …………………………………………… 236
  3.2.1 概述 …………………………………………… 236
  3.2.2 正线作业规定 ………………………………… 243
  3.2.3 行车组织基本原则 …………………………… 255
  3.2.4 非正常情况下的行车组织 …………………… 265
  3.2.5 信号显示 ……………………………………… 278
  3.2.6 列车调试作业程序 …………………………… 283
  3.2.7 终点站的折返程序 …………………………… 292
  3.2.8 转备用程序 …………………………………… 304
 3.3 正线应急处理 …………………………………………… 306
  3.3.1 概述 …………………………………………… 306
  3.3.2 安全应急处理程序 …………………………… 308
  3.3.3 应急处理程序 ………………………………… 317
  3.3.4 屏蔽门故障应急处理 ………………………… 323

4 故障处理 326
4.1 概述 326
4.2 车辆故障及处理 342
4.3 车辆设备故障应急处理 343

5 安全管理 351
5.1 概述 351
5.2 事故规定 355
5.3 术语 362
5.4 关键点 367
5.5 案例分析 375

6 司机培训考试规定 381
6.1 概述 381
6.2 高技能人才评定 384
6.3 考试大纲 394

1 电客车司机岗位概述

1.1 电客车司机概述

1. 司机岗位定义

电客车司机是指持有地铁运营单位颁发的《电客车司机驾驶证》，具备独立操纵电客车资格的电客车驾驶人员，负责驾驶电客车在正线上运行及在车厂内的调车作业和电客车运作的安全。

乘务系列分电客车司机、车厂调度、信号楼值班员、派班员、电客车队长和车厂组组长6个主要生产岗位，其中司机岗位按照技术等级分为初级、中级、高级等级别。

2. 电客车司机的条件

由于电客车司机岗位所具有的独特性，对从业人员的身体素质有较高要求。因为在从事电客车司机岗位过程中会进行对突发事件的处理，因而对从业人员的身体素质与视力要求较高，且不能有色盲色弱。

一名合格的电客车司机除了良好的身体条件外，还需要具备以下素养。

（1）正常情况下的驾驶技能

电客车司机在驾驶列车运行的过程中，列车若处于正常状态，那么作为一名合格的电客车司机则要在保证乘客人身财产安全的前提下将乘客准时的运送到目的地。

（2）列车故障的处理能力

地铁列车在隧道或者地面、高架线路运行时当行车设备发生故障，作为驾驶司机应根据现场故障情况迅速对故障做出判断并沉着、冷静、果断的进行处理,在最短的时间内恢复列车的运行,将设备故障对地铁运营的影响减少到最低。

(3) 进行列车救援的高效性

当地铁列车在运行过程中发生故障导致列车无法动车时,为保障地铁运营的正常,需要对该故障车进行救援,使其退出服务恢复运营,作为一名电客车司机,在需要协助进行列车救援时必须要以最短的时间按照行调的命令赶赴故障地点,以高效、准确的处理将故障对运营造成的影响降到最低。

(4) 发生突发事件时的心理素质

在地铁运营过程中除了行车设备发生故障以外,列车在区间运行或停靠在站台时可能会发生乘客打架斗殴,纵火行凶等各种突发应急事件,作为电客车司机必须具有良好的心理素质去处理这些突发事件,保障乘客的生命财产安全,并在最短的时间内回复地铁正常运营,将影响降到最低。

3. 电客车司机职责

负责按《运营时刻表》的要求驾驶电客车,严格执行各项规章制度,确保电客车安全、准时、便捷、舒适地投入服务。保证运营期间行车和人身安全。

司机在正线听从行调统一指挥,在车厂听从车厂调度统一指挥。

负责确认行车凭证,瞭望前方线路,发现危及行车及人身安全时,立即采取紧急措施。

负责正线客车运营和车厂调车作业的安全。

加强自身业务学习,提高应急处理能力,发生突发事件时,马上报告行调,冷静、果断、及时地处理,尽快恢复列车运营。

严格执行标准化作业,监督本机班乘务员按章作业,确保行车安全。

值乘司机遇身体不适,应及时转告派班员,请求协助,避免影响正线服务。发生交路混乱时要有高尚的职业道德,要确保有车有人,服从队长和派班员的安排,确保工作的顺利完成。

在换乘室折返的司机,根据行调指示随时做好开行备用车的准备。

4. 电客车司机培养

随着中国的城市化进程的加快，城市人口的增加给城市交通带来的压力日渐增加。因而与我们传统的地上交通相对应的地下交通就成为缓解城市交通压力的新渠道。随着地铁的快速发展，员工队伍的迅速壮大，人才的培养、强化员工业务素质与提高岗位技能是保障地铁健康可持续发展的关键，其中电客车司机的培养是重点中的要点。

如今国内大部分地铁运营单位对于司机的培养主要分为以下三个阶段：

（1）校内学习

校内学习主要是由地铁运营单位提前根据本单位的需要在全国各专业院校招录订单班学员，签订委培协议，由学校对其进行具有针对性的专业培养，使其对地铁行业有初步了解，养成良好职业的习惯，使其成为一名合格的准员工。

（2）岗前培训

岗前培训分为理论培训与跟岗培训，岗前理论培训由各乘务分中心根据司机任职要求与司机岗位应知应会制定培训计划，报中心审核，通过后由各乘务分中心负责具体实施。岗前理论培训主要采用集中授课模式，时间不等。理论培训主要是对司机需要掌握和遵守的各项规章制度与专业知识的学习。在理论培训期间会穿插跟岗培训以达到理论与实际相结合。

（3）在岗培训

在岗培训以师徒带教为主，由单独上岗的司机带教，在日常工作中对学员教授司机的应知应会，使其达到单独上岗的要求。

1.2　电客车司机服务标准

1. 服务承诺

安全、准时、便捷、舒适。

2. 仪表仪容标准

(1) 上岗时统一着装，要求衣着整洁，按规定佩戴领带（结）、肩章、工号牌等（图1.2-1）。

图1.2-1　仪容仪表

(2) 肩章清洁平整，工号牌佩戴于衣服左口袋上方，工号牌的下边沿与衣服左口袋的口袋盖上沿齐平，工号牌的左边沿与口袋纽扣的左边沿齐直，团徽佩戴于工号牌的中上方。

3. 举止行为

(1) 在岗位上不得聊天、说笑、追逐打闹或做与岗位工作无关的事，如看书、看报、吃东西、会客等影响服务的行为。

(2) 乘务人员出入车站过程中，服务工作标准要求与站务人员相同。

(3) 如因列车故障，司机需进入客室操作设备，必须保证着装整齐，举止得当，不得冲撞乘客；如需乘客配合，应礼貌进行协商，不得有强制行为。

(4) 遵守公司通用行为守则，在岗时要精神饱满，举止大方，行为端正。

4. 文明用语规范

(1) 乘务员在换乘室接听电话时，应使用普通话说："您好，某某换乘室"。

(2) 应根据乘客的不同身份使用恰当的称呼用语，如：先生、小姐、小朋友、大爷、阿婆、同志等。

(3) 当列车自动报站故障或其他情况时需要人工报站或播放

清客广播时，应使用普通话，保持语调沉稳、圆润、语速适中、音量适宜，避免声音刺耳或使乘客惊慌。

（4）在终点站，遇乘客询问如何坐车时，应说："请您在这边候车。"并指引正确的候车地点。

（5）在站台扣车或区间临时停车时，列车需要播放临时停车广播安抚乘客，遇录音广播故障时则采取人工广播。

（6）列车对标不准，需要二次启动时，必须做好广播："尊敬的各位乘客，列车将再次启动请坐好扶稳。"

（7）列车到达两端终点站如退出服务或转备用要做清客广播："终点站某某站到了，请所有乘客下车。"

（8）在站台立岗有乘客求助时，如由于时间关系不能为乘客解答，应礼貌地说："某某，对不起，请找车站工作人员处理。"并立即用对讲机通知车站站台岗或车控室。

（9）接待乘客的投诉，态度要和蔼、不得讲斗气、噎人、训斥、顶撞、过头及不在理的话。

（10）在进行工作联系，应采用行车标准用语，统一采用普通话进行联系，涉及阿拉伯数字联系时应规范如下：洞（0）、幺（1）、俩（2）、叁（3）、肆（4）、伍（5）、陆（6）、拐（7）、捌（8）、玖（9）。

1.3 电客车司机安全标准

1. 作业安全基本原则

客车乘务员应有高尚的职业道德，要有强烈的责任感、较高的安全意识，确保列车运行、客车调试作业和车厂内调车作业安全。正常情况下的列车操作应确保"准确"，非正常情况下确保"安全"，所有操作均须动作紧凑，快速正确。严禁司机无故延误操作程序时间。

2. 整备作业安全基本原则

（1）整备作业前必须了解列车停放位置及列车状态；

(2) 检查列车走行部时，必须确认列车已降下受电弓；

(3) 严禁跨越地沟。进行车底检查时，戴好安全帽，应注意空间位置，避免碰伤；

(4) 检查列车时必须佩戴手电筒，并严格按要求整备列车，列车没有经过整备严禁动车；

(5) 升弓前，必须确认接触网有电，所有人员均在安全区域，方可鸣笛升弓；

(6) 受电弓升起后，严禁触摸电气带电部分、地沟检查及攀登车顶。

3. 调车作业安全基本原则

(1) 设置铁鞋防溜时，不拿出铁鞋不动车；

(2) 凭自身动力动车时，没有制动不动车；

(3) 机车、车辆制动没有缓解不动车；

(4) 调车作业目的不清不动车；

(5) 调车作业没有联控不动车；

(6) 没有信号或信号不清不动车；

(7) 道岔开通不正确不动车；

(8) 异物侵限不动车。

4. 列车运行安全基本原则

(1) 司机在取得《电客车司机驾驶证》并经鉴定合格后，方准独立驾驶客车。学习司机必须在司机的监督下才能操作列车；

(2) 严格遵守各种规章制度，按照要求操作使用设备和正确执行各项作业程序，确保客车运行安全；

(3) 列车运行严格按照规章中规定的速度运行，严禁超速运行；

(4) 严格按《运营时刻表》时刻动车，动车前必须确认动车"五要素"（信号、道岔、进路、车门、制动）。列车退行或推进运行时，运行前端必须有人引导；

(5) 乘务员在班前注意休息，班中精力集中，保持不间断瞭望，列车进站过程中严禁做与工作无关的事；

（6）操作各旁路开关前，必须确认符合安全条件，并取得行调的授权；

（7）发布调度命令或行车指示时，司机必须记录在《司机日志》上，认真逐句复诵，领会命令内容，并向同一机班人员传达，做好交班；

（8）工作时严守岗位，不得擅自离岗。当班时严禁带私人通讯工具、便携式音响游戏机等娱乐工具上车，严禁在列车运行中打盹、看书或干与工作无关的事。

5. 折返作业安全基本原则

（1）严格遵守交接班制度，坚持"有车必有人"；

（2）关门及动车前必须确认进路防护信号机开放或者具有行车凭证；

（3）动车前确认所有人员均在安全区域；

（4）严格按折返程序操作，人离开站台端墙时必须确认列车已经启动；

（5）折返失败时，在折返线严格确认后端的进路信号开放后才关主控钥匙换端。原班折返时，严格确认信号开放后才开驾驶台。

6. 站台作业安全基本原则

（1）开关屏蔽门、车门时，必须严格执行"一确认、二呼唤，跨半步、再开门"的作业程序；列车在站停稳后，应先确认列车停在规定的范围内（停车标±50cm内）；

（2）站台作业时应注意列车与站台间的空隙，避免摔伤；

（3）关屏蔽门、车门前应先确认车载信号（ATP保护下）或进路防护信号机开放（信号系统处于BM模式或采用区段进路行车法）或者具有行车凭证（电话闭塞法），再关屏蔽门、车门；关门时屏蔽门操作员站立在PSL操作盘附近监视屏蔽门关闭状况和乘客情况，司机站在驾驶室与站台间位置目视、监控车门关闭状态和空隙安全情况，发现异常及时处理；

（4）屏蔽门操作员关好屏蔽门后，确认所有屏蔽门关闭，屏蔽门上方指示灯灭，PSL控制盘"门关闭锁紧"绿色指示灯亮，其他故障指示灯不亮。司机关闭车门后应观察车辆显示屏确认所有车门关好；

（5）动车前，司机、屏蔽门操作员确认屏蔽门、车门状态，确认屏蔽门与车门之间空隙无人无物，方可进司机室；

（6）当列车采用RM、NRM模式驾驶列车，行调口头扣停列车时，前方信号机显示红灯或灭灯时方向手柄必须回零；

（7）遇特殊情况（如客流大、列车晚点等）时，加强与车站联系，先关屏蔽门确认空隙安全后再关车门，再次确认空隙安全；

（8）三人机班值乘时，只需要两人（屏蔽门操作员与学员二选一）进行站台作业，另一人留在驾驶室内做好监控。司机、按屏蔽门操作员/学员的顺序走出驾驶室。关门后，司机、按学员/屏蔽门操作员的顺序进入驾驶室，最后学员/屏蔽门操作员负责关闭驾驶室侧门；

（9）由于站前折返或反方向运行时，司机确认车站协助人员开启屏蔽门后再开车门。到点关门时，先通知车站协助人员关闭屏蔽门并确认屏蔽门关好后再关车门。

7. 洗车作业安全基本原则

（1）列车在进入洗车线前，司机必须联系信号楼值班员，明确洗车头或车尾；

（2）严格按洗车线行车标志、洗车信号机的显示和调车信号的显示行车。无论是否洗车头或车尾，司机都必须按照洗车头/车尾的停车位置一度停车，确认洗车信号开放和设备无侵入限界后方可动车；

（3）严禁赶点、超速驾驶；

（4）保持精力集中、不间断瞭望。严格确认线路、设备状态，发现异常立即停车，报告信号楼值班员，再次动车前必须得到信号楼值班员或车厂调度的同意并确认安全后方可动车。

8. 人身安全基本原则

（1）进出驾驶室注意站台与驾驶室侧门之间的间隙，谨防摔伤；

（2）在正线或出入厂线，禁止未经行调同意擅自进入线路；

（3）进出折返线线路时，司机必须报告行调/车站，得到行调或车站同意后穿好荧光服才能进出折返线线路；

（4）列车在隧道内故障需要清客时，司机必须做好防溜措施，等待车站人员到来后，才能往隧道疏散乘客；

（5）严禁擅自带无关人员进入驾驶室，因工作需要登乘列车驾驶室时必须确认其登乘证，人员包括司机不得超过四人；

（6）在车厂内有地沟的股道动车出库前，必须确认地沟无人后方可动车；

（7）严禁飞乘飞降，严禁跳上跳下驾驶室。车厂上下车时，必须从登车梯处上下。

1.4 电客车司机的作业标准

1. 司机出勤规定

（1）出乘准备

1）出乘前 8h 严禁饮酒或服用影响精神状态的药物，做好充分休息，值乘早班交路时，值乘乘务员应在公司公寓候班，保持精力充沛；

2）公寓待班时，必须严格执行公寓候班管理制度，每天 22：00 前到公寓执行签到制度，22：00 后不准外出（特殊情况经候班轮值或当值车厂派班员同意者除外），22：30 分准时关灯休息；

3）公寓候班或借宿期间，禁止饮酒及进行任何娱乐活动或影响他人休息的活动；

4）严格执行叫班签认制度，保证准时出乘；

5）正线出勤时，按规定时间提前 15min 到位，做好出勤的准备工作；

6）乘务员出勤前认真抄/阅调度命令、行车揭示及安全注意事项。

（2）出勤规定

1）车厂出发列车在车厂派班室出勤，正线出勤司机在正线派班室出勤。

2）乘务员出乘应按规定着装，携带有关证件（司机证等）、行车备品（荧光服、电筒）及规章文本，按规定出勤时间准时到派班员处办理出勤作业。

3）派班员确认司机的精神状态，审核《司机日志》的行车注意事项，符合安全行车要求后签章交还司机，并再次口头转达有关安全注意事项，发放手持台、《司机报单》（表1.4-1）、《运营时刻表》等行车用品。

司机报单　　　　　　　　　　　　表1.4-1

编号：

日期：　年　月　日　　　　　　　No：

职务	代号	姓名	出勤时间	退勤时间
			出勤派班员	退勤派班员

序号	车号	车次	始发站	时间	终到站	时间
1						
2						
3						
4						
5						
6						
7						
8						
9						
10						
11						
12						

续表

序号	车号	车次	始发站	时间	终到站	时间
13						
14						
15						
16						
17						
18						
19						
20						
行车公里						
行车记事						

4）认真听取派班员的行车指示，做好行车安全预想，做好行车备品的领用手续并确认其状态良好、齐全。

5）车厂出勤司机需到车厂调度室处，听取调度员传达注意事项，了解客车停留位置及客车技术状态，领取《客车状态记录卡》（表1.4-2）及一套客车钥匙和屏蔽门钥匙并做好登记，到规定地点整备列车。

客车状态记录卡　　　　　　　　表1.4-2

编号：

____年___月___日

车次：	停放位置：	道　段	出厂方向：

客车技术状态良好，符合运行条件：

检修调度员：_____　　____年____月____日

车厂调度员：_____　　____年____月____日

驾驶室	km	备注	
驾驶室	km		

6）车厂备班司机认真抄写当天车厂作业计划及安全注意事项后出勤。出勤后与交班司机对口交接。

7）正线接车司机应按所接列车到达该站前提前2分钟在站台接车端立岗，待列车停稳后进驾驶室与到达司机进行交接，听取列车技术状态、行车命令及线路状况等安全事项。

8）出勤时，必须严肃、认真，集中精神听取派班员、车厂调度员的指示及要求，有疑问时必须问清楚。

9）出勤领取行车备品时，必须认真确认其数量齐全、状态良好，在借用登记簿上进行记录。

2. 驾驶列车动作标准

（1）列车运行中司机工作状态应保持：坐姿端坐，不间断瞭望，左手置于ATO按钮处，右手置于主控手柄。ATO模式不按压警惕按钮，人工驾驶模式按规定按压警惕按钮（图1.4-1）。

图1.4-1 标准坐姿

（2）列车进站时，司机应坐姿端正，双脚平放踏板，左手放在鸣笛按钮前，右手握住主控手柄，进行不间断的瞭望，发现危及行车安全时，及时采取有效措施。学员/屏蔽门操作员应站在驾驶台左侧，呈立正的姿势（两脚并拢），眼望前方。

（3）采用ATPM、NRM、RM模式人工驾驶时，不得"急推快拉"，采取"早拉、少拉"，保持列车平稳运行，集中精神，防止列车紧急制动。掌握好速度，对标准确，避免列车二次启动。

（4）人工驾驶作业规范

1）主控手柄操作标准为：右手掌四指握主控手柄杆，拇指紧压警惕按钮，警惕按钮按压下后，听到"叭"的一声即为按

到位;

2)运行中或动车前用力按压主控手柄警惕按钮,严禁松开该按钮。如瞬间失知(未产生紧制)时,迅速按压"警惕按钮"并将主控手柄拉回零位复位,然后再推向牵引区或制动区操纵。如松开"警惕按钮"超过4s则列车产生紧急制动;

3)牵引启动时,应把主控手柄向"牵引"位由小往大缓慢移动,做到启动平缓,严禁快推现象,防止因牵引力突然过大而导致"空转/滑行";

4)当列车接近规定的速度时,司机应把主控手柄回零,中断继续牵引,一般在列车速度到达预定的速度前5km/h,把主控手柄回零;

5)实施常用制动时,手拉手柄在制动区平滑调节,做到早拉、少拉,控制好速度,不得使用快速制动对标停车(特殊情况除外);

6)适时掌握制动区0点位置,牵引或制动时,做到平稳操纵,防止因在"0"点位置改变牵引主控手柄时而带来的冲动。

3. 站台作业标准

(1)站台作业时,驾驶司机先出去立岗,站台作业完毕后先进入司机室;监控员负责关闭司机室侧门,注意确认司机室侧门关好,驾驶司机动车前确认所有门关好指示灯亮,满足动车条件(图1.4-2)。

(2)电客车司机在站台立岗时,站在司机立岗处保持立正姿势,双手自然下垂,眼平视前方,观看乘客上下车情况,不得背手、手插进口袋或手搭在物品上,不得显露出打哈欠或伸懒腰等影响司机形象的行为;

(3)正常情况下关门时,身体站直,面向屏蔽门

图1.4-2 站台作业

与车门的空隙,向司机室方向移小步(关左门时,左脚踏在司机室,左手操作关门按钮;关右门时,右脚踏在司机室,右手操作关门按钮);

1) 关左门时,左脚踏进驾驶室,确认屏蔽门与车门之间的空隙安全后左手操作关门按钮,并密切监视车门关闭情况;

2) 关右门时,右脚踏进驾驶室,确认屏蔽门与车门之间的空隙安全后右手操作关门按钮,并密切监视车门关闭情况。

(4) 司机关屏蔽门及车门前,首先确认行车凭证、道岔、进路正确、乘客上下车完毕,再关门,发现异常及时重新开关门,严格执行站台标准化作业"四步曲"依次确认手指、口呼:"屏蔽门关好、站台安全、无夹人夹物(查看 3s 以上)、车门关好";

(5) 遇特殊情况(如客流大、列车晚点、DTI 显示少于 10s 等)时,加强与车站联系,确认空隙安全后再关屏蔽门/车门。

4. 折返交接班作业规定

(1) 到达司机在进入终点站前用手持台或对讲机通知接车司机准备接车,如站前折返则需及时告知接车司机;

(2) 列车进站对标停妥后,等待车门图标显示全部打开状态后,将到站台立,确认车门、屏蔽门开启;

(3) 进行终点站清客广播;

(4) 确认接车司机已上车后,用司机室对讲与接车司机进行交接班作业:车次、车辆技术状态、行车注意事项、调度命令的交接;

(5) 司机确认清客完毕,关闭车门、屏蔽门,进行站台关门作业四步曲;

(6) 以 ATO/ATPM 驾驶列车进入折返线;在折返线停妥后,关闭主控钥匙,使用司机室对讲通知接班司机钥匙已关闭;

(7) 采用 ATB 自动折返时,列车站台作业完毕后,关闭主控钥匙,确认 ATB 按钮灯亮并按压,ATO 灯点亮,司机按压 ATO 按钮后列车自动启动进入折返线;

(8) 收齐行车备品,下车锁好通道门与司机室侧门;

(9) 列车进入折返线后由接车司机根据车载信号或地面信号开钥匙激活主控 ATO/ATPM 出折返线；

(10) 若是 ATB 折返则列车自动出折返线；

(11) 接车司机在列车到站后按照规定程序作业。

5. 司机退勤规定

(1) 列车进厂停稳后，同一机班人员到车厂调度处还钥匙、状态卡，做好记录，并向车厂调度说明列车的状态、防护情况及停车位置。

(2) 正线退勤时，同一机班人员到派班室办理退勤手续；车厂退勤时，到车厂派班室办理退勤手续。

(3) 退勤时，向派班员小结列车的运行情况，当值期间发生事件/事故时需填写发生的事件/事故记录（表1.4-3），递交司机报单、运营时刻表、钥匙、手持台和办理归还手续，派班员确认满足退勤条件后在《司机日志》上签章，允许司机退勤。

事故/事件、好人好事登记表　　　　表 1.4-3

编号：

姓名		时间	年　月　日　时　分
现场人员		地点(区间、km、m)	
车次		车号	
类别：a. 事故；b. 事件；c. 好人好事			
事故/事件、好人好事概况及原因			
处理情况			

1.5 正线运行规定

电客车司机驾驶列车在正线运行时按照《运营时刻表》驾驶列车运行,严格执行各项规章制度的要求,在确保安全的前提下准时的将乘客送达目的地。

1. 注意事项及要求

(1) 司机在驾驶列车时,除了认真留意显示屏、各种表示灯/按钮的状态之外,还需要加强在运行中眼观、耳听、鼻闻的意识,做到从声音中听出异常、鼻子里闻出异味、手感中觉出异常,时刻注意列车运行中的变化。发现异常时,司机先采取措施,然后立即报行调,按行调指示执行。

(2) 列车运行中坚持"动车集中看,瞭望不间断",掌握"远看信号,近看道岔"的原则,确认前方进路安全。严格按照规定及行调命令控制好列车运行速度,严禁超速。

(3) 坚持呼唤应答制度,要求呼唤时机恰当,用语准确响亮。相互监督,做好行车"三控",即自控、互控、他控,确保行车安全。

(4) 司机必须熟练掌握线路信号平面布置,按照信号显示行车,准确对标,防止越出停车标、错开车门。正常情况下严禁未对好停车标(即大于±50cm)开车门。

(5) 正常情况下列车采用ATO模式驾驶,改变驾驶模式前必须要得到行调的授权(有特殊规定的除外)。如有需要采用NRM或RM驾驶模式除得到行调的授权外,司机严格按照规定的速度执行,严格遵循线路允许和运营速度限制操纵列车。区间限速牌前按规定要求降速,严禁超速。

(6) 司机采用ATPM模式驾驶时,必须时刻保持按压警惕按钮,列车在区间运行时保持实际速度低于推荐速度5km/h,进站时注意严格控制速度,制动时采取早拉少拉的原则,避免因空转/滑行或因超速(或松开警惕按钮)而产生紧急制动。

(7) 列车故障或其他原因需临时停车，司机通过列车语音广播或人工广播，做好乘客的解释工作。在车站如已知前方受阻延误等候开车时间较长，司机打开车门和屏蔽门，并配合站务人员作好宣传解释，减少不必要的乘客投诉。

(8) 当车辆或信号设备发生故障时，司机按故障处理原则执行，并应正确掌握好与行调的请示和汇报时机，按照相关规定进行处理，如故障无法排除且在申请技术支援后仍无法处理，客车不能运行时，立即报告行调请求救援。

(9) 发现弓网故障、线路及其他轨旁设备损坏或超限时，立即采取紧急停车措施（如在区间发现弓网故障时，司机应立即降弓，在确保事态不进一步扩大和安全的前提下，尽量维持列车进站对标停车，开门清客），并报告行调。

(10) 区间发生故障及火灾时，尽可能维持进站处理。遇故障列车需维持运行至终点站时，司机必须密切留意列车运行状态，防止列车故障的进一步扩大。

(11) 在正常情况下，列车在进站时禁止接受行调的普通呼叫；如列车在进站时，行调使用紧急呼叫模式呼叫司机，司机接到紧急呼叫时应立即应答。

(12) 司机加强与车站联系，对于需经车站中转的行车指示或命令必须执行复诵制度，命令不清不准动车，严禁臆测行车。加强执行联控安全措施，确保列车安全、准点运行。

2. 行车凭证

(1) 正常情况下，列车采用 ATO/ATPM 模式运行，凭车载信号及进路防护信号的显示行车。严格按照《运营时刻表》和秒表及观看 DTI 时分掌握停站时间及运行时间。

(2) 非正常情况下需使用引导信号时（红黄灯），司机必须在引导信号开放 30s 内通过，若不清楚引导信号已开放多久时必需要求行调重新开放引导信号。

(3) 非正常情况下，当 ATP 设备故障时按信号故障处理程序处理。

（4）当联锁故障需要采取电话闭塞法时，按电话闭塞法程序执行。

3. 对标停车及开门要求

（1）严格按规定速度驾驶列车，严禁超速，进站对标停车，停车精度要求控制在±50cm内，此时按规定开屏蔽门、车门上/下客。

（2）如列车对标停车在±50cm以上时，司机必须确认车门处于关闭状态后重新对标将列车停在±50cm以内，如车门已开启司机确认乘客可以上下后手动打开屏蔽门。列车越过站台5m及以上，按行调的指示如需不开门继续运行到下一站时，司机必须做好人工广播安抚乘客。司机在进行二次对标前必须确认车门处于关闭状态，并做好广播告知乘客。

（3）司机在切除ATP及使用强行开门按钮开门时，应该执行"先确认、后呼唤、跨半步、再开门"的开门作业程序，防止误操作造成错开车门。

（4）列车运行中发生紧急制动时：在站台区域发生紧急制动时司机应确认线路上无物品侵限，站台屏蔽门无开启时，确认进路安全后迅速人工对标停车开门上下客；如因屏蔽门打开触发紧急制动时，司机报告行调，经行调同意，确认线路安全后鸣笛动车对标停车。

4. 站台作业

屏蔽门系统正常情况下，列车进站对标停车后屏蔽门与车门的开启。

（1）正常情况下客车进站对标停稳，停车位置在±30cm以内，车门及屏蔽门自动打开。停车位置在±(30~50)cm时，车门可以正常自动打开，但屏蔽门不能正常自动打开。

（2）当列车以ATO"开关门模式选择"置于手动位时或列车以ATPM模式（无论"开关门模式选择"置于手动位或是自动位）正常进站对标停稳（停车位±50cm以内），车门及屏蔽门是不能自动打开的，需要司机按压列车"开门"按钮，对应的车门及屏蔽门可以联动打开。

（3）列车以 ATO 或 ATPM 模式进站对标停车确认停车位置在±30cm 内，车门与屏蔽门未能正常打开时，按压列车"开门"按钮，出现车门打开，但屏蔽门不能自动打开时，司机应再次按压站台侧开门按钮，无效后迅速到站台 PLS 盘处用屏蔽门钥匙打开屏蔽门，乘客上下完毕后按规定关屏蔽门、车门。

（4）列车以 RM 模式正常进站对标停稳（停车位置±30cm 以内），车门及屏蔽门不能自动打开，需要司机将"强行开门"开关置"合"位，再按站台侧的"开门"按钮，对应的车门及屏蔽门联动打开。

（5）下列情况，列车以 ATO/ATPM 模式进站对标停稳（停车位置±30cm 以内），屏蔽门和车门不能自动打开，需要司机将"强行开门"开关置"合"位，再按"开门"按钮，相应车门及屏蔽门联动打开的情况。

5. 站台开关门作业程序

当 ATO 模式下列车的"开关门模式选择"置"自动"位，列车显示屏显示车门图标全部显示黑色后，在中间站司机到站台司机立岗处立岗，确认车门、屏蔽门全部正常开启；而终点站在 CCTV 正常的情况下，司机在驾驶室内通过 CCTV 及 PSL 盘上指示灯确认车门、屏蔽门全部正常开启；当人工驾驶模式下时（包括 ATPM/RM）需确认站台侧"开门指示灯"亮（RM 模式包括二次启动对标需将"强行开门"开关置"合"位），司机严格执行"先确认，后呼唤，跨半步、再开门"的开门作业程序按压开门按钮，跨出驾驶室，到站台站在白线外确认车门、屏蔽门正常打开；当 NRM 驾驶模式下时，司机执行"先开屏蔽门，再开车门"的原则，并严格执行"先确认，后呼唤、跨半步、再开门"的开门作业程序。

（1）开门作业

1）列车对标停稳后，确认列车已施加气制动、呼唤"开左/右门"。

2) 当ATO模式下列车的"开关门模式选择"置"自动"位，列车显示屏显示车门图标全部显示黑色后，到站台司机立岗处立岗，确认车门、屏蔽门全部正常开启；当人工驾驶模式下时（包括ATPM/RM）需确认站台侧"开门指示灯"亮（RM模式包括二次启动对标需将"强行开门"开关置"合"位），司机严格执行"先确认，后呼唤，跨半步、再开门"的开门作业程序按压开门按钮，跨出驾驶室，到站台司机立岗处确认车门、屏蔽门正常打开；当NRM驾驶模式下时，司机执行"先开屏蔽门，再开车门"的原则，并严格执行"先确认，后呼唤，跨半步、再开门"的开门作业程序。

3) 司机确认车门、屏蔽门全部正常打开后呼唤："某某站车门、屏蔽门开启"。

（2）关门作业

1) 司机确认车门打开且足够10s，乘客上下车完毕、DTI显示10~13s时呼唤"关左/右门"。

2) 跨半部进入驾驶室，确认屏蔽门与车门的空隙无乘客，按压车门"关门"按钮1秒以上（如有进路防护信号机的车站，司机需确认进路防护信号机已开放，如为终点站还需确认车站已显示清客"好了"手信号后再按压车门"关门"按钮。）

3) 认真确认列车与站台的缝隙内情况，屏蔽门和车门自动关门，待车门关闭后，扭头进司机室确认站台侧关门指示灯亮，呼"车门关好"，再保持跨半步的姿势，转头确认"屏蔽门关闭且锁紧"指示灯亮，呼"屏蔽门关好"。

4) 确认空隙安全后呼唤"空隙安全"。

5) 进入驾驶室通过CCTV确认站台无异常后呼"站台安全"，确认进路正确，具备行车条件后动车。

6) 发现屏蔽门不能关闭时，再按一次关门按钮，如屏蔽门仍不能关闭，重开关车门一次，屏蔽门仍然不能关闭，按相关应急程序执行，或屏蔽门全部关闭但PLS盘上的"屏蔽门关闭且锁紧"指示灯（联锁灯）不亮，按先通后复的原则，司机报告车站和行调,确认站台人员的"好了"信号,并再次确认"空隙"无异常后进入驾驶室,由站台岗旁路屏蔽门或报告行调申请RM模式出站。

7)若ATO灯不亮但有速度码,司机先确认ATO灯正常(若ATO灯故障时按相关规定执行),再到PSL盘上确认"屏蔽门关闭且锁紧"指示灯状态,"屏蔽门关闭且锁紧"指示灯不亮时,按相关应急程序执行;如PSL盘上"屏蔽门关闭且锁紧"指示灯亮时,按车载ATO故障的有关规定执行。

8)列车在车站ATPM模式动车后,若出现无牵引力产生溜动及紧急制动,司机立即报行调并申请RM动车。

9)列车RM模式出站司机按规定向行调申请RM出站并得到同意确认"动车五要素"后动车。

10)特殊情况下列车采用NRM模式驾驶时,向行调落实通知车站派人到站台PLS操作盘处协助司机开关屏蔽门(如列车上有NRM监控员时,则由监控员负责协助司机开关屏蔽门)。按照"先开屏蔽门、再开车门,先关屏蔽门、再关车门"的原则,司机与车站协助人员加强联控,加强密切配合,协同动作,确保开关门作业正确、不发生夹人夹物、同步操作相应门控系统。车站协助人员确认列车停稳、停准后复通,并立即打开屏蔽门,协助人员确认乘客上下车完毕后复通,并立即操作关屏蔽门。如为终点站,协助人员确认站台岗已显示清客"好了"手信号后呼"关屏蔽门",并操作关屏蔽门。确认屏蔽门关闭良好后呼"屏蔽门关好"。

6.注意事项

(1)特殊情况下,无人协助司机人工开关屏蔽门时,司机开关门作业原则为:先开屏蔽门,再开客室门;先关屏蔽门,再关客室门。

(2)如列车延误情况下,在站台作业时,司机须正确掌握关门时机,即屏蔽门和车门打开后,至少保持10s和乘客上下完毕(注:终点站必须确认站台岗人员给了清客"好了"信号)后再关门。严禁司机盲目赶点,确保站台作业安全。

(3) 列车接近进站时,密切观察站台及其轨区安全情况。当屏蔽门处于隔离状态或故障时,应及早鸣笛示警,遇危及列车运行或人身安全时,立即采取紧急措施。

(4) 当乘客向司机投诉时,司机可用"我们正在处理"或"请咨询车站工作人员"等用语,转交车站处理,避免相互拉扯延误时间。一般问题须在15s内解决,司机转入司机室按正常程序开车,并报行调。否则通过对讲机请求车站协助。

(5) 需要车站人员协助的情况下,及时通过对讲机与其取得联系,并明确协助处理内容。

(6) 司机在按压"开门"按钮后要特别留意屏蔽门是否开启;关门时,按压"关门"按钮后要特别留意屏蔽门关闭情况和"空隙"安全情况。

2 行车设备

2.1 线路设备

下面以某地铁运营单位1号线，线路、设备为例。

2.1.1 概述

1. 线路的分类

城市轨道交通是解决城市交通拥堵，出行困难的一种重要交通方式，以地下线为主，地面、高架线为辅，线路是机车车辆和列车运行的基础，它承受着由机车车辆轮对传来的巨大压力，并引导机车车辆轮对运行。

地铁线路在运营中的作用分为正线、辅助线、车厂线等。

地下铁道的线路在城市中心地区宜设在地下，在其他地区，条件许可时可设在高架桥或地面上。

地铁正线载客运营线路，设计为双线且列车单向右侧行车。由于行车速度高，密度大，对线路标准要求高，要求以60kg/m以上类型钢轨铺设。

辅助线是为保证正线运营而配置的线路，例如区间折返线。

车厂线是车辆段内车厂区域作业与停放列车的线路。

此外，因地铁建设与运营的需要，地铁还应设置与国家铁路相联系的专用线，即国铁联络线。

2. 轨道

轨道是用于引导机车车辆运行方向，并直接承受由机车车辆的轮对传来的巨大压力，使之传递、扩散到路基及桥梁隧道建筑物上的整体工程结构，钢轨还有为供电、信号设备安装、车厂内提供回路的作用，是地铁的主要技术装备之一，是行车的基础。

3. 道岔

道岔是一种使机车车辆从一股道转入另一股道的线路连接设备，通常在车站、编组站大量铺设。有了道岔，可以充分发挥线路的通过能力。即使是单线线路，铺设道岔，修筑一段大于列车长度的叉线，就可以对开列车。

由于道岔具有数量多、构造复杂、使用寿命短、限制列车速度、行车安全性低、养护维修投入大等特点，与曲线、接头并称为轨道的三大薄弱环节。它的基本形式有3种：即线路的连接、交叉、连接与交叉的组合。常用的线路连接有各种类型的单式道岔和复式道岔；交叉道岔有直交叉和菱形交叉；连接与交叉的组合有交分道岔和交叉渡线等。

道岔是个大家族，最常见的是普通单开道岔。它由转辙器、连接部分、辙叉及护轨三个单元组成。转辙器包括基本轨、尖轨和转辙机械。当机车车辆要从A股道转入B股道时，操纵转辙机械使尖轨移动位置，尖轨1密贴基本轨1，尖轨2脱离基本轨2，这样就开通了B股道，关闭了A股道，机车车辆进入连接部分沿着导曲线轨过渡到辙叉和护轨单元。这个单元包括固定辙叉心、翼轨及护轨，作用是保护车轮安全通过两股轨线的交叉之处。

大家可能已经发现，车轮在通过辙叉时，从两根翼轨的最窄处到辙叉心的最尖端之间有一段空隙，这就是道岔的有害空间。车轮通过此处时，有可能因走错辙叉槽而引起脱轨。设置护轨的目的也就在此，它要强制引导车轮的运行方向。尽管如此，这个有害空间存在限制了列车通过道岔的速度，对开行高速列车十分不利。

解决道岔有害空间的根本之道，当然是消灭有害空间。既然普通道岔做不到，就必须研制特殊道岔——活动心轨道岔。

活动心轨最主要的特点是辙叉心轨可以扳动。当我们要开通某一方向股道时，活动心轨的辙叉心轨就与开通方向一致的翼轨密贴,与另一翼轨分开,这样一来,普通道岔的有害空间就不存在了。实践证明,消灭了道岔有害空间,行车更加平稳,过岔速度限制较小,因而特别适合运量大,需要开行高速列车的线路使用。

既然有单开道岔,就有双开道岔、三开道岔以及多开道岔(复式交分道岔)等。

双开道岔为 Y 形,即与道岔相衔接的两股道向两侧分岔。

三开道岔如同 Ψ 形,同时衔接三股道,由两组转辙机械操纵两套尖轨。

复式交分道岔像 X 形,实际上相当于四组单开道岔和一副菱形交叉的组合。

除此而外,还有一种交叉设备,通常使用的叫做菱形交叉。它由两组锐角辙叉和两组钝角辙叉组成,但没有转辙器,所以股道之间不能转线。

如果将复式交分道岔的 X 形的上面两点和下面两点分别连接起来,就是交叉渡线。它不仅能开通较多的方向,而且占地不多,所以经常在车站采用。

道岔各有其代号,比如 9 号道岔、12 号道岔、18 号道岔等等。这个代号可不是随便排列的,它实际上代表了辙叉角(α)的余切值,也就是辙叉心部分直角三角形两条直角边 FE 和 AE 的比值,即 $N=\cot\alpha=FE/AE$,N 就是道岔号。显而易见,辙叉角 α 越小,N 值就越大,导曲线半径也越大,列车侧线通过道岔时就越平稳,允许过岔速度也就越高。所以采用大号道岔对于列车运行是有利的。不过,事物总有它的两面性,道岔号数越大,道岔越长,造价自然就高,占地也要多得多。因此,采用什么号数的道岔要因地制宜,因线而异,不可一概而论。

道岔的护轨:道岔的护轨(turnout guATBdrail)固定型辙叉的重要组成部分,设于固定辙叉的两侧。是控制车轮运行方向,防止其在辙叉有害空间冲击或爬上辙叉心轨尖端,保证行车安全的重要设备。在可动心轨辙叉中,一般仅在侧股设护轨,用以防止心轨的侧面磨耗。

(1) 轨道的组成

轨道是由钢轨、轨枕、道床、联结零件、防爬设备及道岔 6 个主要部分组成。如图 2.1-1 所示。

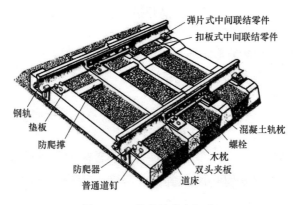

图 2.1-1　轨道的基本组成

1) 钢轨

钢轨的作用是引导车轮的运行方向，直接承受车轮的巨大压力，并承受机车轮周牵引力的反作用力和列车制动时的摩擦力，将其传递给轨枕。它的断面形状为工字形，有轨头、轨腰、轨底 3 部分。

在我国，钢轨的类型或强度是用其单位长度的重量来表示的。我国现行的标准钢轨类型有：70kg/m、60kg/m、50kg/m、43kg/m 及 38kg/m 等，单位长度重量越大其强度就越强，对列车的高速运行和重载就越有利。正线及车辆段试车线采用钢轨是 60kg/m 的，车辆段其他线路一般采用的是 50kg/m 的。

因受到加工条件和运输条件的限制，钢轨的长度是有限的。目前我国钢轨的标准长度有 12.5m 和 25m 两种。此外，还有专供曲线地段铺设轨用的、比标准轨稍短的标准缩短轨。

2) 轨枕

轨枕的作用是支承钢轨，并将钢轨传来的压力均匀地传递给道床，同时有效地固定钢轨的位置，保持钢轨轨距。

轨枕按其制作材料的不同，主要有木枕和钢筋混凝土枕两种。木枕因其弹性好、形状简单、易加工、重量轻、易铺设、易更换等优点；主要缺点就是木材消耗量大、使用寿命较短（经防腐处理后的木枕一般可用15年左右）等，在车厂部分采用。钢筋混凝土轨枕因基使用寿命长、稳定性能好，可提高轨道的强度和稳定性，减少线路的养护工作量，以及材料来源较广，还可大量节省木材等，在地铁正线上采用。

3）道床

道床是铺设在路基上的石碴垫层。其主要作用是支承轨枕，把从轨枕传来的压力均匀地传递给路基；并固定轨枕的位置，阻止轨枕纵向或横向移动；缓和机车车辆轮对对钢轨的冲击。

地铁线路地面线一般采用碎石道床，隧道内普遍采用整体式道床。

4）联结零件

钢轨必须通过联结零件才能固定在轨枕上，钢轨之间也需要用联结零件连成整体。

常用的联结零件包括为夹板（鱼尾板）、螺栓、道钉、扣件等。地铁整体道床普遍采用弹性分开式扣件，这种扣件在一定程度上弥补了整体道床弹性不足的缺陷。

5）道岔

道岔的作用：道岔是机车车辆从一股道转入或越过另一股道的线路设备，是轨道系统的重要组成设备，也是轨道的薄弱环节之一。

道岔的基本形式：线路的连接、交叉和连接与交叉的组合

线路的连接有：单式道岔和复式道岔

交叉道岔有：直交叉和菱形交叉

连接与交叉有：交分道岔和交叉渡线等

道岔的分类：单开道岔、双开道岔、三开道岔、交叉渡线和交分道岔等。

如图 2.1-2～图 2.1-5 所示。

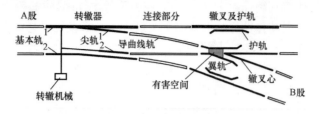

图 2.1-2　普通单开道岔

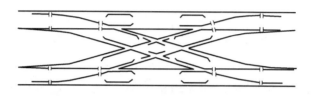

图 2.1-3　交叉渡线

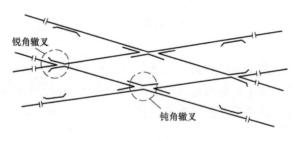

图 2.1-4　菱形交叉

（2）道岔的分向

对向道岔：列车运行方向先到尖轨，再到辙叉。

顺向道岔：列车运行方向先到辙叉，再到尖轨。

单开道岔的组成：转辙器、辙叉及护轨和连接部分

转辙器：单开道岔的转辙器，是引导机车车辆沿主线方向或侧线方向行驶的线路设备，由两根基本轨、两根尖轨、各类联结零件和道岔转换设备组成。

基本轨：通常，道岔中不设轨底坡，为改善钢轨的受力条

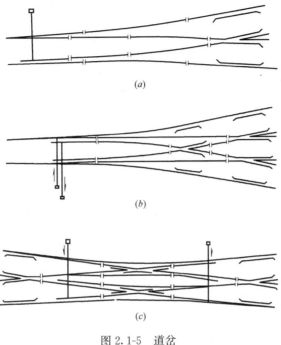

图 2.1-5 道岔

(a) 双开道岔；(b) 三开道岔；(c) 复式交分道岔

件，道岔中基本轨设有 1∶40 的轨底坡。基本轨除承受车轮的垂直压力外，还与尖轨共同承受车轮的横向水平力。为防止基本的横向移动，可在外侧设置轨撑。

（3）尖轨

1）尖轨是转辙器中的重要部件，依靠尖轨的扳动，将机车车辆引入正线或侧线方向。

2）尖轨在平面上可分为直线尖轨和曲线尖轨。某地铁运营单位正线 9 号道岔是曲线尖轨，车厂 7 号道岔采用直线尖轨。

3）转辙器上的零、配件：

① 滑床板：尖轨放置于滑床板上，与滑床板间无扣件联结。

② 轨撑：防止基本轨颠覆、扭转和纵横向的移动。安装于基本轨外侧。

③ 顶铁：将尖轨承受的横向水平力传给基本轨。

④ 各种特殊形式的垫板：如铺设在尖轨之前的辙前垫板和之后的辙后垫板；铺设在尖轨尖端和尖轨跟端的通长垫板；为保持导曲线的正确位置而设置的支距垫板等。

⑤ 道岔拉杆和连接杆：道岔拉杆连接两根尖轨，并于转辙设备相连，以实现尖轨的摆动，故又叫转辙杆；连接杆为连接两根尖轨的杆件，其作用是加强尖轨间的联系，提高尖轨的稳定性。

⑥ 转辙机械：最常用的道岔转换设备的种类有机械式和电动式。若按操纵方式分类，则有集中式和非集中式两类。机械式转换设备可以为集中式和非集中式，电动式转换设备则为集中式。道岔转换设备必须具备转换（改变道岔方向）、锁闭（锁闭道岔、在转辙杆中心处尖轨与基本轨之间，不允许有 4mm 以上的间隙）和显示（显示道岔的正位和反位）等三种功能。

(4) 辙叉及护轨

1) 辙叉是使车轮由一股钢轨越过另一股钢轨的设备。

2) 辙叉由叉心、翼轨和联结零件组成。

3) 按平面型式分，辙叉有直线辙叉和曲线辙叉两类；按结构型分，有固定辙叉和活动辙叉两类。单开道岔上，以直线式固定辙叉最为常见。

(5) 连接部分

1) 连接部是转辙器和辙叉之间的连接线。

2) 连接部分包括直股连接线和曲股连接线（亦称为导曲线），直股连接线与区间线路构造基本相同。导曲线的平面形式可以是圆曲线、缓和曲线或变曲率曲线。

3) 道岔开通左右位的判别：

① 面对尖轨，尖轨和左基本轨密贴的道岔开通右位。

② 面对尖轨，尖轨和右基本轨密贴的道岔开通左位。

(6) 道岔号讲解

道岔因其辙叉角的大小不同，有不同的道岔号（N），道岔号数表明了道岔各部分的主要尺寸。对于道岔号我们习惯用辙叉角（α）的余切值，如图 2.1-6 所示。也就是辙叉心部分直角三角形两条直角边 FE 和 AE 的比值，即 $N=\cot\alpha=FE/AE$，N 就是道岔号。显而易见，辙叉角 α 越小，N 值就越大，导曲线半径也越大，列车侧线通过道岔时就越平稳，允许过岔速度也就越高。

图 2.1-6　道岔号数计算示意图

（7）轨道上两股钢轨的相互位置

1）直线部分的轨距和水平

① 轨距

轨距是两股钢轨轨头顶面向下 16mm 范围内两钢轨作用边之间的最小距离，我国铁路规范规定直线地段的轨距为 1435mm。

在机车车辆运行的长期作用下，轨距会有一定的误差为 1435mm（轨距误差不得超过＋6mm、－2mm），即直线部分轨距的最大值为 1441mm，最小值为 1433mm。

② 水平

直线地段两股钢轨的顶面原则上应保持在同一水平。如有误差，在正线和列车到发线上，在规定的距离范围内两股钢轨的轨顶面高差不得超过 4mm。

③ 曲线部分的轨距和水平

a. 曲线加宽

机车车辆的走行部（转向架）在曲线上运行时，转向架的纵向中心线与曲线轨道中心线不能一致，因而引起两外侧车轮的轮缘和两内侧车轮的轮缘内挤压钢轨,增加走行阻力。为保证机车车辆的走行部能顺利通过曲线,因此,要对小半径曲线的轨距适当加宽。

曲线线路轨距加宽限度：300m≤半径＜350m,加宽 5mm；半径＜300m,加宽 15mm；650m≥半径≥451m,加宽 5mm；450m≥半径≥351m,加宽 10mm；半径≤350m,加宽 15mm。

b. 外轨超高

机车车辆在曲线上运行时,由于离心力的作用使曲线外轨承受了较大的压力,因而造成两股钢轨磨耗不匀,并使乘客压到不舒适,严重时还会导致翻车。因此通常要将曲线上的外轨适当抬高,使机车车辆向内倾斜,从而平衡离心力。外轨比内轨高出的部分叫做超高。曲线地段外轨最大超高,双线地段不得超过150mm,单线地段不得超过125mm。

为了让机车车辆顺利通过曲线,避免由于列车通过曲线时的附加阻力带来的影响,在通过小半径曲线地段需要适当限速运行,减少车轮与钢轨的侧面磨耗。

4. 线路供电

某地铁主变电站,是将 110kV 降压为 35kV 后,通过环网电缆向牵引降压混合变电所和降压变电所供电。供电控制模式为中央与站级控制模式。

供电设备：

1) 牵引降压混合变电所,其将 35kV 交流电降压整流为 1500V 直流电供给接触网。

2) 降压变电所：设有 X 座跟随式降压变电所；设有 X 座跟随式集中冷站降压变电所,分别为：车厂、跟随式集中冷站降压变电所。将 35kV 电压降压为 380V/220V 交流电供动力、照明系统设备使用。

3) 正线接触网采用刚性悬挂,车厂接触网采用柔性接触网；接触网导线距轨面的标准距离：隧道内 4040mm,车厂内 5000mm；接触网与车辆装载货物的距离不少于 200mm。

2.1.2 正线线路介绍

1. 正线标准牌

（1）信号标志牌

1）停车标，设于各车站站台端部对开的隧道壁位置和存车线、折返线、信号机前。

2）对位停车标，用于牵引救援时救援列车对的标，救援列车对好该标后，表示故障列车在存车线内停够位了（图2.1-7）。

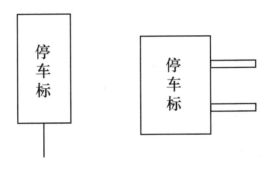

图2.1-7 停车标

注：白底黑字

3）在接近车站300米、200米分别设置接近车站预告标；100米位置设置站名标（图2.1-8～图2.1-10）。

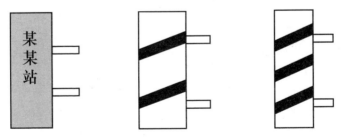

图2.1-8 站名标　　图2.1-9 200m预告标　　图2.1-10 300m预告标

图2.1-8～图2.1-10注：黄底黑字：站名标；白底黑字：预告标。

4）车厂的一度停车标也属于信号标志牌，设于车厂与进出厂信号机前，车厂内平交道口处，进入车库线路前等位置（图

2.1-11)。

5) 连锁区分界标：设于两联锁区交界处。

6) 警冲标：设于在两线路会合线相距为4m的中间或者设在两线中心线的最大间隔的起点处，如折返线的道岔与正线之间。

① 警冲标的作用：用来指示机车车辆的停留位置，防止机车车辆的侧面相撞；是一种信号标志。

② 警冲标（图2.1-12）

图2.1-11 一度停车标

图2.1-12 警冲标

（2）线路标志牌

1) 百米标：设于隧道壁位置，有100m、200m、300～900m。一般情况下上行百米标递增，下行百米标递减，但也有些地铁线路是上行递减下行递增。

2) 公里标：设于隧道壁位置，有010（1km）、020（2km）、030（3km）～321（32.1km）。

3) 坡度标：分为上坡坡度标和下坡坡度标。

4) 线路情况标：直|圆（直线|圆曲线）、圆|缓（圆曲线|缓和曲线）、缓|圆（缓和曲线|圆曲线）、圆|直（圆曲线|直线）。

缓和曲线：行使于曲线轨道的机车车辆，出现一些与直线运行显著不同的受力特征。如曲线运行的离心力，外轨超高不连续形成的冲击力等。为使上述诸力不致突然产生和消失，以保证列车曲线运行的平稳，需要在直线和圆曲线轨道之间设置一段曲率半径和外轨超高均逐渐变化的曲线，称为缓和曲线。

2. 线路特性

(1) 线路包括正线，辅助线和车厂线。

辅助线指的是正线与正线相连接的渡线、存车线、折返线、联络线及出、入车厂线。

(2) 最小平面曲线半径

正线：330m；

车辆段：150m；

车站线：800m。

折返线。

(3) 正线线路最大坡度

正线：35‰；

车站线路：2‰（便于排水）；

车辆段内线路：0‰；

辅助线线路：40‰；

轨道最大超高：120mm。

3. 正线信号机的显示

正线信号机为进路防护信号机，显示从上到下为：黄、绿、红显示，其显示意义见"行车组织规则"。

(1) 正线信号机设置原则

1) 连锁站道岔前、区间设置有防淹门的两端站。

2) 渡线、折返线、存车线和线路的尽头线。

3) 反方向运行联锁站的出站前。

4) 进、出联络线前。

(2) 信号机编号原则

1) 上行运行方向的信号机的代码表示为S，下行运行方向的信号机的代码表示为X。

2) 上行的第一个始发站的信号机代码为S01xx或X01xx。由此推算，如某地铁1号线站信号机代码为S25xx或X25xx。

3) 信号机布置在上行方向到达车站一端，其信号机编号按

偶数连续编号,信号机布置在下行方向到达车站一端,其信号机编号按奇数连续编号;

4)信号机编号从以车站为中心由外往内按从小到大顺序进行编号。

5)遇信号机设置在上下行线同一水平位置时,按主要运行方向或线路为先。

(3) 线路道岔编号原则

1)从上行始发站开始算,第一个站的道岔代码为P01xx,由此推算。如某地铁1号线终点站的道岔代码为P25xx。

2)道岔布置在上行方向到达车站一端,其编号按偶数连续编号,道岔布置在下行方向到达车站一端,其编号按奇数连续编号。

3)道岔编号从以车站为中心由外往内依次进行编号。

4)遇道岔设置在上下行线同一水平位置时,按主要运行方向或线路编号为先,且渡线道岔、交叉道岔、交分道岔等道岔号码应编以连续的奇数或偶数。

4. 线路

某地铁运营单位一号线全长32.1km,线路分为正线、辅助线、车厂线。正线为双线,列车运行方向按右侧行车。

(1) 起点站往行政中心方向运行为上行,反之为下行。

(2) 地铁车站与区间的分界:车站两端端墙内方为站内,相邻两车站端墙之间为区间。

(3) 某地铁运营单位某车辆段与正线以出、入厂信号机为界限;转换轨位于出/入段线上,属正线管辖。

(4) 安全金属围栏以内为车辆段配属用的建筑、线路、设备及所有设备设施,均属车厂辖区。

(5) 地面线为长轨碎石道床,隧道内正线为长轨整体道床。正线线路最大坡度为35‰。

(6) 正线及辅助线采用60kg/m钢轨,车厂为50kg/m钢轨(试车线为60kg/m钢轨,与其接轨的道岔为60kg/m的9号道岔），轨距为 1435mm。

（7）正线采用 60kg/m 钢轨的 9 号道岔，车厂试车线采用 60kg/m 钢轨的 9 号道岔，其他为采用 50kg/m 钢轨的 7 号道岔。道岔侧向构造速度见表 2.1-1。

道岔侧向构造速度　　　　　　　表 2.1-1

辙叉号	7	9
构造速度(km/h)	30	35
允许速度(km/h)	25	30

5. 车站

地铁车站由站台层、站厅层、设备层以及出入口组成。地铁站台按照线路分布情况，又可分为：岛式站台、侧式站台以及混合式站台。它供旅客乘降，换乘和候车的场所，应保证旅客使用方便，安全，迅速地进出车站，并有良好的通风、照明、卫生、防火设备等，给旅客提供舒适，清洁的环境。

（1）侧式站台

因为常成对使用而又称为相对式站台或对向式站台，相对岛式站台，是指路轨在中央，而站台就在左右两侧的设计。

优点：侧式站台上、下行乘客可避免相互干扰，造价低，改建容易。

缺点：站台面积利用率低，不可调剂客流，中途改变方向须经过地道或天桥，车站管理分散，站台空间不及岛式宽阔。

（2）岛式站台

又名中置式站台、中央站台，是路轨在两旁，站台被夹在中间的设计。

优点：站台总宽度较侧式站台小。与站台相关的设备（如电动扶梯）只需购置一组，可降低投资及运营成本，较易于监控。旅客若搭错路线较易于换线返回。衍生出跨站台转车站的设计，提升通勤时转乘另一条列车路线时的效率。

缺点：站台面积受到限制，因而造成了旅客动线复杂及扩建不易的问题。

(3) 混合式站台

混合式站台是将岛式站台及侧式站台同设在一个车站内，具有这种站台型式的车站称为混合式车站。混合式站台可同时在两侧的站台上、下车，也可适应列车中途折返的要求。混合式站台可布置成一岛一侧式或一岛两侧式。

2.1.3 车厂线路介绍

车厂管辖区：

某地铁运营单位的车辆段采用东端与正线连接，南端设置牵出线与正线垂直的非贯通式布置。车厂与正线以入厂信号机为界限，转换轨Ⅰ、Ⅱ位于出/入段线上，属正线管理，安全金属围栏以内为某地铁运营单位的车辆段配属用的建筑、线路、设备及所有设备设施，均属车厂辖区。

1. 车厂任务

(1) 负担地铁某号线机电、通信、信号、线路、隧道、桥涵、房屋等运营设备设施的维修、保养任务。

(2) 负担地铁某号线材料、工器具及器材的管理、供应任务。

(3) 负担地铁某号线客车的停放、日常检查、清洗、维修、临修、镟轮和定修任务及工程机车车辆的停放、检修等。

1) 提供运用列车投入服务，确保某号线运行图的实现。

2) 负责某号线列车运行出现故障时的技术检查、处理和救援工作。

3) 行车指挥架构行车指挥架构见图2.1-13。

2. 技术设备

(1) 线路、道岔（以某地铁运营单位车辆段为例）

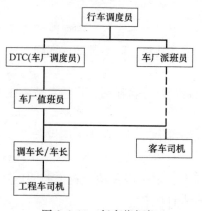

图2.1-13 行车指挥架

1) 车厂线路最小平面曲线半径为 150m。线路轨距为 1435mm（误差＋2mm，－3mm），钢轨除试车线为 60kg/m 外，其余均为 50kg/m。车厂线路坡度为平道，入车厂线往正线方向坡度为 24‰下坡（长度为 160m），接 35‰的顺下坡（长度为 190m），然后为 3.2‰上坡道（长度为 385m），再转入 19‰的下坡（长度为 325m），最后以 2‰的顺坡（长度为 350m）接入正线；出车厂线往正线方向坡度为 24‰下坡（长度为 160m），接 31‰的顺下坡（长度为 200m），然后为 21.027‰上坡道（长度为 368.575m），再转入 16.549‰的下坡（长度为 255m），最后以 2‰的顺坡（长度为 145m）接入正线。出车厂线往正线方向曲线半径依次为 300m 和 200m，长度为 1311.409m；入车厂线往正线方向曲线半径依次为 300m 和 200m，长度为 1257.737m。

2) 车厂内线路按作业目的、功能可分为：运用线，包括停车线、洗车线、试车线、走行线、牵出线等；检修线，包括双周检线、三月检线、定修线、临修线、静调线、不落轮镟修线等；其他线，包括装卸线、工程车库线、材料总库线、调车机库线等。

3) 车厂股道名称、用途、长度，见表 2.1-2。

车厂股道名称、用途、长度　　　　表 2.1-2

序号	编号	用途	有效长度			接触网	轨道电路	备注
			始点	终点	(m)			
1	Ⅰ	转换轨	S2404	JD1		有	无	出厂线
2	Ⅱ	转换轨	X2303	JD2		有	无	入厂线
3	L-1	停车列检库	—	—	—			预留
4	L-2	停车列检库	—	—	—			预留
5	L-3	停车列检库	—	—	—			预留
6	L-4	停车列检库	—	—	—			预留
7	L-5	停车列检库	—	—	—			预留

续表

序号	编号	用途	有效长度 始点	有效长度 终点	(m)	接触网	轨道电路	备注
8	L-6	停车列检库	—	—	—	—	—	预留
9	L-7	停车列检库	—	—	—	—	—	预留
10	L-8	停车列检库	—	—	—	—	—	预留
11	L-9	停车列检库	—	—	—	—	—	预留
12	L-10	停车列检库	—	—	—	—	—	预留
13	L-11	停车列检库	X11	车挡	277	有	有	分为A、B两段
14	L-12	停车列检库	X12	车挡	277	有	有	分为A、B两段
15	L-13	停车列检库	X13	车挡	277	有	有	分为A、B两段
16	L-14	停车列检库	X14	车挡	277	有	有	分为A、B两段
17	L-15	停车列检库	X15	车挡	277	有	有	分为A、B两段
18	L-16	停车列检库	X16	车挡	277	有	有	分为A、B两段
19	L-17	停车列检库	X17	车挡	277	有	有	分为A、B两段
20	L-18	停车列检库	X18	车挡	277	有	有	分为A、B两段
21	L-19	双周月检库	X19	车挡	277	有	有	分为A、B两段
22	L-20	停车列检库	X20	车挡	277	有	有	分为A、B两段
23	L-21	联合检修库	X21	车挡	155	有	有	
24	L-22	双周三月检库	X22	车挡	155	有	有	
25	L-23	联合检修库	X23	车挡	155	有	有	
26	L-24	定、临修库	D24	车挡	162	无	有	
27	L-25	联合检修库	D26	车挡	155	无	有	
28	L-26	联合检修库	D28	车挡	155	无	有	
29	L-27	工程车库	X27	J7	45	无	有	
30	L-28	工程车库	X28	J6	45	无	有	
31	L-29	工程车库	X29	J5	45	无	有	
32	L-30	工程车库	X30	J4	45	无	有	
33	L-31	材料库线	X31	J3	36	无	有	

续表

序号	编号	用途	有效长度 始点	有效长度 终点	(m)	接触网	轨道电路	备注
34	L-32	平板车线	X32	J2	126	无	有	
35	L-33	预留吹扫库线	—	—	—	无	有	
36	L-34	镟轮库	D30	车挡	289	无	有	
37	L-35	试车线	车挡	车挡	1075	有	有	
38	L-36	牵出线	D4	车挡	150	有	有	
39	L-37	牵出线	D2	车挡	130	有	有	
40	L-38	洗车线	D6	洗车方向	167	有	无	
41	L-39	牵出线	D16	J1	130	有	有	

4) 道岔编号、定位（表 2.1-3）。

道岔编号、定位　　　　表 2.1-3

序号	编号	辙叉号	联动或单动	操纵方式	钥匙及手摇把保管地	操作负责人	钢轨类型(kg/m)
1	1/2	7	联动	集中	信号楼	信号楼值班员	50
2	3/4	7	联动	集中	信号楼	信号楼值班员	50
3	5/6	7	联动	集中	信号楼	信号楼值班员	50
4	7/8	7	联动	集中	信号楼	信号楼值班员	50
5	9/10	7	联动	集中	信号楼	信号楼值班员	50
6	11/12	7	联动	集中	信号楼	信号楼值班员	50
7	14/15	7	联动	集中	信号楼	信号楼值班员	50
8	21/22	7	联动	集中	信号楼	信号楼值班员	50
9	13	7	单动	集中	信号楼	信号楼值班员	50
10	16	7	单动	集中	信号楼	信号楼值班员	50
11	17	7	单动	集中	信号楼	信号楼值班员	50
12	18	7	单动	集中	信号楼	信号楼值班员	50
13	19	7	单动	集中	信号楼	信号楼值班员	50

续表

序号	编号	辙叉号	联动或单动	操纵方式	钥匙及手摇把保管地	操作负责人	钢轨类型（kg/m）
14	20	7	单动	集中	信号楼	信号楼值班员	50
15	23	7	单动	集中	信号楼	信号楼值班员	50
16	24	7	单动	集中	信号楼	信号楼值班员	50
17	25	7	单动	集中	信号楼	信号楼值班员	50
18	26	7	单动	集中	信号楼	信号楼值班员	50
19	27	7	单动	集中	信号楼	信号楼值班员	50
20	28	7	单动	集中	信号楼	信号楼值班员	50
21	29	7	单动	集中	信号楼	信号楼值班员	50
22	30	7	单动	集中	信号楼	信号楼值班员	50
23	31	7	单动	集中	信号楼	信号楼值班员	50
24	32	7	单动	集中	信号楼	信号楼值班员	50
25	33	7	单动	集中	信号楼	信号楼值班员	50
26	34	7	单动	集中	信号楼	信号楼值班员	50
27	35	7	单动	集中	信号楼	信号楼值班员	50
28	36	7	单动	集中	信号楼	信号楼值班员	50
29	37/38	7/9	联动	集中	信号楼	信号楼值班员	50/60
30	39	7	单动	集中	信号楼	信号楼值班员	50
31	40	7	单动	集中	信号楼	信号楼值班员	50
32	42	7	单动	集中	信号楼	信号楼值班员	50
33	43	7	单动	集中	信号楼	信号楼值班员	50
34	44	7	单动	集中	信号楼	信号楼值班员	50
35	45	7	单动	集中	信号楼	信号楼值班员	50
36	46	7	单动	集中	信号楼	信号楼值班员	50
37	47	7	单动	集中	信号楼	信号楼值班员	50
38	48	7	单动	集中	信号楼	信号楼值班员	50
39	49	7	单动	集中	信号楼	信号楼值班员	50

续表

序号	编号	辙叉号	联动或单动	操纵方式	钥匙及手摇把保管地	操作负责人	钢轨类型(kg/m)
40	50	7	单动	集中	信号楼	信号楼值班员	50
41	51	7	单动	集中	信号楼	信号楼值班员	50
42	52	7	单动	集中	信号楼	信号楼值班员	50

5）iLOCK型微机联锁系统功能。

① 车厂信号系统为iLOCK型微机联锁系统功能，其设备设于车厂信号楼，信号机和道岔由信号楼集中操纵。

② 试车线具有"非进路"功能，即：实现试车线调车进路自排功能，并且在办理"非进路"功能时，38号道岔自动操作到定位后，D34/D32调车信号机作为防护38号道岔的信号机点亮白灯。

③ 信号机按作业目的可分为：入车厂信号机，出车厂信号机，调车信号机，阻拦信号机。车厂内所有信号机均设在运行方向的右侧。

6）进车厂信号机编号、类别、用途（表2.1-4）。

进车厂信号机编号、类别、用途　　　　表2.1-4

序号	方向	用途	编号	类别	操纵方式	操纵负责人	是否兼作他用	定位显示灯光	有无引导信号	附注
1		Ⅱ道进车厂	JD2	色灯	集中	值班员	调车信号	红灯	有	高柱
2		Ⅰ道进车厂	JD1	色灯	集中	值班员	调车信号	红灯	有	高柱

7）出车厂信号机编号、用途（表2.1-5）。

出厂信号机编号、用途　　　　表2.1-5

序号	方向	用途	编号	类别	操纵负责人	是否兼作他用	定位显示灯光	高柱或矮柱	附注
1		Ⅰ、Ⅱ道出车厂	S2402、x2301	色灯	值班员	调车信号	红灯	矮柱	

8）调车信号（表2.1-6）。

调车信号机 表 2.1-6

序号	开放方向	编号	类型	操纵负责人	高柱或矮柱	定位显示灯光	附注
1	出	D6/D16/D20/D24/D26/D28/D30/D34	LED	信号楼值班员	矮柱	红灯	
2		D11A-D20A	LED	信号楼值班员	矮柱	蓝灯	
3		D11B-D20B	LED	信号楼值班员	矮柱	红灯	
4	入	D2/D4/D8/D10/D12/D14/D18/D22/D32	LED	信号楼值班员	矮柱	蓝灯	

2.1.4 线路限界

限界是轨道交通的重要组成内容，是轨道交通运输中的一门基础性学科，是车辆运动学的延伸。限界为行车提供了安全而经济的空间，它确定轨道运输与线路有关的构筑物和各种设备相互关系。限界是根据车辆、行车速度、线路、轨道、设备条件及安全间隙等决定的。它是区间隧道、桥梁、车站、信号、供电、消防、环控、屏蔽门等专业的设计依据。其中车辆动态包络线限界是各种地铁限界的主要条件。

限界是保障地铁或轻轨车辆安全运行，用以限制沿线设备安装及确定建筑结构有效净空尺寸的技术。地铁设计规范中将限界分为车辆限界、设备限界和建筑限界。

（1）车辆限界

计算车辆在平直轨道上按规定速度运行，计及了车辆和轨道的公差、磨耗、弹性变形以及振动等正常运行状态下的各种限定因素，而产生的车辆各种部位横向和竖向动态偏移后的统计轨迹，以基准坐标系表示的包络线称为车辆限界。

（2）设备限界

设备限界是基准坐标系中位于车辆限界外，考虑了车辆在一系或二系悬挂故障状态下运行以及车辆在未计及因素所产生的包络线。设备限界外安装的任何设备（不包括站台计算长度内），即使计及了它们的安装误差或柔性变形均不得侵入的空间称为设备限界。

（3）建筑限界

建筑限界是设备限界外的界限。沿线任何永久固定建筑物，即使计及施工误差、测量误差及机构永久变形在内，均不得向内侵入的限界。

一切建筑物，在任何情况下，不得侵入地铁建筑限界；一切设备，在任何情况下，不得侵入地铁设备限界；机车、车辆无论空、重状态，均不得超出机车、车辆限界。应符合下列规定：

1）常规地铁运营单位站台边缘至线路中心线的水平距离为1600mm；

2）限界图有矩形隧道直线段限界图（图2.1-14），圆形隧道直线段限界图（图2.1-15）。

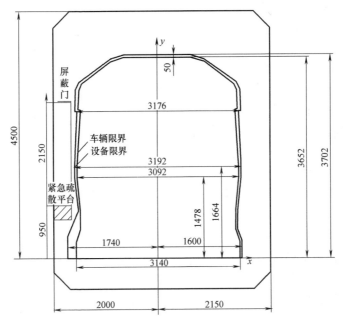

图2.1-14　区间直线段矩形隧道、设备及车辆限界

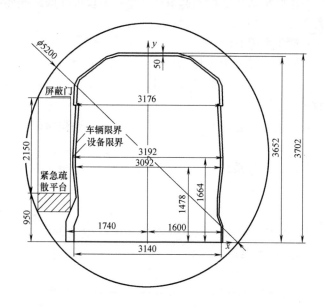

图 2.1-15 区间直线地段圆形隧道、设备及车辆限界

3)车辆超限,装载货物超限:客车、机车、车辆等任何一部分超出车辆限界,或装载的货物任何一部分超出车辆限界。

4)侵限:限界是为保证地铁车辆安全行车规定的技术尺寸,任何设备、设施不得超过车辆限界,否则,侵入行车限界,简称侵限。

2.1.5 线路速度

1. 列车运行相关速度

(1)列车构造速度 90km/h,最高运行实际速度为 80km/h。

(2)列车方向手柄向后时车辆最高限速 5km/h(NRM 模式下),列车有 ATP 保护的情况下,在正线上方向手柄在后位动车,累计距离超过 5m,超过后列车将会产生永久紧急制动,车厂内 RM 模式后退没有限制距离,试车线除外,在正线真正要涉及方向手柄向后动车时使用模式为 RMR 模式,限速 5km/h。

（3）正线上使用的均为9号（60km/m）的道岔，其侧向构造速度为35km/h，实际运行速度≤30km/h。

（4）RM模式下速度达到23km/h报警，达到25km/h列车产生紧急制动。

（5）切除1个B05时车辆屏限速70km/h；切除2~3个B05时车辆屏限速60km/h；切除4个B05时车辆屏限速35km/h切除4个及以上时禁止动车。注：正线NRM驾驶在没人监控时以40km/h运行。

（6）正线信号系统给出的速度≤80km/h，350m曲线半径限速70km/h，ATC提供的为60km/h，300m曲线半径限速65km/h，ATC提供为60km/h。（注意：区分信号系统给出的速度和ATC给出的速度）

（7）ATB折返过侧向道岔EB速度为30km/h，ATO/ATPM推荐速度为25km/h。

（8）RM模式时，方向手柄在后位，车辆屏本身的限速为10km/h，推向前位在列车制动良好及无自动开关跳闸时车辆屏显示25km/h；NRM模式时，车辆屏本身限速80km/h。

（9）救援时的几个速度要求：连挂3km/h包括试拉，切除B05救援时RM为25km/h，NRM为30km/h。

（10）牵引救援时，在设有收到速度码前以RM≤25km/h运行。收到速度码后以ATPM限速45km/h，但须过侧向道岔时注意控制速度。

（11）当列车在有故障的道岔前停车时，司机在行调的指示下限速15km/h离开岔区。

（12）某区间发现有人时，行调要求第一趟列车限速15km/h通过该区间，第二趟列车限速15km/h通过该区间，如果没有发现有人时，从第三趟列车开始，该区间由行调决定恢复正常运行。

（13）正线需要越过引导信号时司机以RM模式限速25km/h在20s内通过。

(14) 正线 SDH 网故障时影响到行调无线系统的使用,列车在区间停车时间大于 2min 时司机可以确认行车五要素以 RM 限速 25km/h 离开该区段。

(15) 当列车以 15km/h(负载为 AW0)的速度运行时与另一静止的列车相撞。车钩系统能有效地吸取碰撞的能量。

(16) 电制动渐退点 3~8km/h(可调整:电制动和气制动的转换点)。

2. 速度表,见表 2.1-7。

速度表 (km/h)　　　　　　表 2.1-7

序号	项目	运行速度				说明
		ATO	ATPM	RM	NRM	
1	正线运行	设定正常速度	不超过推荐速度且小于紧制速度 5km/h	25	40	
2	电客车通过车站	设定正常速度	45	25	40	
3	电客车进站停车	设定正常速度	小于推荐速度 5km/h	25	40	电客车头部进入尾端墙的速度
4	电客车推进运行	—	—	25	30/10	救援列车在被救援列车尾部推进时为 30km/h,在列车尾部自身推进时 10km/h
5	电客车退行	—	—	5	10/35	因故在站间退回车站时(推进/牵引)
6	引导信号	—	—	25	25	
7	电客车进入终点站	设定正常速度	25	25	25	
8	电客车在辅助线上运行	设定正常速度	25	25	25	经过存车线、折返线(不载客时为 25km/h)
9	列车救援运行	—	—		30	
10	车厂内运行	—	—	25	25	停车库内 10km/h

3. 车厂内运行的速度规定

有架修平台股道限速5km/h运行，列车全部出库后提速至25km/h以下（出厂），调车和回厂时不超过25km/h，进库门后5km/h。

一般运用库股道A段限速限速10km/h运行，B段限速5km/h运行，车头越过平交道后可提速至10km/h以下，当列车尾部出库后提速至25km/h以下（出厂）调车时A段5km/h，B段10km/h。

车厂内遇信号机故障（如无显示或信号不能开放）经信号楼值班员同意，司机限速5km/h通过。调车牵出线限速10km/h进入并按三、二、一车距离运行，洗车时限速3km/h，试车线NRM原则上不得进行大于60km/h调试，第一趟15km/h压道，中间停车时间大于2h后须重新压道。三、二、一车距离（60m，40m，20m分别应为8km/h，5km/h，3km/h）见表2.1-8。

车厂速度　　　　　　　表2.1-8

序号	项目	速度(km/h)	说明
1	电客车凭自身动力转线	25	
2	电客车退行	10	听从引导人员指挥
3	工程车空线牵引或推进运行	15	
4	工程车连挂电客车牵引运行	10	
5	工程车连挂电客车推进运行	5	
6	工程车连挂电客车(单元车)运行	5	
7	进入检修库时	5	定、临修库内3km/h
8	调动装载超限货物的车辆时	10	
9	在尽头线调车时	10	
10	在维修线调车时	5	
11	在运用库内停车线调车时	10	
12	线上对位时	3	
13	接近被连挂车辆三、二、一车时	8、5、3	
14	进出材料装载线时	5	
15	接近被连挂车辆或尽头线10m区时	3	

2.1.6 供电系统

1. 供电系统基本组成与功能

地铁供电系统一般包括外部电源、主变电所（或电源开闭所）、牵引供电系统、动力照明系统、电力监控系统。其中，牵引供电系统包括牵引变电所和牵引网，动力照明供电系统包括降压变电所和动力照明配电系统。

地铁的外部电源供电方案应根据线网规划和城市电网进行规划设计，而不应局限在某一条线路上。根据实际情况不同分为集中供电方式、分散供电方式、混合供电方式。

集中供电方式是指在线路的适中站位，根据总容量要求设主变电所，由发电厂或城市电网区域变电所以高压（如 110kV）向主变电所供电，经降压并在沿线结合牵引变电所、降压变电所进线形成中压，如 35kV 环网，由环网供沿线设置的牵引变电所经降压为 380V/220V 对动力、照明等供电。

分散供电方式是指不设主变电所，而直接由城市电网区域变电所的中压（如 35kV 或 10kV）输电线直接向地铁沿线设置的牵引变电所、降压变电所供电并形成环网。

混合供电方式是指一条轨道交通线路，其沿线供电条件不同，一部分采用集中供电，另一部分采用分散供电，对于这条线路称为混合供电方式。

2. 供电负荷的分类及要求

地铁的供电负荷分为高、中、初级，某地铁具体负荷分类及供电技术要求如下：

（1）高级负荷

1）地铁列车牵引用电。

2）信系统、信号系统、机电设备监控系统、防灾报警系统、变电所自用电、事故及疏散标志照明、屏蔽门、防淹门、消防泵、废水泵、雨水泵等，自变电所两段母线各引一路电源至设备（组）附近，两路电源在线路末端自动切换，相邻的高级负荷可共用切换箱。

3）风机及其阀门的配电方式

4）共区照明配电采用变电所两段母线各分担一半负荷的配电方式。

5）入口处的废水泵、自动扶梯及自动卷帘门等设备可共用一根电源电缆和电源箱。

（2）中级负荷

非事故风机及风阀、排污泵、自动扶梯、工作人员电梯、轮椅牵引机、设备管理房照明、自动售检票、民用通信电源、维修电源、冷水机组油加热器及控制器均为中级负荷。

（3）初级负荷

冷水机组、冷冻水泵、冷却水泵、冷却塔风机、广告照明、电开水器、清扫电源等均为初级负荷。

3. 牵引供电系统及接触网

在地铁牵引供电系统中，电能从牵引变电所经馈电线、接触网输送给电动列车，再从电动列车经钢轨（称信标）、回流线，流回牵引变电所。由馈电线、接触网、轨道回路及回流线组成的回路的供电网络称为牵引网。

牵引供电系统由牵引变电所和牵引网组成，其中牵引变电所和接触网是牵引供电系统的主要组成部分。接触网按其结构可分为架空式和接触轨式，按其悬挂方式又可分为柔性（弹性）接触网和刚性接触网。习惯上，由于接触式是沿线路敷设的与轨道平行的附加轨，故又称为第三轨；而采用架空式时，才称为"接触网"。

牵引变电所：供给地铁一定区域内牵引电能的变电所。

接触网（或接触轨）：有接触轨方式和架空接触网两种方式。

馈电线：从牵引变电所向接触网输送牵引电能的导线。

回流线：用以供牵引电流返回牵引变电所的导线。

电分段：为便于检修和缩小事故范围，将接触网分成若干段称为电分段。

轨道：列车行车时，利用走行轨作为牵引电流回流的电路。

运行方式：

牵引变电所向接触网（或接触轨）供电方式有两种：单边供电和双边供电。地铁接触网（或接触轨）在每个牵引变电所附近由电分段进行电气隔离，分成两个供电分区，每个供电分式也称为一个供电臂，如列车只从所在供电臂上的一个牵引变电所获得电能，这种供电方式称为单边供电。如一个供电臂同时从相邻两上牵引变电所获得电能，则称为双边供电。一般地，车辆段内采用单边供电方式，正线采用双边供电方式。在采用双边供电时，当某一牵引变电所故障退出运行时，该段接触网就成了单边供电。

4. 特点

（1）柔性接触网的结构与特点

柔性接触网分为简单接触悬挂和链接接触悬挂两种基本类型，主要由支柱与基础（隧道为支撑部件）、支持装置和接触悬挂及附加导线等几部分组成。

（2）刚性接触网的结构与特点

刚性悬挂是各弹性悬挂相对应的一种接触悬挂方式，所谓刚性悬挂就是要考虑整个悬挂导体的刚度。架空刚性悬挂是刚性悬挂的一种，一般采用具有相应刚度的导电轨或具有相应刚度的汇流排与接触线组成。

（3）架空刚性接触网的特点

与柔网相比最大差异是，架空刚性接触网不设对网进行轴向加力的补偿装置，从而避免了断线事故，接触导线允许磨耗量也比柔性网大得多。

弓网之间是刚性接触，接触压力均匀，接触导线磨耗均匀。

架空刚性接触网锚段和跨距较小，跨距与速度关系密切，其"Z"字值没有明显的拐点。

2.2 车辆设备

城市轨道交通车辆按照车型可以分为 A 型车、B 型车、C 型车、L型车以及橡胶轮等车型。A型车、B型车、C型车均采用三相交流电动机为列车提供动力，L型车采用直线电动机为列车提供动力。目前国内大部分地铁公司均采用A型车、B型车、C型车，根据各地铁运营单位要求，各车型性能各有不同。

城市轨道交通车辆主要是由车辆机械结构、列车空气管路系统、车辆牵引及制动、辅助系统、通信及乘客讯息等组成。

下面以某地铁运营单位限速80km/h的B型车为例。

2.2.1 车辆机械结构

2.2.1.1 概述

1. 列车设备布置

（1）车顶设备

1）受电弓

1500V的电源是通过受电弓从架空电网上得到的。受电弓安装在Mp车车顶。电流通过受电弓流到位于Mp车底架下部的逆变器箱（高压箱-牵引-高压）。受电弓把电流从架空接触线传导到车辆上；受电弓包括基础框架，框架，集流头，压力弹簧和降低装置。

通过压缩空气可以升起受电弓，由电磁阀控制。如果压缩空气失败，Mp车车顶的受电弓通过弹簧自动地回到降落位置。在这种情况下，用安装在Mp车2位左侧的电气柜中的脚踏泵使受电弓升起来接触到架空电网。

2）空调单元

每辆车设有两个车顶一体式空调单元。在通风机作用下，新风从吸风口吸入，与从客室来的回风混合，再经过过滤，冷却后由风道均匀地送入客室，司机室是由单独的风道送风。

（2）车底架设备布置

车下安装的设备包括下列：转向架、驱动单元、供风单元中的空气压缩机和空气干燥机、空气制动控制、蓄电池充电器、HV逆变器模块（高压箱）、逆变器模块、蓄电池箱、空气弹簧储风缸架、辅助设备箱。

各主要部件的功能如下：

1) MM 线路电抗器：MM 线路电抗器是能量储放装置，可以在斩波器导通和关断时吸收和释放能量，使电机电流平滑，并减少车辆在牵引和电制动时对接触网电压的波动。

2) MM 逆变器：某地铁的牵引逆变器是设计为电压源连接逆变器，其上还装有斩波相。通过它的电源回路，逆变器驱动四个并联的三相交流牵引电机，它还能执行电阻制动或再生制动。

在运行工况：MM 将接触网得到的直流电源转换为三相变频变压电源，驱动牵引电机。在制动工况：MM 将此时由电机产生的三相电源转换为直流电源，产生的电源反馈回到接触网供给其他负载或供给其他车上耗电设备（如辅助设备、空调、照明）。未被消耗的电能由制动电阻转换为热能散逸到大气中去。

3) 制动电阻：在电阻制动时，制动电阻是将未被消耗掉的电能吸收过去，转换为热能散逸到大气中去。

4) 高压箱中的高速断路器：是对过电流（如短路、接地）的迅速高效保护装置，此断路器设计为一旦检测到过流既迅速反应，通过电弧发生时间内一定瞬间过电压将电弧抑制掉。每单元车上两台装在 Mp 车上分别与本组的 Tc 和 M 车连接。

5) 车间电源：不从接触网及受电弓上受流供电，而是由 PH 逆变器箱右侧的车间电源插座通过专用车间插头供给 DC1500V 车间电源。每单元车组设在 Mp 车上。

6) 牵引单元：牵引系统包括牵引电机、联轴节和齿轮箱。三相牵引电机的转矩通过曲形联轴节传递给齿轮箱，驱动轮对。动车的每根轴均由一个牵引电机驱动。

7) ACM 逆变器：每单元的 M 车都有一台 ACM 逆变器。由接触网高压 1500V 直流输入驱动逆变器。只有一条 1500V 列车线为辅助系统专用，用中级管与外电路隔开。每台逆变器有一组 380V、三相、50Hz 输出。逆变器应直接或间接驱动以下交流负载：空气压缩机、空调压缩机、冷凝器风扇、蒸发器、设备通风机、方便插座（220V 交流）。

8) 蓄电池充电器（BC）：静态辅助电源变换器（完全静态结构），每台 Tc 车有一台蓄电池充电器（BC）：DC1500V/DC110V，以直流 110V 输出，驱动所有 110V 直流负载。如照明、牵引控制单元等，包括对蓄电池充电，蓄电池则作为其后备。一列车的两个蓄电池互为冗余。

9) 转向架：转向架是车辆的走行部，其作用是承担车体及载客的重量；传递列车牵引力；转向保证列车曲线通过；减振。转向架包括构架、轮对轴箱、减振装置，齿轮传动装置、中心牵引杆、基础制动单元组成等。在拖车转向架上还安装了 ATC 的通信天线。

10) 空气制动系统：包括空压机单元、空气控制屏、空气干燥器、4 个储风缸（主风缸、制动供风缸、空气弹簧缸、门控风缸），装在转向架上的基础制动单元。

（3）车辆上部布置

车体是车辆的上部结构，是供旅客乘坐和司机驾驶及安装设备的主体结构。Tc 车前端部为司机室。在每辆 Tc 车前端设计有防爬器，在发生撞车时能分散碰撞力，减少车体损失。每两辆车之间通过贯通通道连接。

在车体上设置有 4 对电动塞拉门，2 对内藏式司机室门，司机室客室采用全封闭式高强度抽真空车窗，司机室前窗为电热式窗。车辆之间采用三种类型的密贴型车钩连接。

2. 车辆基本构造

地铁车辆种类很多，性能各异。但是，它们的基本构造都是由以下几个主要部分组成：车体、牵引装置、走行部、车钩缓冲装置、制动装置、其他辅助设备等。

（1）车体及附属设备

1) 车体

车体采用模块化方法设计。它包括自支撑构架，用螺栓连接的司机室和中间端。车体构架和中间端是由铝合金大型型材面板组成，而司机室是由型钢构成的。焊接的型材与中间端和司机室端通过机械紧固装置相互连接。司机室和中间端都由较大的玻璃钢罩板覆盖。通过车钩系统中的压溃管吸收能量。当发生事故时Tc车前端的防爬装置能够分散碰撞力。

列车通过贯通道连接在一起，贯通道上设计有折篷和位于车钩上的渡板。

2）车体上安装部件

① 车门

某地铁线车辆采用电动塞拉门。由双向作用的电机为驱动装置，采用皮带传动及丝杆装置作为传动机构。由EDCU来控制车门的开关及锁定。在司机室操作控制按钮，通过EDCU控制电机转动来实现车门的开关，并设有障碍物探测重开门。由行程开关给出车门的状态信号，故障信号由EDCU通过编码硬线传送给MVB。

② 车钩

在A型车一位端装有自动车钩装置，由车钩承担车体的撞击能量吸收功能，可吸收共240kJ的撞击能量。若发生事故，其冲击力超过车钩最大允许值时，该车钩即松脱，使车辆前端的能量耗散区（司机室底架）能够消耗冲击力的能量。在Tc车和Mp车的2位端以及Mp车和M车的1位端，装有半永久牵引杆。M车的2位端装有半自动车钩。

③ 贯通道

贯通道实现两辆车之间的柔性连接，是车辆曲线通过时的关节部位，并且使乘客均匀地在列车中分布成为可能。它不受天气影响，并且防水和隔音，是操作可靠的通道。

贯通道由两个配对可分解的波纹形折篷组成，两块装在车辆端的渡板以承载在车钩上的滑动支承组成。联挂框架用螺栓互相连接。

④ 车窗

客室车窗为全封闭式车窗。司机室前窗是电热式窗，采用曲面钢化安全玻璃。

⑤ 逃生装置

逃生装置在前端墙的中部，包括一个在顶部铰接的大窗和位于两个司机台之间的一个梯子，正常情况该梯子折叠并隐藏起来。在列车不能到达下一站时，逃生装置用于疏散乘客。

⑥ 其他

客室座椅、立柱扶手及内部装饰，应用人机工程学原理设计，使乘坐舒适、美观。

车顶两侧纵向排列的照明灯具带，满足车内设定照度要求。客室内照明强度在离地板高800mm处测量的任何点的照度不小于300lx。

车辆两端设有空调机，由用微型计算机等组成的空调控制单元进行自动控制。通过设在车厢两侧方纵向散流板使客室内保持足够的新鲜空气和适宜的温度和湿度。

（2）牵引传动装置

牵引传动装置在电动客车中占有十分重要的地位，是驱动列车运行的核心装置。包括一个牵引电机，齿式联轴节和齿轮。其作用是将牵引电机输出的功率传给轮对。车辆的驱动机构是一种减速装置，其传动比是1：6.69，用来使高转速、小扭矩的牵引电动机驱动阻力矩较大的动轴对驱动机构的要求：能使牵引电动机功率得到发挥；电动机电枢轴应与联轴节保证同心度，以降低线路不平对齿轮的动作用力。

牵引逆变器VVVF将接触网获取的DC1500V直流电源转换为三相变频变压电源，驱动装在动车转向架上的4个三相牵引电动机，电动机的输出功率（转矩）通过曲形联轴节传给齿轮箱，齿轮箱固定在轮对上，从而驱动列车运行。牵引电机采用三相交流感应电机，由于采用这一电传动方式。牵引性能良好，运行可靠，使车辆具有良好的牵引制动性能。

Mp车和M车的每一根轴由一个牵引电机驱动。把电能→机械能→传给走行部。

（3）车辆走行部

1) 走行部是车辆中一个关键的系统,该系统涉及车辆的运行品质及乘客运输安全,是列车牵引力,车辆载荷和轨道外力的直接承受者。走行部的作用在于:

① 承受车辆自重和载重并在钢轨上行驶的部分;

② 支承车体及其载重传给钢轨;

③ 将传动装置传递来的功率实现为列车的牵引力和速度;

④ 保证列车沿着轨道运行平稳和安全。

走行部由两台二轴转向架组成,可以互换使用。两台转向架的中心距是 15.7m,转向架自身的固定轴距是 2.5m。其悬挂装置采用橡胶弹簧及空气弹簧中级悬挂,因此减振性能好,旅客乘坐平稳舒适。现代车辆的走行部基本上都是采用转向架的形式。

走行部主要由以下部件组成:转向架(包括构架、轴箱轮对、减振装置、中心座、牵引拉杆、抗侧滚扭力杆),基础制动单元,齿轮传动装置,辅助装置等。

转向架各主要部件作用原理为:

① 构架

构架是转向架的重要部件,由压制成型的刚板焊接成 H 型全封闭箱形结构,具有质量轻,强度高,寿命长的特点。构架的主要作用是:传递荷载;安装及支承轴箱轮对、悬挂弹簧、单元制动机、牵引电机、中心座等部件。运行时,中心销可使车体和转向架产生相对转动,使车辆圆滑顺利地通过曲线。装在中心座中的中心销将车体和转向架连接在一起,(中心销只传递纵向力),牵引拉杆共两根,呈对角线分布,一端连着中心座,一端安装在构架上起纵向力的传递作用。

转向架采用 H 型全钢焊接构架,由横梁和两侧梁组焊而成,材料采用 EN10025 S275J2G3。横梁上设有齿轮箱、电机、牵引杆的安装座,侧梁上设有踏面单元制动器、一系簧、二系簧等部件的安装座。各部件安装座的安装孔都经过精确定位,从而保证了所有部件组装后转向架的运行性能。构架采用了互换性设计,不同转向架的构架在维修中可以互换。在额定载荷下,构架使用寿命为30年。

② 轴箱和轮对

a. 轴箱

轴箱装在车辆两端轴颈上。轴箱的用途是：连接轮对与构架，将车辆载荷传递给轮对；同时将来自轮对的牵引力、制动力、横向力传递到构架上去；保持轴颈和轴承的正常位置。轴箱采用滚动轴承，降低了轴箱摩擦系数，减少了车辆启动和运行阻力，很适合地铁车辆高速运行，停车频繁，行车密度大的要求。轴箱外侧装有轴箱盖，一方面防尘、雨侵害，另外还用于安装速度传感器和接地装置。

轴箱体采用高强度铸造件。轴箱体两边的伸出臂加工一圆孔，用于安装一系簧。轴箱轴承采用SKF双列圆锥滚子轴承。

b. 轮对

轮对是车辆走行部中最重要的部件之一。车辆的全部静载荷均通过轮对传给钢轨；牵引电动机的转矩经过轮对作用于钢轨，产生牵引力。当列车沿着轨道运行时，轮对还刚性地承受来自钢轨接头，道岔及线路不平顺的全部垂直方向和水平方向的冲击作用力。其性能的好坏直接影响车辆的运行品质。所以对轮对的设计制造及维护保养应给予特别的重视。轮对由两轮一轴组成车轮热压装在车轴上，

轮对的主要作用概括为：

（a）传递车辆载荷至轨面；

（b）通过轮对与钢轨的粘着产生牵引力或制动力；

（c）在单元制动机的闸瓦压力作用下，产生摩擦力，使车辆制动；

（d）引导车辆顺利通过曲线，在轨道上安全运行。

车轮采用整体辗钢轮，并通过过盈配合热套在车轴轮座上。车轮轮毂部位有注油孔，退轮时对该孔压注液压油，液压油通过注油孔进入环轮孔内表面的油槽，均匀地挤入轮轴压装结合面，使车轮顺利退出车轴。标准直径为$\phi 840mm$，最小磨耗直径

ϕ770mm。采用磨耗型踏面与钢轨接触。

c. 车轴

车轴同两个车轮压合后组成轮对，车轴所承受的外力比较复杂。不仅承受车辆自重使它弯曲的压力，而且还承受很大的扭矩，扭矩主要由牵引电机经齿轮传递而来；当车辆通过曲线时，外轮的导向力将附加给车轴一个相当大的弯矩；当一车轮相对另一车轮滑转时也将产生附加扭矩。同时，车轴还承受来自线路的冲击及其自身的振动所产生的附加载荷。

d. 车轮及其踏面

车轮由辗钢轧制而成。车轮与钢轨顶面接触的外圆周面称为踏面。踏面右侧的凸缘称为轮缘。踏面呈圆锥形。如图所示：锥度为1：46，轮径ϕ840mm是指滚动圆处的直径，踏面呈锥形主要是为了：便于车辆通过曲线；直线上自动对中。车轮做成锥形，它的运动轨迹是轨道车辆特有的一种运动，称为蛇行运动。线路曲线区段外轨比内轨长，车辆通过曲线时，因离心力的作用，车轮偏向外轨，形成车轮以较大直径走外轨，而以较小直径走内轨，使运动正好同步，从而避免了轮对在轨面上的滑动。在直线运行时，锥形使轮对有滑向线路中心的倾向，从而抑制车辆左右摆动和减少轮缘的磨耗。轮缘的作用是导向引导车轮安全通过曲线及防止车轮脱轨。车辆运用过程中，车轮是高磨耗件，必须按有关规程进行镟修或更换新轮，以保证运行品质和运行安全。对于车轮而言踏面曲线的设计是非常重要的，合理的踏面曲线，可保证轮对在钢轨上平稳运行，顺利通过曲线，减轻车轮磨耗处长镟修周期，轮轨匹配关系是复杂的车辆动力学的范畴。

③ 减振装置

a. 减振装置的组成

减振装置由一系悬挂（反向双弹簧）、二系弹簧（空气弹簧）、液压减振器（垂向、横向）、抗侧滚扭力杆、横向缓冲器。

b. 减振的目的

列车运行时，由于通过钢轨接头，道岔，钢轨不平顺以及由于轮对本身的问题（如踏面擦伤）都受到很大的冲击与振动。如果这些冲击和振动全部刚性地传给转向架及车体，将使车辆各零部件很快松动、损坏；另外，这些冲击对线路也有很大的破坏作用。因此，在转向架构架与轮对之间设置了二系悬挂，以及其他各种减振装置，包括横向、垂向减振器和抗侧滚扭力杆。

减振装置的作用：是把车辆的重量弹性地通过轮对传递到钢轨上去；并把这些重量均匀地分配给各个轮对；缓和由于线路不平顺或车轮形状不正确产生的冲击；减少车辆对线路的作用。因此，一般我们在设计机车车辆时，总是把重量尽可能多地放在弹簧悬挂装置以上，也就是使尽可能多的机车车辆零部件不直接承受刚性冲击。但地铁车辆是电动客车，本身兼有牵引和载客两项功能，不可能把过多的零部件装在客室中，只能装在车下。所以一般对地铁车辆的减振功能要求很高。

c. 各减振部件

车辆各减振装置的共同作用，保证了车辆运行的平稳和乘坐的舒适。

一系悬挂：

转向架上的一系悬挂有三个主要功能：

（a）保护转向架构架及车辆以防从轨道上传递过多的振动载荷。

（b）保证车辆通过特殊区段时不脱轨。

（c）在确保转向架在其运行速度范围内的动态稳定性的同时，获得良好的曲线性能。

二系悬挂：

由空气弹簧和层叠式橡胶弹簧组成。其作用是承受传递车体荷载，缓和并减轻车辆在运行中垂向的振动和冲击，层弹簧也叫故障弹簧。是在空气弹簧失效时临时代替空气弹簧维持运行。另外车体载荷的变化可通过空气弹簧将其传递至空气制动系统中的制动控制单元 BCU 中的负载限压阀（称重阀）和压力传感器进行载荷校正。压力传感器产生与载荷成正比的电信号，该信号被送至 VCU，VCU 根据载荷变化的电压信号判断制动力的增减。

二系悬挂采用 Phoenix 公司生产的大柔度空气弹簧，主要由空气囊和锥形金属橡胶紧急弹簧组成，上部通风口与车体气管直接连接。如因镟轮或车轮磨耗导致车体地板面下降过多，可在紧急弹簧安座处加 12mm 厚的垫片，将地板面抬高。空气弹簧直接支撑车体，允许转向架相对车体生一定程度的相对运动。

高度控制阀：

转向架两侧都有一个高度阀，可根据载客量自动控制本侧空气弹簧的充排气，保证车体地板面高度基本不变。高度阀安装在转向架和车体之间，其作用是对空气弹簧内的压缩空气进行调节。根据载荷的变化情况自动进行充气、放气和保压，使车辆地板面不受车内乘客多少和分布不均的影响，终保持水平，并和轨面保持一定距离。空气弹簧的优越性只有采用高度控制阀后才能体现出来。它是空气弹簧装置中重要部件之一。

高度调整阀共有三个位置二条通路：

（a）正常载荷位置——保压：充气通路和放气通路均关闭。

（b）增载位置——充气：充气通路开启，风缸压缩空气充入空气弹簧，直至车厢地板重上升到标定高度。

（c）减载位置——放气：放气通路开启，空气弹簧向大气放气，直到升上来的地板重又降至标定高度。

液压减振器

利用减振器内液压油在通过节流孔时的阻塞作用来衰减振动，包括横向和垂向减振器。

横向橡胶止挡

限制车体和转向架之间的横向位移缓冲和吸收车辆的横向振动

④ 齿轮箱和联轴节

齿轮装置是同步螺旋齿轮。用柱形配合将扭矩从齿轮传递至从动轴上。通过齿轮把电机轴速度降低成较低的轮轴速度。齿轮箱的反作用力通过 C 型设计的支架作用在转向架构架上，不需要调整。牵引速度传感器安装于靠近从动齿轮的齿轮箱上,检测位于从动齿轮轴上的传感器齿数。齿轮箱下部有视液镜,便于进行润滑油油面检查。

齿轮联轴节是曲齿式联轴节,位于牵引电机和齿轮装置中间。联轴节用来补偿牵引电机与齿轮装置之间的相对运动,需用油润滑。联轴节包括2个相同的半组成部件,与电机轴和齿轮箱从动齿轮轴压锥形配合连接,这2个半组成部件通过中间的法兰用螺钉连接在一起。

⑤ 抗侧滚扭力杆

在构架横梁中横穿有一根抗侧滚扭力杆,两端装有力臂杆和连杆,最后连接在车体上。当车体发生侧向振动倾斜时,在两力臂杆端部作用一力偶,使抗侧滚扭力杆产生扭转变形,利用扭力杆的弹性减少和缓和车体的侧滚振动。

2)簧上重量、簧下重量

弹簧悬挂装置以上的重量叫簧上重量。弹簧悬挂装置以便上的重量叫簧下重量(或称死重量)。簧下重量对钢轨的动作用力随线路状况和车速度而异,而簧上部分对钢轨的动作用力除线路影响外,还与弹簧刚度有关。弹簧越软,动作用力越小。但由于结构和其他要求,对弹簧的柔度也有一定的限制。

3)力的传递

① 垂向力:车体→空气弹簧→构架→圆锥弹簧→轴箱→轮对→钢轨。

② 纵向力:牵引电机→齿轮箱→轮对轴箱→构架→牵引拉杆→中心销→车体底架牵引梁→车钩。

③ 横向力:钢轨→轮对→轴箱→构架→横向橡胶止挡→车体。

④ 垂向冲击力:钢轨→轮对→轴箱→圆锥弹簧→构架→空气弹簧→车体。

(4)车钩缓冲装置

车钩缓冲装置由车钩及缓冲器等部件组成,装在底架牵引梁上，是车辆一个安全部件。其作用是：

1）将车辆互相联挂，联结成为一组列车；
2）传递纵向牵引力和冲击力；
3）缓和车辆之间的动力作用；
4）实现电路和气路的连接。

车辆车钩缓冲装置共分三种类型：自动车钩、半自动车钩、半永久牵引杆。三种车钩均设有可复原能量吸收功能，采用橡胶缓冲器。在自动车钩和半永久牵引杆上还设有超载保护装置，不可复原的可压溃变形管。

其结构均采用先进的密贴式车钩，它是依靠相邻车辆钩头上的凸锥和凹锥口互相插接，起紧密连接作用。其优点是：节省人力，保证安全方便。缺点是：构造较复杂，强度较低。所以适用于地铁、轻轨等轻型轨道车辆上。

1）自动车钩

可以实现两列车机械、气路、电路的自动连接，可在司机室遥控操作，自动气动解钩，连挂的车辆能通过最小平面曲线和垂向曲线，两车钩接合时在下列偏移的情况下：垂直方向±90mm，水平方向±170mm时仍可以实现自动连挂，设有可复原的能量吸收功能，即车钩缓冲器，采用环形橡胶缓冲器，在列车牵引和推进时起到有效的缓冲作用。列车的电气线路和空气管路的连接是在车钩进行机械连挂的同时自动完成的。该车钩还设有不可复原的能量吸收部件，可压溃变形管在经受严重冲击后会发生变形，吸收能量保护车体，还设有超载保护装置。

① 车钩部分

由机械连接、电气连接、气路连接三部分组成。上部为机械连挂部分，由壳体、钩舌、中心轴、钩锁及钩锁连接杆、钩锁弹簧、解钩风缸组成。车钩有待挂、连挂、解钩三种状态，其原理如下：

a. 待挂：为车钩连接前状态，张紧弹簧处自由状。
b. 连接：与相邻车辆的车钩对撞自动完成。动作如下：在对方钩锁的撞击下，钩沿中心轴向反时针方向旋转，弹簧压缩，钩锁滑入钩舌定位槽中锁定。连挂后，弹簧恢复到原状况，完成两车钩的连接互锁。车钩力的传递：在连挂运行时，车钩受拉力作用，由于钩锁连接杆牵引负荷均匀，使钩舌始终处于锁紧位置，保证了连挂牢固可靠。当推进运行时，车钩受推力作用，由车钩壳体的密贴平面传递力。

c. 解钩：司机操纵按钮控制电磁阀，使解钩风缸作用，风缸活塞杆推动钩舌作顺时针转动，张紧弹簧拉伸，使车钩的钩锁脱开相邻车钩的钩舌，车钩处于解钩状态，拉动一组车车钩分离。当两节车完全分离后，弹簧力使车钩恢复到待挂状态。车钩下部为电气连接部分，由电器箱等附属件组成，可前后伸缩，电气触点分别为固定触点和弹性触点，保证电气连接时密接可靠，电气箱外装有保护罩，当连接时，电气箱可由操纵结构推出，此时保护罩自动开启；当解钩后，电气箱退回至原位，保护罩自动关闭。

② 缓冲装置

车钩缓冲器安装于车钩支撑座的上方，采用的是两个半圆形对接的橡胶环形缓冲件。它属于可复原的能量吸收部件，吸收第高级能量。环形橡胶缓冲器不仅可缓和冲击作用力，而且可以吸收冲击能量削弱冲击力，提高车辆运行平稳性。

③ 车辆对中装置

对中装置安装于车钩支撑座的下方。采用机械对中，用碟形弹簧片，其作用是保证车钩在连接时保持位于中心位置，即车钩和车辆中心线一致。

④ 可压溃变形管

不可复原的能量吸收装置。

⑤ 车钩超载保护装置

钩尾冲击座前端与车钩支撑座连接，后端与车体底架牵引梁连接，在钩尾座与车体连接中装有过载保护鼓形套筒。其作用是：当冲击力超过一定范围时起到车钩和车体的过载保护作用，使之免受损失。当超载保护鼓形套筒撞碎后,将车钩推向后面。气路连接部分有主风管、解钩风管接头。主风管配有主风管自动阀,在解钩时切断气路,在连接时气路自动连接,解钩风管始终处于连通状态。由司机操纵司机室内电控阀控制管路的通、断,最终达到自动解钩和连挂的目的。

2) 半自动车钩

其构造及基本原理与自动车钩基本相同。不同处:只可实现机械及气路的自动连挂,电气连挂需用扳手手动连接。没有可压溃变形管。车钩下的电气箱及连挂机构不同。

3) 半永久牵引杆

半永久牵引杆的机械、电器线路的连接均需要人工手动完成,当牵引杆的机械人工连接好后,空气管路将自动连接。是为连挂几辆车辆,组成运用中固定不变的单元车组而设计的,不具备机械解钩功能,除非是因发生非常情况或为了车间检修外,该单元车组是不需要分离的。解钩作业需在车辆段内进行,采用易于分解的套筒联轴节相连。因此可保证刚性的不松弛的安全连接。设有气路、电路自动连挂,也设有缓冲器,可压溃变形管设在 Mp 车和 M 车的 1 位端。

4) 解钩条件

① 自动车钩的解钩在列车已激活且满足有一定压力的压缩空气(大于 0.55MPa)的条件下,可通过按压位于副司机台的解钩按钮实现或直接操作位于自动车钩上的手动解钩装置实现解钩。

② 半自动车钩的解钩需满足列车的主风管有一定压力的压缩空气(大于 0.55MPa)的条件下,然后按压位于 M 车车底后端左侧的 W03 解钩盒实现(该车钩机械解钩前,需要人工扳手把电气部分向后移动)解钩。

③ 半永久牵引杆的解钩需人工借助工具完成,除了在紧急情况或列车在车间维护外,半永久牵引杆不需要拆开。

5) 车体的机械能量吸收

车体的机械能吸收设计为由车钩系统起能量吸收作用，按设计的基本作用力要求 1000kN，超载冲击作用力 1100kN，冲击速度 8km/h 和 15km/h，设置有四级能量吸收装置。

① 冲击作用力为 1000kN 以下，冲击速度为 15km/h 以下：

一列 AWO 工况的列车与另一列制动的 AWO 的列车相撞，高级能量吸收是由可复原的能量吸收装置，车钩橡胶缓冲器完成，可吸收冲击能 22kJ。而后在车钩系统内还设有不可复原的能量吸收装置，可压溃变形管可吸收 185kJ 的变形能。通过以上中级能量吸收装置，可以防止车体在上述冲击力及冲击速度作用下发生永久变形，安全地保护车体和乘客。

② 冲击力大于 1000kN，列车速度超过 15km/h 的冲击：

在自动车钩系统上设有过载保护装置，即一个过载保护鼓形套筒，当冲击力超过一定范围，即在前面的两级能量吸收容量全部耗尽后才起作用。它起车体的过载保护作用，使之不受损失，它可吸收 33kJ 的撞击能。第四级能量吸收是通过适当设计司机室部位的底架及边梁的刚度使之成为能量耗散区，最大限度地保护客室和乘客安全。一旦发生撞车事故，当冲击速度大于是 8km/h，可压溃变形管必须更换；立即检查车体、转向架、通道、设备箱及支承；必须对车辆尤其是电气连接进行全面检查。

（5）制动系统

车辆制动系统的作用是用以产生制动力，使列车减速或及时停车。其作用的好坏对保证列车安全和正点运行具有极其重要的作用。而且也是提高载重和运行速度的前提条件。

某地铁运营单位车辆的制动方式是采用混合制动方式，电制动（包括再生制动/电阻制动）与可控制的空气制动融合，再生制动和电阻制动能连续交替使用。

当网压上升到 DC1800V 时，再生制动能平滑地过渡到电阻制动，在不能实现再生制动时，电阻制动能单独满足常用制动要求。

在高速时，采用电气制动，但是由于电制动的效率随着运行速度的降低而降低,因此,车速降低到一定程度以后(6km/h时),必须采用空气制动。另外在电制动力不足时,空气制动也作为辅助手段应用。

1) 电制动

电制动根据其能量利用方式的不同,可分为再生制动/电阻制动。

① 再生制动

将产生的能量回馈到架空电网供其他车辆使用,或供应给其他车载耗能装置(辅助设备,空调设备,和照明)。具有制动列车和产生电功率的双重效用,因此对于行车密度大的地铁车辆具有明显的效果。

② 电阻制动

将电能供给车辆上的制动电阻,而变为热能散逸到大气中。电阻制动往往是在接触网不能接受牵引电机作为发电机产生的电功率时方才使用。

牵引工况:由接触网吸收电能,作为电动机,将电能转换成机械能,产生牵引力;

制动工况:停止接触网供电,反过来作为发动机,将列车运行的机械能转换为电能,产生制动力;

2) 空气制动

空气制动装置采用微处理控制的单管摩擦制动系统。电子模拟控制制动简单地说就是:变量输入微机—微机控制电磁—电磁控制气路—直通充风制动。它由气源、电子控制单元、制动控制单元、基础制动单元、风缸截面塞门等和防止因制动力过大导致车轮踏面在钢轨上滑行的滑行保护系统组成。

常用制动下,采用电—空联合制动的方法。基础制动采用单元式踏面制动器(分带和不带停放制动用的弹簧制动器两种)。

为了实现能满负荷工作,并且又能有故障保护的功能,该系统具有独立的紧急制动系统,它是按照"失电—施加"的原则来实现故障保护。

空气制动系统的组成及作用原理：
① 供风系统

供风系统主要由空气压缩机、空气干燥过滤器、主风缸、车间供气设备、脚踏泵组成。由空压机产生的压缩空气通过空气干燥过滤器进入主风管和主风缸。所设计的供气系统能为每一单元车组提供足够的压缩空气，相邻车辆的主风管通过截断塞门软管相连。主风管用来使车辆之间的压缩空气流通，即使在1台空压机不工作的情况下，它也能使总风缸从邻近车辆充气。所有的辅助气动设备和司机室内的压力表都安装在主风管的各支管上，（各风缸和减压阀将主风缸与其他消耗空气的元件隔开）。主风管的压缩空气除用于空气制动外，还将压缩空气送至下列子系统：空气弹簧风缸、车钩装置、汽笛、受电弓装置、车底电器柜通风。

② 电子制动控制单元（EBCU）

是一个微机制动控制单元，它输入制动命令、电制动施加与否信号、车体负载信号、空气制动实际值的反馈信号。然后输出电—气模拟转换和防滑控制的电信号，控制各种电磁空气阀，根据制动的要求和空气制动施加的实际情况不断地调整制动缸的压力。

③ 制动控制模块（BCU）

BCU由组合集成安装在模板上的模拟控制阀、紧急制动控制阀、中继阀及压力传感器、负载限压阀（称重阀）等组成。它的主要作用是根据电子控制单元输出的指令进行电—气转换，即VCU把电信号输入BCU，通过BCU把电信号变成气压信号，送入空气制动单元，输出控制压力来控制主风管到制动风缸的压缩空气，完成对制动风缸压力进行控制的任务。除此之外，制动控制系统中还有制动风缸B04、截断塞门B02、B05等，关断塞门B02可切除该车的制动作用。手动电磁控制阀B19用于控制停放制动。

④ 基础制动单元

基础制动分为两种：一种是常用制动机，另一种是带有停放制动器的制动机。常用制动器：当风缸充风时，通过勾贝杠杆机构将闸瓦推向轮对踏面产生摩擦制动，即充风制动，排风缓解。停放制动器：实际是一个弹簧制动器。当停放制动缓解，风缸排风后，弹簧弹力勾贝杠杆机构将闸瓦推向轮对踏面达到制动的目的。当向缓解风缸充气时，压缩空气推动勾贝克服弹簧张力，使机构复位，停放制动得到缓解。另停放制动也可不通过风缸，而是通过拉动其上的缓解拉环释放弹簧的弹力，达到缓解的目的。所以停放制动正好与常用制动相反。即排气制动，充气缓解。空气制动可以完成常用制动、停放制动、紧急制动、制动缓解、防滑作用。

⑤ 气制动与其他项目的接口

牵引系统、列车控制系统、悬挂系统、受电弓。

⑥ 紧急制动

采用紧急制动时，紧急电磁阀失电，主风缸的压力空气直接通过紧急电磁阀，负载限压阀（称重阀）到中继阀进入基础制动单元，实现紧急制动。采用紧急制动后：不能自动撤除。一旦触发，则将保持到列车完全停下来；常用制动的冲击率极限 $0.75 m/s^2$ 不再适用；所有车辆的牵引电源立即中断并封锁住，直到列车完全停下来（零速封锁）；在整个停车过程中，所有制动控制列车线的电源切断。

⑦ 紧急制动的应用

在下列任一情况出现时，将导致紧急制动。主控制器手柄警惕按钮触发；按下了司机室内控制台上紧急停车按钮；脱钩；紧急电气列车线环路中断式失电；制动系统 DC110V 电源失电；ATC 系统了出紧急制动指令。紧急制动不受冲击率的限制。

⑧ 快速制动

当主控制手柄移到"快速制动位"时，将实施以紧急制动减速度减速的电控气制动；将主控制手柄离开"快速制动"位时，快速制动将得到缓解；在作用时间内，冲击极限和防滑装置保持工作。

⑨ 制动缓解

电子控制单元 VCU 发出缓解指令，AW4 模拟转换阀输出的控制压力为 0，此时中继阀中工作风缸到制动风缸的通路被关闭，输出的制动压力为零。此时中继阀 Kr6 通向大气的通路打开，使制动缸向大气排风，利用复位弹簧使制动得到缓解。即排气缓解。

⑩ 防滑作用

每根轴上都装有防滑速度传感器，将速度信号传至电子控制单元的防滑部分进行逻辑计算，当某轴发生制动力过大，轮轨间发生滑动时，VCU 控制防滑阀 G01 关闭压缩空气通路，开启制动缸通向大气的通路，进行排风缓解，然后再重新恢复正常制动。这样使车辆在粘着不利的情况下尽快恢复制动作用，使停车距离减少到最小值，并防止轮对踏面擦伤。

(6) 其他辅助设备

1) 列车自动控制系统（ATC）

ATC 系统包括自动驾驶（ATO）、自动保护（ATP）和自动监控（ATS）3 部分。其作用主要是：

① 实现非完全脱离司机的人工驾驶；

② 停车点的防护；

③ 速度监督与超速保护；

④ 列车行车间隔控制；

⑤ 及时监控列车位置。

在 Tc 车前端装有 ATC 传感器安装架。

a. ATO 将执行除"启动"外的列车自动运行（自动调速、自动停车、定点停车）。

b. ATP 将执行列车安全速度和列车安全间隔的功能，当潜在的不安全条件产生时，ATP 将施加紧急制动。ATP 车辆接口设备将包括：速度计、天线、司机室显示器、控制器、电源适配器和 ATO/ATO 车载控制设备。

c. ATS将执行自动转换道岔、排列进路。

2) 列车故障自诊断系统

列车采用微机故障自诊断系统，用便携式数据采集器采集各种有关数据，自诊断系统应用在列车总线系统中。另外还有列车的照明及通信广播系统。在轴箱上还装有速度传感器、接地装置。在Tc车前端装有ATC传感器安装架。

2.2.1.2 车辆转向架

1. 概述

转向架是支承车体并担负车辆沿着轨道走行的装置，它的结构是否合理直接影响车辆的运行品质、动力学性能和行车安全。

某地铁运营单位的车辆转向架采用无摇枕结构，悬挂系统由金属橡胶弹簧和空气弹簧组成，车辆转向架在构架设计、电机安装方式、齿轮箱安装方式方面都进行了一定的改进。

转向架是车辆的主要部件之一。它用来传递各种载荷，并利用轮轨间的粘着保证牵引力的产生。转向架结构性能的好坏，直接影响车辆的牵引能力、运行品质、轮轨的磨耗和车辆的安全。

走行部由两台转向架组成，转向架分为动车转向架和拖车转向架。Tc车只能装拖车转向架，Mp车和M车只能装动车转向架。动车和拖车转向架的构架是一样的，两者可以相互替换。

一系悬挂装置位于轮对和转向架之间，由具有固有减振特性的锥形金属/橡胶弹簧构成，因此一系悬挂装置中就不需要减振器了。二系悬挂装置位于转向架构架和车体之间，它根据车重自动调节平衡，在载荷不同的情况下，空气弹簧高度阀可以对车体的高度进行自动调整。

横向或垂直液压减震器用于抑制水平（横向）和垂直方向上的振动。缓冲器限制车体横向移动。

每个转向架设有一个带减噪橡胶块的牵引杆，用于把牵引力和制动力传递给车体。

制动系统包括电制动（只有动车转向架上有）和每个动车和拖车转向架上的四个基础制动（动车和拖车的每个转向架上都

有）。其中两个制动带有弹簧制动器，用于停放制动。

车辆转向架包括动车转向架和拖车转向架。Tc 车为拖车转向架，Mp 车和 M 车为动车转向架。转向架由轻质构架组成，动车转向架和拖车转向架的构架是相同的，因此是可以互换的。一系悬挂采用具有适当的垂向和横向刚度的锥形金属橡胶弹簧；它一方面可以缓和来自轨道的各种冲击和振动，提高列车的乘坐舒适性；另一方面可以对轴箱进行弹性定位，既能保证列车在直线上运行的稳定性，又能使转向架更加顺利地通过曲线，减少轮缘磨耗，防止脱轨。二系弹簧位于转向架构架与车体之间。为两个空气弹簧，通过空气弹簧高度阀可自动调节车体在不同载荷下的高度。减振器布置在垂直和水平（横向）方向上。止挡限制车体的横向运动。牵引杆中装有消声的橡胶块，传递牵引力与制动力给车体。

2. 转向架的主要作用

作用：支撑车体、车体的悬挂和减振、列车运动、列车启动、列车制动。

（1）支撑车体、传递载荷

转向架可以承受车辆自重和载重，使重量均匀分配，传给钢轨，并传递从车体至轮对之间或轮轨至车体之间的各种载荷及作用力。车体重量通过空气弹簧传给转向架构架，然后通过一系悬挂均匀的分配到各个轴箱上，最后经轮对作用于钢轨。

某地铁运营单位车辆轴重 16t。AW3 时，每辆车总重为 59～62t，载重为 25.92t。

垂向载荷传递过程：车体→空气弹簧→（紧急弹簧）→构架→一系弹簧→轴箱→轮对→钢轨

横向力传递过程：车体→空气弹簧→（紧急弹簧）→构架→一系弹簧→轴箱→轮对→钢轨

轨道上施加的力的传递过程为上述过程的逆过程。

（2）传递牵引力和制动力

转向架充分利用轮轨之间的粘着作用，通过轴承装置使车轮沿钢轨的滚动和车体沿线路运行的平动相互转化,传递牵引力(牵引时)或制动力(制动时)。

在牵引时,牵引电机产生转矩通过齿轮传动装置使轮对沿钢轨滚动,轮对与钢轨之间的粘着作用使车轮滚动力矩转化为向前的轮周牵引力,牵引力由轴箱经构架传给牵引杆、中心销、车体底架牵引梁,使车辆沿轨道平动。

制动时,电机或踏面制动器给轮对作用一与轮对转动方向相反的力矩,轮对与钢轨之间的粘着作用使该力矩转化为向后的制动力。制动力与牵引力传递过程相同,方向相反,使列车具有良好的制动效果,以保证列车能在规定的距离内停车(图 2.2-1)。

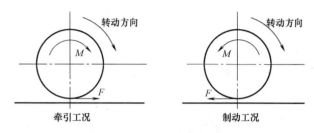

图 2.2-1 两种工况下轮轨作用力

纵向牵引力传递过程:钢轨→轮对→轴箱→一系簧→构架→牵引拉杆→中心销→车体

制动力与牵引力传递过程相同,力的方向相反。

踏面制动力的传递过程与牵引力传递过程相同:钢轨→轮对→轴箱→一系簧→构架→牵引拉杆→中心销→车体

(3) 缓和振动和冲击

转向架的缓和冲击、减振功能是通过弹簧减振装置来实现的。弹簧减振装置主要分三类:一类是主要起缓和冲击的弹簧装置,如一、二系弹簧、抗侧滚扭力杆等;一类是主要起衰减振动的减振装置,如横、垂向减振器等;

在车辆振动系统中,以上装置又称为弹性悬挂装置。车辆采用两系悬挂,一系悬挂是构架与轴箱之间的螺旋钢弹簧,二系悬挂是车体和构架之间的空气弹簧。

3. 车辆转向架的分类

尽管可以基本互换，列车不同位置的转向架的功能和工作环境有所差别，不同转向架上安装的辅助装置和一系簧刚度可能有所不同。

列车由两个单元组成，每个单元有一节拖车（Tc车）和两节动车（Mp、M车）。Tc车转向架分为三种，即：Tc车一位端带天线的转向架；Tc车二位端转向架；Tc车一位端带天线和轮缘润滑装置的转向架（只安装在第1～10列车）。

动车转向架只有一种，即：动车转向架、Tc车2位端安装的拖车转向架、Tc车1位端安装的带ATC天线的拖车转向架、带ATC天线和绝缘润滑的拖车转向架。

（1）列车转向架各部件的布置：

一般转向架主要由以下部件组成：

1）构架；

2）轮对轴箱装置；

3）弹簧减振装置，含一系弹簧、二系弹簧、抗侧滚扭力杆、减振器等；

4）中央牵引连接装置，含牵引杆，中心销等；

5）制动装置，主要指气制动装置；

6）牵引驱动装置（动车），主要指牵引电机；

7）辅助装置，如速度传感器、接地碳刷、轮缘润滑装置等。

（2）轮对组成及基本要求。

轮对的主要作用：

1）传递车辆载荷至轨面；

2）通过轮对与钢轨的粘着产生牵引力和制动力下轨面在一定摩擦力下作滚动运动，使其前进；

3）在单元制动机的闸瓦压力作用下，产生摩擦力，使列车制动；

4）引导车辆顺利通过曲线，在轨道上安全运行。

(3) 轮对是由一根车轴和两个相同的车轮组成。轮对性能的好坏直接影响到车辆的运行品质。

对车辆轮对的要求是:

1) 在保证足够强度和一定使用寿命的前提下,使其重量最小,并具有一定的弹性,以减少轮轨之间的作用力。

2) 应具备运行阻力小,耐磨性好的优点。

3) 应能适应车辆的直线运动,又能顺利通过曲线,还应具备必要的抵抗脱轨的安全性。

(4) 车轮踏面是由 1∶46、1∶15 组成的斜面,踏面呈锥形,其作用是:

1) 便于通过曲线。车辆在曲线上运行,由于离心力作用,轮对偏向外轨,外轨上滚动的车轮,其滚动圆直径较大,而内轨上的车轮滚动圆直径较小,减少外轨车轮在钢轨的滑行。

2) 可自动调中。车轮在直线线路上运行时,如果车辆中心线与轨道中心线不一致,轮对在滚动过程中能自动纠正偏离位置。

3) 由于踏面与钢轨接触面可以不断变化,使踏面磨耗沿宽度方向比较均匀。

4. 悬挂系统

转向架悬挂系统主要由一系弹簧和二系弹簧组成,悬挂系中橡胶件的使用寿命一般为 10 年。

(1) 一系弹簧

一系悬挂具有适当的垂向和横向刚度的锥形金属橡胶弹簧;它一方面可以缓和来自轨道的各种冲击和振动,提高列车的乘坐舒适性;另一方面可以对轴箱进行弹性定位,既能保证列车在直线上运行的稳定性,又能使转向架更加顺利地通过曲线,减少轮缘磨耗,防止脱轨。

(2) 二系弹簧

主要特点:

空气弹簧直接支撑车体,并允许转向架相对车体产生回转或横向运动。它主要由空气囊和锥形金属橡胶紧急弹簧组成,上部通风口与车体气管直接联结。

转向架两侧都有一个高度阀,安装在车体底部,通过高度阀连杆与构架相连,可根据载客量自动控制的本侧空气弹簧的充排气。每个空气弹簧用一个高度阀控制其充排气,这样的空气弹簧能起到抗测滚作用。另外为了防止单侧空气弹簧爆裂失效后导致车体倾斜,转向架两侧空气弹簧通过一个差压阀连通,两边空气弹簧压差过大时,差压阀导通,压力大的一边空气流向压力小的一边。高度阀出来的空气先进入一个连接空气弹簧的附加风缸,附加风缸能有效增加空气弹簧柔度和挠度。

空气弹簧底部是紧急弹簧,紧急弹簧能有效增加空气弹簧的柔度和挠度,增加列车乘坐舒适性,在空气弹簧爆裂时也能支撑列车继续运行,直至列车退出运营。如因镟轮或车轮磨耗导致车体地板面下降过多,可在紧急弹簧安装座处加12mm厚的垫片,将地板面抬高。转向架组装后,两边的紧急弹簧安装座高差应小于0.5mm,如果高度差过大,也可通过在紧急弹簧安装座处加垫片来调整。

5. 高度阀

作用:安装在车体与转向架的构架之间,其作用是对空气弹簧内的压缩空气进行调节。根据客室载荷的变化情况自动进行充气、放气和保压,使车辆地板不受车内的乘客多少和分布不均的影响,始终保持水平,并和轨面保持一定的距离。

(1) 保压—正常载荷位置(90°垂直):充气通路和放气通路均关闭。

(2) 充气—增载位置:充气通路开启,风缸压缩空气充入空气弹簧,直至车辆地板重新上升的标准的高度。

(3) 放气—减载位置:放气通路开启,空气弹簧向大气排气,直到升上来的车辆地板重新又降到标准的高度。

6. 其他减震装置

为了提高车辆运行性能,二系悬挂除开空气弹簧以外,还设有横向、垂向减振器和抗侧滚扭力杆等减震装置。

（1）减振器

减振器的作用是通过车体振动时活塞的上下运动，油液流经节流阀节流而产生减震阻力，系统振动机械能因此转化为油液热能而散逸，达到减振目的。对液压减振器的基本要求是：①具有合适而稳定的阻力大小和特性；②结构坚固，使用寿命长；③使用中油液不泄漏；④便于维修。

（2）抗侧滚扭力杆

地铁车辆通过两系悬挂来满足车辆更好的性能要求。为了提高乘坐舒适性，二系悬挂采用较小的刚度，但车辆在外力的作用下产生的侧滚运动或车体通过曲线、侧向力、偏载等因素导致车体偏斜时，二系悬挂较小的刚度使车体两侧较容易出现相对转向架的高度差，即车体相对于转向架发生侧滚运动，这将降低车辆乘坐舒适性和运行平稳性，并且可能使车辆超出列车的动态包络线。

在车体和转向架之间安装扭杆装置以后，车体相对于转向架的侧滚运动时，可通过吊杆把车体侧滚运动传递给扭臂，扭臂绕扭杆中心作用一个力偶，使扭杆产生扭转变形。发生扭转变形的扭杆的复原弹力反作用于车体，可以缓冲并减少车体的测滚运动。从而保证了列车的运行安全性和乘坐舒适性。

（3）横向止挡

转向架上有横向止挡，是限制车体和转向架之间的横向运动；缓解车体与转向架之间的横向运动。

7. 气管及气制动装置

气制动装置采用克诺尔制动机公司生产单闸瓦踏面单元制动器。分别为带停放制动器的踏面单元制动器和不带停放制动器的踏面单元制动器。

为了方便无电状态下缓解停放制动单元，方便检修过程中的调车作业，停放制动单元的停放制动缸后端连接一个停放制动缓解装置，手拔拉环即可缓解停放制动。

8. 牵引驱动装置

（1）电机

动车转向架每根车轴有一个牵引电机，采用架悬式安装，有效地减轻了簧下质量。电机为鼠笼式三相异步交流电机，功率为190kW，具有维护简单、故障率低等优点。

（2）联轴节

电机的转矩通过联轴节传递给齿轮箱，从而驱动车轮。

（3）齿轮箱

齿轮箱斜齿轮传动齿轮箱，小齿轮部位安装一个速度传感器，能将牵引电机速度信号传给列车牵引控制系统。齿轮箱下部有视液镜，便于进行润滑油油面检查。

9. 其他辅助装置

（1）速度传感器和接地碳刷

转向架的辅助装置在其轴端都有接地碳刷。速度传感器安装在轴承内外圈之间，通过电缆从轴端引出信号。

（2）轮缘润滑装置

1号线第1～10列车的Tc车一位端转向架上装有液体轮缘润滑装置，它能有效的减少轮缘磨耗，提高车轮使用寿命。另外，油嘴不能离车轮踏面太近，这样有可能使润滑油喷到或被挤到踏面上，引起踏面擦伤，一般使油嘴与踏面距离35mm为宜。

2.2.1.3 车门

车门是城市轨道车辆的一个重要组成部件，对车体强度及车辆整体形象影响甚大，且与运营安全有直接的关系。城市轨道车辆车门包括客室车门、司机室侧门以及司机室与客室间的通道门。出于保障乘客安全的考虑，有的城市轨道车辆会在列车两端司机室的前端设有紧急下车的安全疏散斜梯，在紧急情况下可以向前放下到路基上，作为通向地面的踏板，用于列车发生紧急事故时疏散乘客。

1. 概述

由于城市轨道车辆具有运载客流量大，乘客上下车频繁等特点，为了方便乘客上下，缩短停站时间，一般客室车门的布置一般有以下几个特点：

1) 要有足够的有效宽度；

2) 要均匀布置，以便站台乘客能均匀分配，上下车方便迅速；

3) 要有足够数量；

4) 车门附近要有足够面积，以缓和上下车时的拥挤，缩短上下车时间；

5) 确保乘客上下安全。

对于车门的数量，应使车门承担的地板面积相等，乘车效率最高，且车门位置应该在承担面积的中央。增加车门的数量，上下车效率提高，但座位数减少。要考虑高峰期与平峰期，站立面积与客室面积比要适当。另外，大宽度的车门必然削弱车体强度。一般16～18m长的车体采用3对门，门的宽度一般为1300mm左右。

车门可由压缩空气作为开关的动力，也可采用电机驱动。与气动门相比，电动门具有结构简单、易于控制、故障率低、少维修等优点。

按照其开启及结构形式主要可以分为移动门和塞拉门。移动门又可分为内藏式滑动移门、外挂式滑动移门。

（1）塞拉门

借助于车门上端的传动机构和导轨，车门开启状态时门页贴靠在侧墙的外侧，车门在关闭状态时候，门页外表面与车体外墙成一平面。

以上类型的车门各具自身特点，表2.2-1是对三种类型车门系统的一个比较。从安全可靠性来讲，移动门一般适用于速度低于100km/h的列车上。特别是外挂门，由于外挂门属于外吊悬挂式结构，下部悬空无支承。当列车在隧道中运行，随着速度的提高，其空气的阻塞比大大增加，对外吊的悬挂门产生较大的压力。当门的结构及强度不随速度的提高而改进设计的话，车门会产生晃动等不稳定因数，影响车门的安全可靠性。

由于移动门的结构决定车门与车体之间必须保证一定的间隙，因此，移动门的密封性差。当列车达到一定的行驶速度时（超过100km/h以上）便会产生车厢内窜风，给乘客带来不适；在车辆进出隧道等外界压力变化时，车内压力随着变化，舒适性下降。由于移动门的密封性差，车辆走行部件产生的噪音很容易传入车内；同时由于移动门或凹或凸于车体，列车在行驶中会使附近的空气产生涡流，空气阻力大，也就限制了移动门的使用速度。

塞拉门由于与车体在同一平面内，保持列车较好的流线型，所以具有密封性好，空气阻力小等特点，但塞拉门的结构较移动门复杂，且造价较高。

车门系统性能比较 表 2.2-1

序号	项目	外挂门	内藏门	塞拉门
1	气密性	密封比较简单，车门的密封部件直接暴露于气流中，而且车门与车体的密封只有一对密封条	密封性能较外挂门好，主要是由于以下原因：（1）车门并不直接暴露于气流中。（2）从车体外到车厢内部有两组密封，因此气流不容易进入客室	气密性好，但是容易过压，因此，在关门的时候会存在着一定的问题
2	关门时间	关门时间较短，实际关门时间的长短主要依赖于车门的净开度，通常≥2.5s	和外挂门一样，关门时间较短，实际关门时间的长短主要依赖于车门的净开度，通常≥2.5s	关门时间较移动门时间长，由两个时间组成即关和塞的时间，通常来说至少比移动门长1s
3	外观	车门位于车辆侧墙外侧	门页藏于车辆侧墙的外墙与内护板之间的夹层内	当门完全关好后与车体外墙成一平面

续表

序号	项目	外挂门	内藏门	塞拉门
4	车辆限界及对限界的影响	由于车门是悬挂于侧墙的外侧,为满足车辆限界要求,在一定的程度上减少了车体的宽度。然而车门之间有效空间是最大的	由于藏于侧墙内,因此在一定的程度上减少了车辆内部的宽度,同时也会减少载客量	车辆内部宽度最大,但是由于塞拉门有立柱,因此站立面积没有外挂门大
5	维修	结构简单,维修工作量和维修时间较少。可以快速更换门页,而且可以从外部进行维修	结构简单,维修工作量和维修时间较少。门页更换较外挂门复杂,可以从车辆内部对车门进行维修和调整	结构复杂,维修量较多,维修时间长。可以从车辆内部对车门进行调整和维护
6	隔噪能力	隔噪能力主要取决于门页与车体的接口面	隔噪能力较外挂门好	由于塞拉门密封性能好,因此其具有较好的隔噪能力
7	关门过程中可能出现的问题	由于关门过程为直线运动,且关门时间较短,因此,关门受阻的可能性较小	由于关门过程为直线运动,且关门时间较短,因此,关门受阻的可能性较小	由于内部过压,最后一个门在关门的时候可能较难关上。门在塞的过程中也可能由于乘客堵在车门关闭的方向而受阻,尤其是在大客流的情况下
8	开门过程中可能会遇到的问题	开门时车门可能会碰到靠近列车的乘客从而进入障碍物探测状态。但如果站台安装了屏蔽门后不会出现这种问题	如果门槛中有碎片或其他异物,可能在开门的时候会受阻塞	开门时车门可能会碰到靠近列车的乘客从而进入障碍物探测状态。但如果站台安装了屏蔽门后不会出现这种问题
9	可靠性	部件少,可靠性高	部件少,可靠性高	部件数量多,而且机构的运动较复杂,因此可靠性较外挂门和内藏门低

续表

序号	项目	外挂门	内藏门	塞拉门
10	重量	较塞拉门轻	较塞拉门轻	较重(加上车体接口等重量要比外挂门或内藏门重约40~50kg/门)
11	窗	与客室窗无干涉,窗户的宽度可以达到最大	由于内藏门需要在侧墙内滑动,因此,客室窗的宽度将受到影响	与客室窗无干涉,客室窗的宽度可以达到最大
12	费用	较塞拉门低很多,和内藏门差不多	较塞拉门低很多,和外挂门差不多	较外挂门和内藏门造价高很多
13	操作环境	适用于大客流环境,不适用于高速车辆	适用于大客流环境,不适用于高速车辆	不适用于大客流环境,适用于高速车辆(>120~140km/h)
14	在中国的应用经验	上海地铁1号线增购车(庞帕迪制造):运用过程中未出现重大问题	上海地铁1号线:运用过程中未出现重大问题	广州铁3、4号线,上海地铁3号线,深圳地铁1号线:在关门的时候由于内压过高,可能造成车门无法关门

(2) 车门组成

1) 某地铁运营单位车辆电动外挂门系统具有以下特点:

① 采用自润滑的丝杆/螺母传动方式,具有阻力小、无噪音和维护工作小的特征;

② 每个车门均采用独立的 EDCU 单元控制,减少了由于中间继电器引起的故障;

③ 具有障碍物探测功能,防止夹人夹物行车。

2) 主要参数

见表 2.2-2。

3) 客室车门系统组成

每个车门系统包括了车门悬挂及导向机构、车门驱动装置、左右门页、紧急解锁装置、乘务员钥匙开关、1套安装在车体上的密封型材（上、左和右）等机械部件及电子门控单元、电气连接、指示灯等电气部件。

主要技术参数　　　　　　　　　　表 2.2-2

净开度	1300mm
净开高度	1860±10mm
工作环境温度	25～70℃
湿度	100%
开关门时间	3～5s(可调)
供电电压	DC110V
车门关紧力	≤150N(每个门页)
障碍物探测最小障碍物	30×60mm(宽×高)
车隔声量	≥21dBA
开关门噪声级别	≤68dBA

4）客室车门的主要机械部件

① 车门悬挂及导向机构

采用滚珠轴承滑块型悬挂机构。该机构由一个"U"型钢轨，一个铝型材构件及两个钢制滑块组成。"U"型钢轨塞入铝型材构件，两个钢制滑块（每个门页一个）在两排由轴承罩隔离的硬质钢球之间运动。

门页直接用螺栓固定在滑块上，其安装只是用简单的"螺栓与螺母"装置，以便调整门页相对于车体的平行度。铝型材（型材上有滑轨）有中心及横向支撑，整个装配用螺栓安装在车体上。在装置及车体间应垫薄垫片，这样即使车体不是完全平整，钢轨也能保持平直。

② 驱动装置

车门驱动装置由一个驱动电机、丝杆以及连接电动机和丝杆螺母系统的两个滑轮。

a. 电机

驱动电机为直流永磁电机。由于转速低，电刷寿命可达3百万次以上。驱动电机包含了一个齿形联轴节及两个安装座（图2.2-2）。

b. 丝杆

丝杆是车门系统中的传动部件，它通

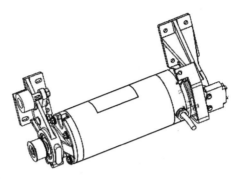

图2.2-2　车门电机

过一个弹性或齿形联轴节并通过皮带轮与电机相连接。门页的同步动作是由丝杆和球形螺母组成的系统来实现的（图2.2-3）。

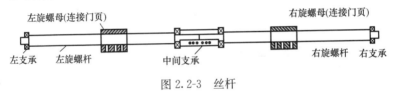

图2.2-3　丝杆

c. 门页

门页是一个复合结构，由铝框架和铝蜂窝夹心结构制成。铝板采用固热化粘接至框架上，从而使表面光滑平整同时加强机械强度。

整个门页的配色与车辆外部和内部的颜色相协调。每个门页上设有一个双层中空钢化玻璃（厚分别为4mm和5mm）的透明固定窗，并做了相应的标记，窗玻璃应符合《中空玻璃》GB/T 11944—2012及《钢化玻璃》GB/T 9963—1998，门窗采用粘接形式固定在门页上。每个门页的两侧都装有一个橡胶密封条，以防止水、灰尘、噪声等的进入。两门页之间装有一个防夹橡胶条以保护关门时候被夹住的障碍物，胶条硬度适中，满足障碍检测要求，同时适应气候条件的要求。胶条满足弹性、拉伸强度及耐候性，耐普通清洗剂和耐老化等性能要求。

d. 车门密封

某地铁运营单位的车辆在密封结构上采用固定在门页四周的环形双向唇形密封胶条,与固定在车体框四周的铝型材密封框形成密封结构。密封框与密封胶条密封配合的表面涂有聚四氟乙烯涂层。该涂层需要日常清洁维护,胶条也需要日常清洁,定期涂硅油或喷涂橡胶保护剂保护。这样可以减小摩擦力,增强密封性,延长使用寿命。

5) 车门电气部件

① 电子门控单元 EDCU

电子门控单元 EDCU 是整个车门系统中一个关键的电气部件,主要用于门的控制,一般位于客室内侧,且安装于防水保护的部位。EDCU 具有一个硬件设计(继电器)以实现安全要求,同时具有一个微处理器以控制车门电机并驱动串行线路。

EDCU 可以稳定地控制电机电流和电机电压,使门的运动快速、平稳。开关门均具有中级缓冲功能,门在接近全开或全关时转为低速,其余区段为高速运动,高、低速区段可以通过软件设定。正常开关门时间可以通过软件调节。

在初次上电时,EDCU 不能监控门的位置(门关闭位置除外)。因此,对于打开的门,将启动一次初始化程序,该程序将以较低的速度关门(在此运动中,具有障碍检测功能)。

② "关门"位置检测装置

"关门"检测装置由一关门行程开关组成,用于检测门是否处于关闭位置。实际上,丝杆已经保证了两门页动作的同步性,因此在一个门页上设置关门行程开关就可以检测到整个门页是否处于关闭位置。

关门行程开关有一对常开触点和一对常闭触点,它们机械联接但电气分离。一对触点用于向列车安全回路传送信号,另一对触点向 EDCU 发送"门关好信号"。EDCU 收到该信号后,控制电机降低转速,以达到车门在完全关闭前实现缓冲。当一对触点故障时,EDCU 收不到"门关好"信息,EDCU 将向列车诊断系统发出"车门故障"信息。

③"锁门"位置检测装置

"锁门"位置检测装置用于检测车门处于"关闭并锁好"位置。"锁门"位置检测装置包括一行程开关,该行程开关具有与"关门"位置检测行程开关相同的特性,也是由一对常开触点和一对常闭触点组成。当其被激活后,向 EDCU 送出车门已锁信号,同时向列车安全回路传送信号。

④ 安全装置

安全装置包括内部紧急解锁装置。

在车辆内,每个门都设有一个可供乘客在紧急情况下使用的紧急解锁装置。紧急解锁装置是一个标准的子系统,安装在车辆内部车门顶部操纵机构上或车体内部靠近车门的地方,方便疏散乘客。该装置即为装在平板上的手柄,一根钢丝绳连接手柄和操纵机构的旋转开锁装置。同时该装置还包含了两个门位置检测行程开关,一个为"门解锁"行程开关,一个为"门切除"行程开关。这两个位置检测行程开关具有"关门"行程开关相同的特性。

操作该装置启动"门解锁"行程开关,车门解锁,同时发出"紧急解锁"信号。通过钢丝绳机械解锁并且当车辆处于静止状态时,车门可以手动打开;当列车处于运动状态时,一旦紧急解锁装置被启动后,安全回路断开,并产生一个信号送给列车诊断系统,当启动距离小于 70m 列车将触发紧急制动。通过专门的钥匙可以对该装置进行复位。

2.2.1.4 空调系统

1. 概述

某地铁运营单位 1 号线车辆的每节车配有两台独立的车顶一体式空调机组,用于客室、司机室的通风和空气调节,每节车两台机组的运行由一个控制板来控制。带司机室的 Tc 车还配有独立的司机室通风机,可通过手动旋钮对风量做多级调节。

正常情况下,单个空调机组的送风量为 $5000m^3/h$,在列车交流供电失效的情况下，能提供客室和司机室紧急通风（全新风状态），最小新风量为1600m³/h，空调机组的供电电源为380V、3相、50Hz，控制回路的供电电源为77~137.5V。

在自动模式下，每节车的控制板根据环境气候条件来决定机组的工作方式，并自动调节机组的制冷量，按温度曲线计算温度值保证客室内温度水平。空调机组的出风口与车内主风道通过软风道连接，空调机组处理后的空气经车内主风道由送风口送达客室，起到调节车内空气温度、湿度的目的。

单元式空调机组具有结构紧凑、体积小、互换性好的特点，由于主要部件集中布置，缩短了连接管路，可减少管路的泄漏，且便于在车顶的检修和维护。

2. 司机室增压风机

增压风机单元安装在司机室内顶板上。它与来自于客室内顶板的主风道和司机室内部相连，给司机室提供必要的供风量。

增压风机包括下列主要元件：

（1）一个增压风扇

（2）一个主开关

（3）一个增压风机速度控制模块。

增压风机在不同的速度运行以调节供给司机室的气流。

3. 紧急逆变器

逆变器的作用是产生正弦三相交流电，频率为50Hz，其输入为车辆蓄电池，输出给四个蒸发风机（三相异步电机）。

此系统是由一个三相逆变器和一个变压器组成，变压器的作用是把交流电压变为电机的名义电压。这两个元件装在一个IP65防水的金属箱中，此箱安装在底架下。

逆变器运行是自动的，逆变器内部产生的热量由位于前端的一个散热装置来分散。

为了避免作为电源的电路与放在同一个箱中的微处理器出现EM问题，逆变器设计成所有的电源线与控制线是分开布置的，而且所有的线都绝缘的放置在邻近箱壳的地方。

微处理器控制板是多层封闭在一个机械箱中以防止内部产生的 EM 问题。

紧急通风原理：

若空调机组运行所需的三相 380V 交流电源失效情况下，制冷系统则不再运行，正常通风系统无法保持。为了保证客室内乘客安全性，空调系统运行转为紧急通风模式，在此情况下由车底的紧急逆变器将蓄电池的 110V 直流电逆变为三相 380V，50Hz 的交流电源，供给空调机组送风机。

紧急通风时，回风门关闭，新风门处于全开状态，即在紧急通风时客室里的空气仅由新风组成。

2.2.1.5　受电弓

某地铁运营单位 1 号线每列车上有 2 个气囊式受电弓，位于 Mp 车车顶。受电弓把电流从接触网传导到车辆上，受电弓包括底架、构架、弓头、拉伸装置及下部组成。

正常情况下可通过压缩空气升起受电弓，而受电弓的控制是通过电磁阀进行控制。如果压缩空气失败（即压缩空气压力不够），车顶的受电弓会回到降弓位置。在这种情况下，用安装在 Mp 车电气柜中的脚踏泵或者电动泵可使受电弓升起。

1. 受电弓组成

（1）底架

底架安装在车顶，它由方形中空管、角钢及焊接构件组成，它作为下臂的支撑装置，包括轴承、下导杆的轴承滑轮、拉伸弹簧的悬挂及气压升弓传动装置，主要的电器连接位于底架后部的镀铜部件。

高度止挡：安装在受电弓两侧下导杆的侧下方，其两个螺钉限制受电弓升起的最大高度，使受电弓在垂向不会产生任何的位移，使受电弓的最大提升高度不超过 2050mm（从绝缘子的下部边缘测量起）。通过受电弓两侧的两个螺栓进行调整，并用沉头螺母加以保证，在最高位置两个螺栓均同时与底架接触。

（2）绝缘子

受电弓安装在 4 个绝缘子上，绝缘子由环脂充填树脂制成，由 M20 的不锈钢螺母安装在车顶。螺栓螺纹的可用高度为 20 mm。

（3）构架

受电弓构架是用于安装弓头的受电弓零部件，且允许弓头在相关平面作垂向运动，保证使碳滑板与接触网有良好的接触，接触网的高度变化由受电弓构架进行均衡，构架形成了一个多边形连接。

（4）下臂

下臂由一个焊接钢管构成，它包括中心连接支撑的所有部分，支撑点由密封的重型旋转头组成。

（5）下导杆

下导杆引导多边形接点，它由精密钢管组成。

（6）上臂

上臂为封闭的框架设计，由焊接铝结构组成，它由拉伸型管、环形的上臂十字管和上臂连接组成，它支撑下臂的旋转头和下导杆，框架由斜的不锈钢支柱支撑。

（7）上部导向杆

上部导向杆引导弓头，它由铝管制成。

（8）弓头

弓头是框架上的受电弓零件。它是直接与上部接触网相接触的部件。

弓头的重量与受电弓框架相比应尽可能减小，接触滑板安装在簧片上，弓头安装在上臂的上部。弓头通过上部导向杆导向。

（9）接触滑板

接触滑板从上部接触网受电的部件，是弓头的一部分，接触滑板由碳滑板和接触滑板固定器板组成。

（10）端角

端角是每侧接触滑板上向下弯的部件，并能防止吊链横向接触。

(11) 升降装置

升降装置控制受电弓框架接触滑板与上部接触网接触的范围，要求的提升力和下降力由空气囊产生。

(12) 脚踏泵

受电弓工作正常情况下通过风缸压缩空气供气升弓，但在紧急情况时压缩空气也可由脚踏泵供气升弓（图2.2-4）。

图2.2-4 脚踏泵视图

电流传输：从碳滑板至底架上的主连接器电流是通过受电弓框架及高柔韧性桥接多芯导线来传导的，所有的轴承均通过绝缘安装来保护其免于电流负极冲击。

(13) 锁钩

锁钩用螺栓固定在底架上且在受电弓降低到最低位锁紧受电弓。锁钩将在维修开始之前使用，开始维修前，必须有人将弓头固定在底架上，这样在受电弓上维修时受电弓不会动作，维护结束后必须松开锁钩。

(14) 最低位置指示器

最低位置指示器固定在底架上。当受电弓降到最低位置时，它向车辆发送一个电子信号，表示受电弓已降落。

2. 技术参数

(1) 供电

系统额定电压：1500VDC；

系统设定最高运行电压：1800VDC（污染指数PD4，过电压级OV3）。

工作电流

运行电流：1400A；

启动电流：最大为1600A（启动阶段的RMS电流约30s）；

最大电流：最大值为2400A；

静态电流：最大值为460A。

（2）受流方式

受电弓上有4根碳滑板（剖面为35mm×22mm）。

（3）受电弓的主要尺寸

最大提升高度：2880mm-25mm；

最低位置：342mm+10mm；

最低位置的拉伸长度：约2480mm；

附属装置的纵向尺寸：约1300mm±1mm；

横向：1200mm±1mm；

接触条长度：800mm±1mm；

弓头宽度：1550mm。

（4）受电弓施加到接触网的接触力

120N。

可调范围：100～140N。

（5）空气传动装置的运行压力

最小：300kPa；

最大：1000kPa；

额定：750～900kPa。

（6）空气传动装置的运行次参数

提升时额定空气压力的作用范围：750～900kPa（主风管压力）

提升：约7～8s。

落下：约7～8s。

提升高度2050mm。

（7）运行速度

$V=120$km/h。

（8）重量

总重量：190～195kg。

（9）最低位置指示器

+20℃时的技术数据：

运行电压:10~36V(DC)。

最大负载时压降:小于2.5V。

电流负载:250mA。

24 V(DC)时的输入电流:小于10mA。

受电弓可以调整的额定距离:大约8mm。

保护等级:IP 67。

2.2.1.6 高压设备

1. 主要元件

如表2.2-3所示。

主要元件　　　　　　　表2.2-3

序号	名称	序号	名称
1	车间和接地开关	5	车间电源接触器
2	车间电源插座	6	解耦二极管
3	高压保险	7	测量和控制设备
4	两个高速断路器(线路断路器)		

Mp车和M车的牵引逆变器从高速断路器处获得供电。辅助逆变器(3N/AC380V)和蓄电池充电器(输出DC110V)也由高压箱供电,并带有保险保护。电流回路通过接地刷闭合。避雷器安装在每个受电弓的旁边,用来保护所有的电气设备,防止来自供电系统不允许的过电压。

2. 车间电源

由PH逆变器箱右侧的车间电源插座供给DC1500V车间电源。车间电源的电气元件是与其他高压电气元件一起集成在这个高压箱中。这些元件包括:

(1) 隔离和接地开关;

(2) 两个高速断路器(线路断路器);

(3) 车间电源接触器;

(4) 提供DC1500V电源的车间电源插座(在右侧);

(5) 车辆电源线的密封盖;

（6）高压保险；

（7）解耦二极管；

（8）测量和控制设备。

隔离和接地开关的功能：

（1）正常模式：架空接触网供电；

（2）车间供电模式：通过高压箱处的车间电源供电插座供电；

（3）关闭：系统接地。

3. 高速断路器

作用：用于接通、关断电源回路和保护牵引设备。

限流特性：恒定的电流灭弧，双向分断能力

高速断路器（HSCB）是一个单极的直流断路器，带有电磁控制和自然冷却。每个牵引逆变器都分别设置一个 HSCB。HSCB 安装在 Mp 车的逆变器箱（PH）箱中，在正常运行时，HSCB 用于接通、关断电源回路和保护牵引设备，它的限流特性和高速切断能力能防止由于短路或过载而引起的毁坏。

HSCB 的分断能力是双向的，所以它既能从电网隔离设备也可用于在再生制动过程中隔离。短路和过流将会再几毫秒内切断；当高速短路器跳开后可由司机室遥控再次闭合。

HSCB 的主要特性：

（1）对地有很高的绝缘等级；

（2）高的分断能力；

（3）短的响应时间；

（4）不受气候条件的影响；

（5）长使用寿命；

（6）易于维护。

2.2.2 列车空气管路系统

2.2.2.1 概述

由于地铁列车运营区间短，启动和制动频繁，因此某地铁运营单位列车采用电空混合制动,制动力的分配架控进行设计。制动方式按优先等级分为再生制动、电阻制动和空气(摩擦)制动;按操作模式分为紧急制动、快速制动、常用制动、保压制动和停放制动,制动系统为 kNORR 公司提供,具有以下特点:

(1) 响应时间短,且精度高;

(2) 高弹性的变量及接口要求;

(3) 高度可靠性及实用性;

(4) 易于维护;

(5) 重量轻;

(6) 故障识别及显示。

1. 制动类型

考虑到地铁车辆本身要求的特点及其装备:站间距离短,启动快,制动距离短,停车精度高和每节动车装备有四台交流电机等,同时考虑到电制动本身的特点(低速时电制动发挥不出来)以及安全要求,将制动系统设计为两大类:电制动和空气(摩擦)制动。

(1) 电制动

电制动是车辆在常用制动模式下的优先选择,仅带驱动系统的动车具有电制动,电制动又有再生制动和电阻制动两种形式。电制动具有独立的滑行保护和载荷校正功能。

(2) 再生制动

当施加常用制动时,电动机变成发电机状态运行,将车辆的动能变成电能,经牵引控制单元(DCU)逆变器整流成直流电反馈于接触网,供列车所在接触网供电区段上的其他车辆牵引用和供给本车的其他系统(如辅助系统等),此即再生制动。再生制动取决于接触网的接收能力,亦即取决于网压高低和载荷利用能力。

(3) 电阻制动

如果制动列车所在的接触网供电区段内无其他列车吸收该制动能量,网压迅速上升,当网压达到最大设定值 1800V 时,

DCU打开制动电阻,将电机上的制动能量转变成电阻的热能消耗掉,此即电阻制动(亦称能耗制动),电阻制动能单独满足常用制动的要求。

再生制动与电阻制动之间的转换由DCU控制,能保证它们连续交替使用,转换平滑,变化率不能为人所感受到。当列车高速运行时,动车采用再生制动,将列车动能转换成电能;当再生的电能无法再回收时,再生制动能够平滑地过渡到电阻制动。

(4)电制动滑行保护

电制动具有独立的滑行保护功能。由于四台电机是并联连接的,因此当DCU检测出任意一根轴发生滑行时,DCU只能对四台电机进行同步控制,同时降低或切除四台电机的电制动力。如果这还不能纠正车轮滑行,气制动防滑系统将控制滑行和制动直到静止。

(5)空气(摩擦)制动

空气(摩擦)制动是用来补充所要求的制动指令和已达到的电制动力之间的差额以及没有电制动时,完全满足列车的制动要求。电制动和空气(摩擦)制动之间的混合制动是平滑的,并满足正常运行的冲击极限。每节车设计有独自的气制动控制及部件,每根轴设计有独立的防滑控制。

气制动力的分配原则:

由于每节车有独立的气制动控制及部件,假设每节车自己制动。总共需要300%的制动力,因此气制动时,每节车的EBCU根据每节车的重量,负责本车100%的制动力。

气制动运用情况

气制动运用情况见表2.2-4("×"表示该车有气制动施加,"一"表示该车无气制动力)。

2. 制动模式

(1)弹簧停放制动

由于列车断电停放时,制动缸压力会因管路漏泄无压力空气补充而逐步下降到零,所以停放制动不同于一般的充气—制动,排气—缓解，它是通过弹簧作用力而产生制动作用，能满足列车较长时间断电停放的要求。所设计的弹簧制动力可保证 AW3 超员载荷列车停放于 4‰ 的坡道上，安全系数可达 1.30。另外弹簧停放制动除可充气缓解外，还附加有手动紧急缓解的功能。

气制动运用情况 表 2.2-4

气制动运用情况	动车的气制动	拖车的气制动
电制动滑行时	—	×
电制动故障或严重滑行时	×	×
车辆载荷工况 AW2 以上或接触网电压低于 1500V 时	×	×
列车速度低于 6km/h(可调)包括列车停站时的保压制动	×	×
停放制动	×	×
快速制动	×	×
紧急制动	×	×

（2）紧急制动

列车装备一个"失电制动，得电缓解"紧急空气制动系统，贯穿整个列车的 DC110V 连续电源线控制紧急制动的缓解。线路一旦断开，所有车立即实施紧急制动。紧急制动时，电制动不起作用。紧急制动可不经过微机制动控制单元（以下简称 EBCU）的控制，直接使制动控制单元（以下简称 BCU）中的紧急电磁阀失电而产生。紧急制动具有如下特点：

1）电制动不起作用，仅空气制动；

2）不受冲击率极限的限制，在 1.95s 内即可达到最大制动力的 90%；

3）紧急制动实施后是不能撤除的，列车必须减速，直到完全停下来（零速封锁）；

4）具有防滑保护和载荷修正功能。

（3）快速制动

当主控制器手柄移到"快速制动"位时,列车将实施减速度与紧急制动相同的快速制动。快速制动具有如下特点:

1) 电空混合制动;
2) 受冲击率极限的限制;
3) 主控制器手柄回"0"位,可缓解;
4) 具有防滑保护和载荷修正功能。

(4) 常用制动

在常用制动模式下,电制动和空气(摩擦)制动一般都处于激活状态。一般情况下(车载 AW2 以下,速度 6km/h 以上),电制动完全能满足车辆制动要求,当电制动力不能满足制动要求时,气制动能够迅速、平滑地补充,实现混合制动的作用。

在 ATO 模式下,只有速度降到 15km/h 以下时,制动的列车才会施加踏面清扫压力(制动缸压力约 0.3bar,单个制动机制动力约 3.4kN)。而在速度高于 15km/h 时,如果电制动力能满足制动需求,EBCU 不会施加踏面清扫压力,制动完全由电制动进行。当速度降低到 15km/h 后,才施加踏面清扫压力,以减少保压制动的空走时间,从而降低气制动的反应时间。15km/h 的速度值设定是基于满足 ATO 驾驶列车停车精度的要求。

(5) 保压制动

保压制动是为防止车辆在停车前的冲动,使车辆平稳停车,EBCU 内部设定的执行程序。它分两个阶段实施:

第一阶段:当列车制动到速度小于 6km/h,牵引控制单元(以下简称 DCU)触发保压制动信号,同时输出给 EBCU,这时,由 DCU 控制的电制动逐步退出,由 EBCU 控制的气制动替代。

第二阶段:接近停车时(列车速度小于 1km/h),一个小于制动指令(最大制动指令的 70%)的保压制动由 EBCU 开始自动实施,即瞬时地将制动缸压力降低。

如果由于故障,EBCU 未接收到保压制动触发信号,EBCU 内部程序将在 4km/h 的速度时自行触发。

3. 空气制动系统的组成

在电制动失灵的情况下,一个能满载荷工作的闭环模拟式电空制动系统立即代替电制动起作用,由 EBCU 内部微处理器控制。空气制动系统压力控制以单节车为基础,但是制动系统的控制以 6 节车编组为基础,允许 3 节车为一单元在调试或者试验时单独操作。

空气制动系统作为列车控制系统的一个整体部件进行设计,包括供风设备、制动控制设备、转向架上安装的制动设备、微处理器控制的车轮防滑保护装置、箱体通风装置、空气悬挂设备、汽笛及操作按钮、受电弓驱动设备、车钩操作设备。

受电弓驱动设备 U 组和供风设备安装在动车 M 车上,操作按钮仅在带有司机室的 Tc 车具备,箱体通风装置仅用于车底电器柜的散热,在动车 B、M 车上都有。详见空气管路图。

4. 各塞门功能介绍

(1) 空气制动缸的截断塞门

此带排气的塞门用来隔离车辆 1 端转向架制动缸管道,并且排出制动缸压力空气(如果空气制动施加),位于客室第 5 号座椅下。

在车体和 1 位转向架空气制动之间连接软管有裂缝时,制动缸管必须被隔离。如果 Tc 车产生此故障,尽管正施加制动,但司机将在双针压力计上看到制动缸的压力为 0,在空气制动不能缓解时("施加空气制动"指示灯持续亮),此塞门也可操作。

如果列车必须用机车牵引时,此塞门也应关闭。进一步,如果响应的压力开关失效时,此塞门也要关闭。

此带排气的塞门用来隔离车辆 2 端转向架制动缸管道,并且排出制动缸压力空气,位于客室第 5 号座椅下。

(2) 空气制动缸的截断塞门作用

在正常情况下:空气制动缸的截断塞门处于正常位置,接通制动风管和空气制动缸的通路,为列车气制动的施加和缓解提供条件。

非正常情况下：在列车气制动故障时，关闭空气制动缸的截断塞门，断开制动风管和空气制动缸的通路，并且排掉空气制动缸的压缩空气，使得相应车的气制动处于缓解状态。

（3）主风缸的截断塞门

此截断塞门将压缩空气系统与主风缸隔离。它位于车下制动控制模块中。通常是隔离主风缸并且给正在牵引的列车提供压缩空气。当主风缸维护或更换时，必须用此塞门隔离。

（4）车钩的截断塞门

截断塞门将把车辆和各自的车钩之间的软管与总风管隔离。

塞门位于气动设备1和设备2上。通过将手柄顺时针旋转90°，塞门关闭。在软管出现裂缝和随后压力降到6.0Pa以下的情况下，压力开关将输出一个信号给车辆及列车控制单元（MVB），然后列车可以运行到下一个车站，但是当列车停下后将牵引封锁，然后连接到车辆的截断塞门将关闭以隔离。当总风管压力上升到高于7.0Pa时，牵引封锁将解除，列车可以开始运行。在解钩前或在车钩和软管需要更换的情况下，塞门也要关闭。

（5）全自动车钩电器连接风缸塞门

用于控制全自动车钩电器自动连接。当两客车连挂时，如两连接端位置开通，则全自动车钩电器部分自动连接，两列车的停放制动、司机室对讲、客室广播可以相互控制。如果任一端关断则不能实现电器部分自动连接。如连挂时不能电器部分连接，必须关闭。

（6）停放制动的脉冲阀

此脉冲阀是在没有电源的情况下用于手动施加或缓解停放制动。（在正常操作条件下是由"电动"来完成的）。此脉冲阀位于辅助控制单元如果"电动"出现故障，停放制动通过按K1按钮手动施加，按K2按钮手动缓解。

（7）受电弓的截断塞门

此截断塞门将压缩风源与受电弓隔离，位于Mp车2位中间端，在受电弓系统内部出现泄漏时关闭。关闭塞门的结果会使受电弓不会升起，但至少不会损失空气。

（8）受电弓阀

此电磁阀用于供电电源故障时升起受电弓，但是此时压缩空气必须具备条件。此阀位于 Mp 车 2 位中间端。在使用脚踏泵期间一直拉动按钮完成操作。脚踏泵用于总风管压力失效的情况下启用受电弓。它位于 Mp 车 2 位右侧。

2.2.2.2 供风设备

两台电动空压机向 6 辆编组的列车供风。安装在每个动车 C 中的整个供风系统均在一个共用的供风模块中（A01），包括一个带有安全阀的电动空压机单元及空气预处理设备（包括空气干燥器和滤油器）。供风模块通过主风管向有消耗压缩空气的系统包括摩擦制动提供洁净、干燥的压缩空气，主风管和制动供风风缸压力由压力开关来监控。

1. 空气压缩机

压缩空气是由 VV120 型电动空气压缩机产生的，它是一个由 380V/50Hz 三相交流电机驱动的低噪音的往复活塞式压缩机，具有结构紧凑，所需维护量小等优点。压缩机单元通过螺旋钢丝以 4 点悬挂方式弹性安装在构架上，空气压缩机与车体安装设备之间采用软管连接，这样使传递给车体的振动降到最低点。

2. 空气干燥器和油过滤器

为了满足空气系统压缩空气的温度、湿度、含油量等要求，保证气动元件的使用寿命和可靠性，供风模块装备一个双塔空气干燥器和一个滤油器。此空气干燥器 LTZ015.0 由两个带有吸附式干燥剂的干燥筒，两个控制电磁阀，两个单向阀，一个中间旁通阀，一个再生节流阀和一个排气消音器组成。

（1）空气干燥器

压缩空气系统中的湿气常会由于腐蚀和冻结而导致气动设备发生故障以及过早损坏。空气干燥单元用于将来自压缩机单元的压缩空气的相对湿度降低到 35% 以下，从而避免气动系统的腐蚀和冻结。

(2) 滤油器

滤油器的作用是吸附压缩空气中的油分。压缩机耗油量与压缩机型号、油的特性和运行条件有高度联系，因此并不恒定。在高温运行条件下，高达 50% 的压缩机油耗经过空气干燥器。这些油几乎都被滤油器吸收。因此必须定期排出滤油器中的油并定期更换滤筒。

3. 空气的分配与控制

一根与总风缸相联通的列车主风管，能使不装设空气压缩机的车辆从邻近的有空气压缩机的车辆得到充风并能正常工作；例如，当头车因车轮滑行保护（WSP）动作前面的风缸压缩空气消耗较大时，列车另一端风缸能够向前面的风缸充风。每台转向架装备一个排风式的截断塞门 B05，安装在客室内。塞门在车内操作，可切断风源并缓解相应转向架的空气制动。截断塞门的隔离将通过列车控制系统监控并在司机室显示器显示。

司机室中的双针压力表指示主风缸 MRE 压力及 Tc 车第一轴的制动缸气压。每节车装备一个主风缸，整列车的主风缸容量平均分配到每辆车上以保证压缩空气能够均匀地提供给每车上的气动设备。每节车装备一个带止回阀的制动供风风缸，可以满足空气制动要求，并能防止压缩空气回流至主风管。主风缸、制动供给风缸和空气簧风缸均设有手动排水塞门。

当有一台空气压缩机出现故障时，六节车组成的列车仍能正常运营。列车性能不会受到影响，但仍在工作的那台空压机输出加倍。设计能满足双倍负荷的要求。

主风缸压力由两个调压开关（一个压力开关，一个压力传感器）控制并有安全阀保护。所需的压力信息由压力传感器感应并将其传给列车控制单元 MVB，MVB 控制电机的启停。压缩机通过压力传感器→MVB→电机来启动。当主风缸压力低于 0.75MPa 时压缩机开始启动；当主风缸压力升到 0.9MPa 时压缩机停止工作。压力开关用作检查压力传感器的可靠性，并作列车限制备份（紧急牵引）模式的备用系统。

由于列车编组中空压机不只一台，为确保它们的均衡使用，避免空压机内产生冷凝水，运转周期必须大于30%。因此，只有前导 M 车上的空气压缩机启动而第二台压缩机不使用；在相反方向运行时使用另一台压缩机。当前导 M 车上的空气压缩机故障或列车压缩空气消耗过大，主风缸压力下降到 0.6MPa 以下时，第二个调压开关（压力传感器）闭合，启动第二个空气压缩机。

2.2.2.3　制动控制装置及制动设备

制动控制及车轮防滑保护系统由微处理器控制，制动控制装置由微机、电气模拟制动控制单元及空气制动执行机构等组成，还包括一个的独立的紧急制动装置和采用弹簧施加可手动缓解的停放制动装置。

大部分气动装置均在一个共用的制动控制模块中。制动控制模块包括：制动控制单元、辅助控制单元、主风缸、制动供风风缸和空气弹簧风缸。模拟转换阀和紧急制动阀的气动零部件安装在制动控制单元上。停放制动阀和几种压力开关安装在辅助控制单元。所有阀和接线有密封盖保护，防止灰尘和水汽的侵入。进入气动控制单元的所有车辆布线通过密封的多插针连接器连接。

1. 制动微机控制单元 EBCU

（1）EBCU 概述

EBCU 是微机制动控制及车轮防滑保护电子单元，是气制动控制的核心部分，它通过 MVB（多功能列车总线）接收各种与制动有关的信号（制动指令信号、电制动实际值信号、载荷信号等），由 EBCU 的主板 MB（相当于 CPU）根据所接收的信号计算出当时所需要的制动力值，并将其传送给气制动控制单元 BCU。同时 EBCU 还实时监控每个轮对的速度，所需要的轮对速度的实际值由速度传感器获得，速度信号传至 EBCU，EBCU 对各轮对的速度差和减速度进行监测。一旦任一轮对发生滑行，能迅速向该轮轴的防滑阀发出指令，开通制动缸与大气的通路，使制动缸迅速排气,以减少气制动力来防止轮对滑行。此外,EBCU 还具备对本车的气制动系统进行故障诊断和故障显示的功能。

(2) EBCU 的应用

制动控制

1) 常用制动

当主控手柄在制动位时,常用制动被激活。制动设置减速度与手柄位置成比例,通过 MVB 的减速控制产生一个制动请求,并且通过 MVB 向所有的 EBCU 传送,开始应用混合制动功能(参见混合制动)。动车(M)中电制动在大约在 80km/h 和 6km/h 的速度范围内运行。如果速度低于 6km/h,则由气制动代替电制动,且此时保压制动被激活(参见保压制动)。常用制动时会进行载荷修正并受冲击极限($0.75m/s^3$)限制,车轮防滑保护功能有效。

2) 混合制动

混合制动的施加是在 6 节车上进行的。MVB 接收动车(M)和拖车(TC)总共的载荷信号并求和取平均值后通过 MVB(信号 VCU_AgTnWgEbu)发送给各车的 EBCU。EBCU 接收以下信息:

① 制动命令;

② 单节车载荷和整车重量;

③ 所有动车上出现故障电制动的信息;

④ 实际电制动制动力值总和;

⑤ 三节车或六节车编组信号。

动车里的电制动力和拖车里的气制动力通过实际值信号混合后实现混合制动。由于载荷或速度过大所缺乏的制动力则分配到拖车上。每个 EBCU 计算整个列车所需的制动力减去电制动力实际值的差值,并根据实际制动模式来计算所需的制动力值。在必要时,通过激活本节车和拖车上的气制动力来实现。

3) 应急运行模式

应急运行模式不能采取混合制动。由全部由空气制动力施加的常用替代制动来完成。

4）保压制动

① 定义

通常在制动初始阶段，列车由动车进行电制动。在速度降到 6km/h 时，动车中的电制动逐步被动车和拖车中的气制动在冲击极限（$0.75m/s^3$）范围内替代。实际电制动力信号被 EBCU 设置为 0kN。

② ATO 模式下保压制动

a. 关闭冲击极限。

b. ATO 控制器直接控制制动指令。

c. 制动指令不受 EBCU 影响。

d. ATO 控制器直接给出信号 VCU_触发保压制动并封锁牵引。

因此 ATO 控制器需防止列车产生不必要溜动。如果在 ATO 模式下出现 MVB 通信故障，EBCU 立即切换到一般模式下，并且事件信息被通报。停车约 3s 后如果没有信号：VCU 真，自动启动保压制动。

5）快速制动

司机通过移动主控手柄到快速制动位来实现。快速制动情况下，电制动切断仅用气制动实施，所有车辆中（M 和 TC）的气制动根据存储在 EBCU 中的固定制动力（最大瞬时减速度为）来施加，快速制动有防滑保护和冲击保护（$0.75m/s^3$）。

6）紧急制动

紧急制动是只在所有车上（M 和 TC）进行气制动。每节车通过列车线直接控制紧急制动阀来控制紧急制动。EBCU 内还设定了一个紧急制动的冗余控制，如果由于紧急制动阀失效，EBCU 通过模拟转换阀以存储在其内部的固定制动力（最大瞬时减速度为）来施加。紧急制动带有防滑保护。紧急制动命令在列车实施紧急制动直到静止前不能恢复。

7) 停放制动

停放制动是弹簧施加和充气缓解。停放制动的施加和缓解通过按副司机台上的"停放制动施加"和"停放制动缓解"按钮来实现。停放制动设计可在40‰的坡度上停放AW3载荷的列车。

(3) 常制和紧制冲击限制

对牵引转变为制动、制动指令值改变、电制动力转变为气制动力,常用制动和快速制动的制动力施加受冲击限制,例如在保压制动而不在电制动失败阶段实现舒适制动。在ATO模式冲击保护被关闭。冲击保护值为 $0.75 m/s^3$。

(4) 自检和初始化

激活列车蓄电池后,关于电路板的自动测试开始执行,大约持续1s后,系统的应用程序开始进行初始化设置。

(5) EBCU测试

EBCU测试的前提条件:

1) 列车停止;

2) 需要停放制动;

3) 开始保压阶段;

4) 可以使用R-压力((主风管)MRE压力大于0.75MPa,关闭R-压力开关);

5) 紧急制动回路关闭(紧急电磁阀得电);

6) EBCU控制器没有故障信息;

7) 模拟转换阀没有故障信息。

(6) 防滑

在常用制动、快速制动和紧急制动应用时(且当气制动激活),车轮防滑系统实时监控每根轴的速度,然后形成一个参考速度取代列车速度,并通过控制防滑阀的动作来控制车辆的滑行和减速度。防滑控制系统有一安全回路,即当防滑阀被激活动作超过5s时,安全回路即起作用,取消防滑控制,并产生一故障信号。

电制动和气制动各有自己的轮对防滑保护系统。

由于混合制动概念，根据列车冲击极限控制电制动力减少为零。由气制动取代控制直到列车停止。

轮对防滑系统根据不同制动情况下的制动力来实现防滑控制（例如：紧急制动）。

轮对防滑系统自动进行轮径值的修正。

不同的制动减速度设计考虑了轮对防滑控制（例如紧急制动）。

制动力持续减小的最大周期为5s。如果超出这个周期，自动施加制动。自动制动施加保持直到防滑保护器撤销缓解命令。

2. 制动控制单元BCU

制动控制单元BCU是空气制动的核心，为模块式设计。它包括模拟转换阀、紧急电磁阀、称重阀、中继阀、载荷压力传感器（将载荷压力转换成相应的电信号传输给VCU）、压力开关等元件，所有零部件均安装在铝合金集气板上。这些元件集中安装在基板上。同时，在气路板上装置了一些测试口，因此，要测量各个控制压力和制动缸压力，只要在这块气路板上测试即可。采用这种设计的主要目的是便于集气板的拆卸及更换，这样在不影响车辆实用性的情况下即可完成维护检查及大修。

BCU的主要作用是将VCU发出的制动指令电信号通过模拟转换阀a转换成与之成比例的预控制压力，这个预控制压力是呈线性变化的，同时，也受到称重阀c和防冲动检测装置的检测和限制，再通过中继阀d，沟通制动主风缸B04与制动缸的通路，并控制进入制动缸的压力，最后使制动缸C1和C3获得符合制动指令的气制动压力。

（1）模拟转换阀

主控制板根据输入信号计算所要求的制动力值，并将其传入电气模拟转换阀（由电子控制器及气动模拟转换器组成）。电气模拟转换阀将所要求的制动力值转化为冲击限制及载荷控制的预控压力，反馈回路由模拟转化阀上的压力传感器提供，在闭环控制下控制输出压力。

EBCU 通过 MVB 从司控器处接收制动指令信号，该制动指令信号由 EBCU 根据载荷和冲击限制和混合制动需求，调节并传至电气控制单元，BCU 上的模拟转换阀将电压转化为一个成比例的预控制压力。

电信号向控制压力的转化相对于指令信号是闭环控制，控制回路由充气及排气电磁阀，压力传感器（测量实际压力）及控制两个电磁阀相对于指令信号及实际压力值间差异的调节器组成。EBCU 根据预控压力传感器信号选择性地控制充气或排气电磁阀信号，使指令与制动缸压力间保持有恒定的关系。控制回路导致"电压与压力"间具有最佳的滞后（或没有）及精确的线性变化。

(2) 紧急电磁阀

紧急电磁阀与紧急制动回路相连。在正常运行的情况下通常带电，以使模拟转换阀的预控压力通过称重阀。在紧急模式下电磁阀失电（通过列车紧急回路），供风风缸的风直接通向称重阀和中继阀，按照载荷比例施加紧急制动

(3) 称重阀

称重阀有下列功能：

1) 不断监控与车辆实际重量有关的预控压力。

2) 施加紧急制动时限制预控压力。

(4) 中继阀

气制动的缓解的排气声是从中继阀传出来的。

(5) 常用制动的施加

电-空模拟转换阀将电子制动控制单元（EBCU）的载荷制动力指令信号转换成预控制压力，并流向称重阀。由于直接与制动缸相连，中继阀具有较高的反馈能力，它将实际的预控制压力转换成所要求的制动缸压力。

3. 辅助控制单元

辅助控制单元是一些阀类元件的集中安装屏，这些元件都安装在一块铝合金的气路板上，犹如电子分立元件安装在印刷线路板上一样，便于安装、调试与维修。

4. 制动设备

制动单元由制动汽缸、传动机构、和间隙调节装置组成，结构紧凑，可竖直或水平位置安装。该型号配有弹簧传动装置，可进行常用制动和停放制动。弹簧传动装置由压缩空气产生动力，并可以在司机室集中施加或缓解车上所有的停放制动。

某地铁运营单位车辆两采用踏面单元制动器。

该踏面单元制动器具有以下特点：具有联杆的紧凑结构；因闸瓦和踏面磨耗造成的闸瓦间隙可由单动式间隙调节器自动校正；恒定空气消耗；司机室集中控制弹簧驱动装置；更换闸瓦后无需手动调节。每轴安装一个带有弹簧执行机构的踏面单元制动器及一个不带有弹簧执行机构的制动单元。制动单元中采用弹簧作为停放制动执行机构，并配有机械辅助缓解装置，在第一次空气压力施加后该机械缓解装置重新复位。

（1）常用制动

缓解制动：

将闸瓦制动单元的制动汽缸完全排气，缓解制动。所有的部件都通过复位弹簧回到起始位置。复位弹簧由吊杆的复位弹簧（例如扭簧）和调节器上的复位弹簧支撑。

闸瓦托由一个装有弹簧的壳形联轴节和摩擦构件固定在吊杆上与轮对平行的位置。这样布置可防止在缓解制动时，闸瓦只在轮对的一侧摩擦造成倾斜磨耗。

（2）停放制动

1）缓解位置

当车辆运行时弹簧传动装置通过压缩空气被缓解。

2）制动位置

使压力室 F 排气施加停放制动。展开的传动弹簧的力通过活塞、锥形圈、螺母和主轴（31）作用在制动缸的活塞上。

3）手动缓解位置

如果没有压缩空气可用于缓解停放制动时，可用手拔出挺杆进行手动缓解。

拔出挺杆，缓解齿轮使主轴可进行扭转运动。驱动弹簧的力使活塞和螺母回到与汽缸底部，同时主轴由无自锁螺纹转动；齿轮也通过带有半月销的导板驱动。大部分弹簧能量都可转换为转动的能量，所以在活塞接触汽缸底部时无需再减振。

在活塞接触汽缸底部后，因齿轮的动量很大，零部件仍持续旋转。主轴和导板一起行进至缓解位置直到其接触到外盖上的滚珠轴承。主轴仍会旋转，顶住 弹簧的力拧紧螺母。在这个过程中，锥形联轴节打开。联轴节的部件滑动并通过摩擦力释放剩余的动量。制动缸上的活塞在手动缓解时会自动回到缓解位置。

4）撤销手动缓解

当手动缓解一被激活，弹簧传动装置就不能制动。要使手动缓解撤销，弹簧传动装置就必须充气。

5）手动缓解操作

手动缓解停放传动装置主要由带有手柄 b 的可活动控制缆 a，叉 c 和一个弹簧螺栓 d 构成。遥控装置的端部通过由两个凸缘上的螺钉紧固的叉 c 与车辆连接。遥控装置的另一端用缆终端 g 和终端件 h 与制动单元上的紧急缓解装置相连。手柄 b 用弹簧螺栓 d 紧固，只要一拆下弹簧螺栓 d，即可拔出遥控装置的手柄 b，启动弹簧制动汽缸上的手动缓解装置。

2.2.3 车辆牵引及制动

2.2.3.1 概述

牵引系统是地铁列车系统的核心部分，牵引系统为列车提供牵引动力，同时在制动时提供电制动力。目前城轨车辆均使用电力传动系统，一般分为直流传动和交流传动。

列车牵引特性曲线是指：轮周总牵引力对列车速度的曲线，在列车输出功率一定的情况下轮周牵引力 FN 与列车速度 V 成反比关系。由于地铁列车采用了 VVVF（变压变频）的控制技术，因此，列车牵引逆变器可以根据列车粘着情况、冲击限制等因素设计列车的牵引特性曲线。某地铁运营单位 1 号线列车是采用 VVVF 交流传动技术，使轮周牵引力与速度的关系接近理想牵引特性从而使列车的功率得到充分发挥。

变流系统是交流传动控制技术的核心内容。根据变流系统中直流环节性质的不同可分为电流型异步电机传动系统和电压型异步电机传动系统。转速开环恒压频比交流调速系统—通用变频器，其原理是根据异步电动机稳态模型来涉及其控制系统，为了实现电压—频率协调控制，1号线列车采用转速开环恒压频比带低频电压补偿的控制方案。

根据牵引逆变器系统的控制方式不同，牵引逆变器可分为矢量控制和直接转矩控制。地铁列车牵引控制方式一般采用矢量控制。

2.2.3.2 列车牵引系统功能及介绍

1. 牵引/制动系统组成

某地铁运营单位的车辆牵引和电制动系统包括供电单元和牵引逆变器，由下列单元组成：

1) 高压设备：受电弓、高速断路器HSCB；
2) 线路电抗器；
3) 接地故障检测装置；
4) 电机逆变器模块、DCU控制板；
5) 过压/制动斩波器、制动电阻；
6) 牵引电机；
7) 接地回流装置；
8) 辅助逆变器模块；
9) 散热系统的电源供应、各种电路控制板的电源。

受电弓从接触网受流，通过高速断路器、线路接触器、接地检测装置后，将1500VDC送入MM电机转换模块上，逆变成频率电压可调的三相交流电，平行供给车辆4台交流鼠笼式异步牵引电机，实现对电机的调速，完成列车牵引、电制动功能。其半导体变流组件采用IGBT（逆变相为1200A/3300V、制动斩波相为800A/3300V）。MM电机转换模块输出电压频率调节范围为0~120Hz，开关频率为1kHz，幅值调节范围为0~1404Vrms。

电机逆变器控制参考值都由 MVB 计算，如列车速度、列车负载、反射率限制和需要的牵引力等。MVB 传来的转矩参考值经过 DCU 进行修整，并且根据车辆的状态，如 DC 电容器电压、牵引电机和逆变器的温度、MM 输出电流、车轴过速和空转/滑动控制来调节。

DCU 监控和控制 MM 的大部分功能，在列车中是分布式控制系统的一部分。

DCU 通过 MVB 与列车连接。DCU 控制：
1）DC 链接电容器的充电和放电；
2）力矩控制；
3）测量每分钟转速；
4）空转和滑动；
5）过压保护；
6）过流保护；
7）过温保护；
8）测试功能。

DCU 既是软件，又是硬件，具有自诊断、故障诊断、存储功能和自监视功能。其故障诊断应包括 DCU、VVVF 逆变器和其他与 DCU 有关的设备。故障代码化，故障资料包括故障点数据和历史资料，资料中应对牵引/制动用的各种信号进行记录。

系统控制都被集成到一个微控制器单元（MU）和一个数字信号处理器（DSP）之中。每个功能块的是标准的，较小的部分有项目特殊说明。有些硬件中执行的一些重要的程序，这些硬件被称为现场可编程门阵列（FPGA）。因为控制硬件上结构紧凑，减少计算机的尺寸和重量，缩短信号的传输距离和减少信号的干扰衰减，这样可使控制更灵活和可靠。牵引控制单元 DCU 为一 32 位的高处理速度的微处理器。通过车辆总线 MVB 与列车中央控制单元 MVB 进行通信。其通信接口应符合有关的列车通信网络 TCN 标准。DCU 安装在 VVVF 逆变器箱内，以减少 DCU 和 IGBT 门级驱动板之间的联接。IGBT 触发脉冲和反馈信号之间的传输通过光纤电缆连接，以加强绝缘和抗干扰能力。

(1) DCU 的主要功能：

1) 异步电动机控制；

2) 牵引控制单元 DCU 将机车控制级给定值和控制指令转换成 VVVF 逆变器用的控制信号，对 VVVF 逆变器和牵引电机进行控制，包括调节、保护、逆变器脉冲模式的产生等；

3) 对 VVVF 逆变器和牵引电机进行保护控制；

4) 电制动（ED-BRAKE）进行调整、保护和逆变器脉冲模式的产生，实现在再生制动和电阻制动之间的平滑过渡；

5) 防空转/防滑保护控制；

6) 列车加减速冲击限制保护；

7) 通信网路功能；

8) 故障诊断功能等。

(2) 转矩控制模式及基本工作原理

1) 采用磁场矢量来实现电动机的转矩控制；

2) 线电压值的限制；

3) 温度限制；

4) 各种保护激活后的限制；

5) 车轮轮径保护的限制；

6) 超速保护的限制；

7) 紧急保护的限制。

通过限制保护后，再进入空转/滑动的检测和控制，最后经过转矩控制输出三相幅度、频率可调的电压输出到异步电动机上。

2. 高压设备

为了保证牵引系统与线网电压供电连接或者断开，每个电机逆变器都有一个高速电路断路器和一个充电电路。充电电路带有一个充电电阻、一个充电接触器和一个线路接触器。通过 DCU 使用脱扣电路或保护电路可以断开高速断路器。脱扣电路在 DCU 中有一个控制点，连接着 HSCB 的保护电路。如果发生严重故障,触点断开、HSCB断开。牵引系统从线路上断开连接。

(1) 制动电阻

1) 概述

目前制动电阻是安装在每节动车的车底架上,为牵引系统在电制动时消耗过高再生电压的耗能设备,保证线网及列车的安全。因为在电制动的情况下,当能量不能被电网完全吸收时,多余的能量必须转换为热能消耗在制动电阻上,否则电网电压将抬高到不能承受的水平。因此制动电阻的存在确保了电网上的其他设备的安全。

2) 工作原理

通过DCU对线电压进行检测,当线电压升至第一个预定值(如1800V),制动电阻斩波器开始工作,系统工作在再生制动和电阻制动的混合状态;当线电压升至第二个预定值(如1900V),系统全部转入电阻制动。再生制动和电阻制动转换过程是平滑过渡,无冲击的,其工作方式是:列车制动时DCU板根据当前列车的状态,由内部生成一定逻辑的PWM信号,通过光纤传送到(IGBT门极驱动板)进行信号放大,通过驱动制动斩波器上的IGBT以一定的逻辑状态轮番导通,使分别接在斩波器上的电阻轮流通电,然后通过散热系统将热量散发出去,实现电阻耗能,

(2) 司机控制器

1) 概述

司机控制器是司机对地铁车辆工况运转的操纵设备。司机通过该设备实现对列车的换向、牵引/制动、惰行的操作控制。

2) 功能

司控器两个操作手柄(方向手柄、主控手柄)分别实现列车的前进、后退的操作。主控手柄有牵引位、零位、制动位和快速制动操作位,分别实现列车牵引工况、惰性工况制动和快速制动工况。方向手柄安装在主控制手柄附近,方向手柄和主控制手柄

之间设置机械联锁，以防止方向手柄在"0"位时，主控制手柄移动。

钥匙开关仅能在以下情况下拔出：

① 主控制手柄在"0"位；

② 方向手柄在"0"位；

③ 钥匙在"OFF"位。

2.2.3.3 列车制动

1. 空气制动控制

列车的基本系统是一个微处理器控制的单管摩擦系统，常用制动采用电－空控制，包括空气施加的基础制动单元，分别带有或不带有弹簧施加的停放制动。为了获得一个充分的故障-安全系统，就要提供一个独立的紧急制动系统。该系统是按照"失电－施加"的原则（紧急模式）实现故障-安全设计。空气制动微机控制的模拟式空气制动机，具有根据载荷调整制动装置，载荷信号为：转向架的空气弹簧压力。

（1）列车制动分类

常用制动：常用制动分为空气制动和电制动；电制动又分为再生制动和电阻制动。

快速制动：空气制动、电制动。

紧急制动：空气制动。

停放制动：弹簧空气制动。

（2）空气制动可以完成

常用制动、快速制动、紧急制动、制动缓解和防滑作用。

（3）列车空气制动的缓解

制动缓解：电子控制单元发出缓解指令，AW4模拟转换阀输出的控制压力，此时中继阀中的工作风缸大制动风缸的通路被关闭，输出的制动压力为零。此时中继阀Kr通向大气的通路打开，使制动缸向大气排风，并利用服位弹簧装置使制动得到缓解。即排气缓解。

（4）防滑作用

每根轴上都装有防滑速度传感器,将速度信号传至电子控制单元的防滑部分进行比较,当某轴发生制动力过大,轮对间发生滑动时,控制防滑阀关闭压缩空气通路,开启制动缸通向大气的通路,进行排风缓解,然后在重新恢复正常制动。这样使车辆在粘着不利的情况下尽快恢复制动作用,使停车距离减少到最小值,并防止轮对踏面擦伤。

(5) 载荷补偿

载荷补偿(载荷重量)是通过摩擦制动参考信号与一个载荷比例系数的乘积来确定的。这个系数是通过测量当前空气弹簧压力并把此压力转换成按比例的电信号而确定的。

载荷压力从空气悬挂装置中获得,并被送入载荷-控制限压阀和压力传感器中。压力传感器产生一个与载荷成比例的电压信号并把它送入电子制动控制单元。

气制动与其他项目的接口:牵引系统、列车控制系统、悬挂系统、受电弓。

1) 概述

列车制动设备由两个不同的制动系统组成:ED 制动系统(电制动)和 EP 制动系统(电空制动)。通过闸瓦单元制动车轮。列车电子牵引设备允许使用独立安装在每个动车上的电动制动。通过动车上的 MVB 控制每个制动器。ED 制动有优先权。EP 制动系统(电空制动)有主动的或者被动的控制空气制动系统。主动在车轮和汽缸上。被动是通过弹簧压力控制轴瓦。主动和被动制动回路是彼此分离的,而且不能同时使用。因而防止过制动。安装在每辆车上的 EBCU 控制主动气制动。当停止制动阀断电和活跃 EP 制动失效时,应用被动制动。

某地铁运营单位车辆的基本制动系统微机控制的单管式空气摩擦制动系统,常用制动下,它采用电-空联合制动的方法,当列车速度大于 6km/h 时,列车产生的制动是电制动,速度低于 6km/h 时,列车产生的制动是气制动,电制动的转换为 3~6km/h 可调整。基础制动采用单元式踏面制动器(分带和不带停放制动用的弹簧制动器两种,呈对角分布)。

为了实现能满负荷工作,并且具有故障保护的功能,该系统具有独立的紧急制动系统,它是通过"失电－施加"的原则(紧急模式)来实现故障保护的。

制动系统的分类:电制动系统(包括电阻制动和再生制动);空气制动系统;弹簧制动系统(也称停放制动)。

制动系统的作用:是用以产生制动力,使列车减速或及时停车。

空气制动系统的施加动作值是 0.12MPa 充气来施加;缓解的动作值 0.08MPa 排气缓解(充气施加排气缓解)。

空气制动系统的作用:防滑保护和紧急制动。

2) 制动性能

电制动(包括再生制动和电阻制动)是可控制的踏面制动混合使用的。再生制动和电阻制动能连续交替使用。如果网压上升到 DC1800V,再生制动能平滑转换到电阻制动。一旦再生制动出现故障,仅电阻制动也能够满足常用制动的要求。

2. 制动系统的操作

(1) 制动系统操作详情

主风缸管输送空气到包括防滑阀和制动控制单元的制动系统。由供风缸来的空气送到制动控制单元,该单元包括一个模拟变换器单元,它能够产生一个要求的预控压力给中断阀,该预控压力是摩擦制动指令信号成比例的。此信号由电子控制单元处理,该电子控制单元安装在车内部靠近牵引电子控制单元附近。制动风缸的充风由一个离心式空气过滤器、截断塞门和止回阀来控制完成。模拟变换器把来自于电子控制单元的摩擦制动指令信号转换成比例预控压力。该模拟转换器的输入信号考虑了对应摩擦制动要求比例得载荷补偿、冲动限制,从而能够满足全部制动指令要求。由模拟变换器产生的预控压力通过一个紧急电磁阀和一个载荷－控制限压阀传给中继阀,它控制空气施加制动风缸的充风和排风。紧急电磁阀连接到紧急制动系统的电气连接(列车线－电气紧急回路)。来自于载荷－控制限压阀的预控压力控中继阀,由于中继阀与制动供风缸直接连接,所以有很高的充气能力。正常情况下,紧急制动电磁阀得电,允许来自模拟变换器的预控压力通过限压阀。在紧急制动模式下,电磁阀失电,来自供风缸的空气直接经过载荷限压阀和中继阀,启动载荷补偿紧急制动率。在正常运行情况下,紧急电磁阀得电,并允许模拟变换器和中继阀连通(常用制动情况)。制动缸管中的防滑阀与微处理器控制的电子车轮防滑保护相连。它们通常没有电,处于开路状态,允许制动控制单元和制动缸接通。司机室中有一个双针压力表,用来指示主风缸压力和制动管压力。在一个空气-施加系统构成中,主控制器产生的指令信号通过电气列车线送到牵引和制动设备电子控制单元。摩擦制动信号由微处理器电子控制单元KBGM-P产生,并且被调整到摩擦制动的等级满足电制动故障或列车最终停车时的要求。电制动的反馈信号(开/关)送到摩擦制动电子控制单元KBGM-P,从而摩擦制动电子制动控制单元产生一个取决于指令信号的制动缸压力。在空气-施加系统中,制动压力增加以触发制动器。紧急功能由主控器和安全联锁来控制。如果要求紧急应用,电气列车线的紧急回路断开,车辆紧急继电器失电。紧急继电器失电从而导致紧急电磁阀失电。当电制动提供足够的制动力而满足制动要求时,摩擦制动通常处于缓解位置。设备接收到一个制动指令信号(MVB信号),电制动系统的反馈信号(电制动开/关),一个载荷重量信号,和一个指示车辆处于保持制动(在坡道上)的信号。这是为了防止车辆后退。另外,需要一个来自于蓄电池低压直流电源线。在电子制动控制单元内部,对信号进行调节。

(2) 制动系统操作

1) 供气系统通过主风管,给包括防滑阀和制动控制单元在内的制动系统供气,止回阀能防止压力空气从制动储风缸向主风管逆流。

2) 压力空气从制动储风缸进入包括模拟转换阀在内的制动控制单元,而模拟转换阀又根据摩擦制动指令信号,成比例地产生中继阀所需要的预控制压力,该指令信号通过位于车内的与牵引控制单元(DCU)邻近的电子控制单元产生。

3)制动控制单元(BCU)为模块式设计,所有部件都集成安装在一块板上,使用这种设计的主要目的是为了方便拆装和更换,压力空气通过离心式滤清器、截断塞门和止回阀进入制动储风缸。

4)模拟转换阀将来自VCU的摩擦制动指令信号转换成与之成比例的预控制压力,模拟转换阀的输入信号是经过载荷校正,并受到冲击极限的限制,以满足整个制动要求所需要的摩擦制动。

5)模拟转换阀产生的预控制压力,经过紧急电磁阀、称重阀进入中继阀,并由中继阀控制制动缸的充气与排气。

6)紧急电磁阀与紧急制动系统电气连接(列车紧急回路)。

7)通过称重阀的预控制压力控制中继阀,由于中继阀直接与制动储风缸相连,它具有大流量的充、排气能力。

8)常用制动情况下,紧急制动电磁阀得电,来自模拟转换阀的预控制压力,通过紧急电磁阀,进入称重阀。在紧急制动情况下,紧急电磁阀失电,主风缸的压力空气直接通过紧急电磁阀、称重阀到中继阀,触发经载荷校正的紧急制动率。

9)在正常操作条件下,紧急电磁阀得电,沟通模拟转换阀和中继阀(常用制动情况)。

10)制动管路中的防滑阀与微机控制的车轮滑行保护电子系统相连,通常情况下,防滑阀处于失电状态,沟通制动控制单元与制动缸之间的通路。

11)司机室内的双针压力表分别指示主风缸和第一转向架制动缸的压力。

12)在所提供的空气系统结构图中,主控器产生的指令信号通过列车电气线,传送至VCU和制动设备,VCU产生摩擦制动信号,并调整之,使在电制动故障和最后停车阶段产生摩擦制动。电制动反馈信号(ON/OFF)被送至VCU,VCU根据指令信号,产生相应的制动缸压力。主控器和安全封锁回路控制紧急制动功能,一旦发出紧急制动指令,列车紧急电气回路中断,车辆紧急继电器失电,接着紧急电磁阀失电。

13) 通常情况下,当电制动提供足够的制动力,满足制动要求时,摩擦制动处于缓解位。

14) 制动设备接收制动指令信号(PWM-脉宽调制信号)、电制动系统反馈信号(电制动 ON/OFF)、负载信号以及停放制动信号(在坡道上)。停放制动能防止车辆在坡道上向后滚动。另外,还需要来自蓄电池的低压直流电源线。信号的调节在 VCU 内部进行。

3. 空气制动力的分配

为了清洁轮对踏面,使轨轮之间的摩擦力达到最大值,并减少机械制动的响应时间,制动闸瓦向轮对踏面施加一个接近零的制动力。

供风系统:供风系统主要由空气压缩机、空气干燥过滤器、主风缸、车间供气设备、脚踏泵组成。由空压机产生的压缩空气通过空气干燥过滤器进入主风管和主风缸。所设计的供气系统能为每一单元车组提供足够的压缩空气,相邻车辆的主风管通过截断塞门软管相连。主风管用来使车辆之间的压缩空气流通,即使在 1 台空压机不工作的情况下,它也能使总风缸从邻近车辆充气。所有的辅助气动设备和司机室内的压力表都安装在主风管的各支管上,(各风缸和减压阀将主风缸与其他消耗空气的元件隔开)。主风管的压缩空气除用于空气制动外,还将压缩空气送至下列子系统:空气弹簧风缸、车钩装置、气笛、受电弓装置、车底电器柜通风。

制动控制模块(BCU):BCU 由组合集成安装在模板上的模拟控制阀、紧急制动控制阀、中继阀及压力传感器、负载限压阀(称重阀)等组成。它的主要作用是根据电子控制单元输出的指令进行电—气转换,即 VCU 把电信号输入 BCU,通过 BCU 把电信号变成气压信号,送入空气制动单元,输出控制压力来控制主风管到制动风缸的压缩空气,完成对制动风缸压力进行控制的任务。

基础制动单元：基础制动采用PEC7型，分为两种：一种是常用制动机，另一种是带有停放制动器的制动机。常用制动器：当风缸充风时，通过勾贝杠杆机构将闸瓦推向轮对踏面产生摩擦制动，即充风制动，排风缓解。停放制动器：实际是一个弹簧制动器。当停放制动缓解，风缸排风后，弹簧弹力勾贝杠杆机构将闸瓦推向轮对踏面达到制动的目的。当向缓解风缸充气时，压缩空气推动勾贝克服弹簧张力，使机构复位，停放制动得到缓解。另停放制动也可不通过风缸，而是通过拉动其上的缓解拉环释放弹簧的弹力，达到缓解的目的。所以停放制动正好与常用制动相反。即排气制动，充气缓解。空气制动可以完成常用制动、停放制动、紧急制动、制动缓解、防滑作用。

4. 在无故障状态下的制动原则

制动应用是通过车辆控制系统来实现的。前端拖车的MVB（车辆及列车控制单元）提供所需的制动力信号，它是根据单车车重和整列车的制动力和牵引状况而计算出来的。即使在最差的条件下（电压低于DC1500V、受打滑的影响及AW3载荷情况下），DCU和EBCU之间的信号交换也可以向每车提供100%的制动力（DCU的实际制动力）

5. 常用制动

（对所有的从AW0到AW3的负载而言）列车由80km/h减速到停车的平均减速度为$1.0 m/s^2$。

当主控制器在制动位置时，常用制动就被激活。制动设立点与手柄位置成比例。MVB的减速控制产生一个制动请求，并且通过MVB（多功能列车总线）向所有的EBCU传送。M（主控器）中ED制动在大约6km/h到80km/h的速度范围内运行。如果速度低于6km/h，则由EP取代ED，且保压制动功能被激活（0.12～0.2MPa）。

6. 电制动

电制动根据其能量利用方式的不同，可分为再生制动和电阻制动。

再生制动：将电能反馈回到接触网，供给区段内其他列车使用。具有制动列车和产生电功率的双重效果。

电阻制动：将电能供给车辆的制动电阻，而变为热能散发到大大气中去。

在牵引（运行）工况：由接触网吸收电能，作为电动机，将电能转换成机械能，产生牵引力。

在制动工况：停止接触网供电，反过来作为发动机，将列车运行的机械能转换成电能，产生制动力（电制动）。

当网压上升到 DC1800V 时，再生制动平滑的过度大电阻制动、不能实现再生制动时，电阻制动能单独满足常用制动的要求。

在高速时，采用电制动，当但是由于电制动的效率随着运行速度的降低而降低，因此，列车速度降低到一定程度以后（6km/h 时），必须采用空气制动。另外在电制动力不足时，空气制动也作为辅助手段应用。

(1) 载荷、网压及制动方式的关系

当负载为 AW0 到 AW2，电压高于直流 1500V 时，列车仅采用电制动。当负载从 AW2 到 AW3 且电压高于直流 1500V 时，附加空气制动大小取决于各车的载荷。当载荷从 AW0 到 AW3，电压低于 1500~1000V 时，需要附加空气制动。按照电压降低大小，所有列车上的空气制动力连续地进行补充，因此列车减速将不受电压高低的影响，见表 2.2-5。

载荷、网压及制动方式的关系　　　表 2.2-5

载荷	网压	制动方式
AW0~AW2	大于 1500V	电制动
AW2~AW3	大于 1500V	电制动和根据载荷情况成正比附加气制动
AW0~AW3	大于 1000V，小于 1500V	需附加气制动

(2) 制动优先级别和混合制动原则

第一优先：再生制动。

再生制动是与接触网线路吸收能力有关的,包括:网压高低;负载利用能力。

第二优先:电阻制动。

承担不能再生制动的那部分制动电流;再生制动电流加电阻制动电流等于由牵引控制所要求的总电流。该电流由电机电压最大值所限制;当电机电压过高时,应关掉电制动,而后制动指令将自动地由摩擦制动来满足。

第三优先:摩擦制动。

当没有再生制动和电阻制动时,所需要的总制动力必须由摩擦制动来提供。

(3) 混合制动的控制原则

电动力制动和摩擦制动之间融合(混合)制动应是平滑的,并满足正常运行的冲击极限。

7. 快速制动

司机通过移动主控手柄到"快速制动"的位置启动快速制动。ED 制动切断和所有车辆中(M 和 TC)的 EP 制动根据存储在 EBCU 中的固定制动压力减小(压力为 0.21Pa),将主控手柄移回到"0"位时,快速制动气压得到缓解。在动作时间内,冲击极限装置保持工作。

当主控制器手柄移到"快速制动"位时,列车将实施减速度与紧急制动相同的快速制动。快速制动具有如下特点:

(1) 电制动不起作用,仅空气制动;

(2) 受冲击率极限的限制;

(3) 主控制器手柄回"0"位,可缓解;

(4) 具有防滑保护和载荷修正功能。

8. 紧急制动

紧急制动的施加原则是通过"断电－施加"来施加的。

紧急制动:采用紧急制动时,紧急电磁阀失电,主风缸的压力空气直接通过紧急电磁阀,负载限压阀(称重阀)到中继阀(Kr6)进入基础制动单元,实现紧急制动。采用紧急制动后:

不能自动撤除。一旦触发,则将保持到列车完全停下来;常用制动的冲击率极限 0.75m/s³ 不再适用;所有车辆的牵引电源立即中断并封锁住,直到列车完全停下来(零速封锁);在整个停车过程中,所有制动控制列车线的电源切断。

紧急制动的应用:

出现以下情况时将导致紧急制动:主控手柄警惕按钮触发;按下司机室内控制台上的紧急停车按钮;脱钩;紧急电气列车环路中断式失电;制动系统 DC110V 电源失电;ATC 系统发出紧急指令。

紧急制动操作带有防滑保护。紧急制动只是在所有车上(M 和 TC)进行 EP 制动。每辆车通过列车线路直接控制紧急制动阀门来控制紧急制动。紧急制动是由于列车安全线,安全设备(紧急按钮)警惕按钮和 ATO 等。

采用紧急制动时,紧急电磁阀失电,主风缸的压力空气直接通过紧急电磁阀,负载限压阀(称重阀)到中继阀进入基础制动单元,实现紧急制动。

列车装备一个"失电制动,得电缓解"紧急空气制动系统,贯穿整个列车的 DC110V 连续电源线控制紧急制动的缓解。线路一旦断开,所有车立即实施紧急制动。紧急制动时,电制动不起作用。紧急制动可不经过微机制动控制单元(以下简称 EB-CU)的控制,直接使制动控制单元(以下简称 BCU)中的紧急电磁阀失电而产生。

紧急制动具有如下特点:

(1) 不能自动撤除,一旦触发,则将保持到列车完全停下来。

(2) 常用制动的冲击率极限 0.75m/s³,不再适用。

(3) 所有车辆的牵引电源立即中断并封锁住,直到列车完全停下来(零速封锁)。

(4) 在整个停车过程中,所有制动控制列车线电源切断。

9. 停放制动

停放制动是应用弹簧和释放空气。通过操作两个司机台上的

"施加停放制动"或者"缓解停放制动"特殊按钮施加或解除停放制动。只有长久停车或在车场时才使用。

停放制动采用弹簧制动，空气缓解，停放制动施加或缓解是由电作用脉冲阀来控制。

按压停放制动缓解按钮，且停放制动缓解风缸内的压缩空气大于 0.5MPa 时，停放制动缓解按钮指示灯绿灯亮。

切除一列车的所有 B05 后，然后人工拉动车底的辅助缓解拉环来缓解一列车的停放制动。此时停放制动缓解按钮指示灯绿灯是不亮的，停放制动施加灯红灯是亮的，车辆屏内的停放制动图标 P 为黑色的，气制动施加/缓解灯不亮。因为人工拉动车底的辅助缓解拉环只是让制动弹簧失效，停放制动缓解/施加灯亮与不亮是靠压力检测开关检测的。

停放制动能使超载（AW3）的列车在 40‰ 以上的坡道制动停车。

为了方便无电状态下缓解停放制动单元，方便检修过程中的调车作业，停放制动单元的停放制动缸后端连接一个停放制动缓解装置，手拔拉环即可缓解停放制动。

10. 缓解停放制动的三种方法

（1）当列车有电，且气压大于 4.5kPa 时，可以直接通过按压司机室副台的来缓解。

（2）当列车无电或某节车的停放制动不能正常缓解时，可以通过操作车底空气制动控制屏内的脉冲阀来实施充气缓解。

（3）当列车没电、没气时，司机应先切除车辆的 B05，然后人工拉动车底的辅助缓解拉环来缓解，通过人工敲打轮对来确认所有制动的缓解。

11. 发生故障时的牵引系统的特性

发生故障时的牵引系统的特性，当一辆动车不工作时，额定载荷（AW2）情况下，列车可以往返一个旅程。如果超载严重时，必须降低列车速度从而避免车轮过热。

当两列动车不工作时，超员（AW3）的情况下，列车可以在35‰的坡道上启动，道达下一个站时乘客必须下车，把车拖到车辆段。

12. 微处理器制动控制和车轮防滑保护电子单元

处理摩擦气制动系统的电信号和反应电制动系统状态的信号是平行的，所以两种制动系统（电制动/摩擦制动）是独立的，并且能足够满足制动要求，以保证较高的可靠性。

因此牵引系统和摩擦制动系统之间的接口是PWM制动指令信号，该信号提供列车线被同时送至两种制动系统。

处理气制动系统的信号包括几种特殊的附加安全功能，这些功能通常不被加入到电制动控制中。

操作模式；CPU插件板控制诊断制动控制系统和防滑系统的所有信号的处理。对于制动控制，CPU根据输入信号计算制动力指令值，然后将其送至电－气模拟转换阀（包括电子控制器和气动模拟转换阀）。

电－气模拟转换阀将制动力参考值转换成受冲击极限限制的，且经载荷校正的预控制压力（CV压力），位于模拟转换阀上的压力传感器提供一个反馈回路（将压力反馈给VCU），控制具有封闭回路控制的输出压力。

VCU包括：抗干扰和瞬态保护、电子电路所需要的产生不同电压的电源模块、操纵电磁阀得失电的控制模块和故障监控。

载荷校正；通过将摩擦制动参考值与载荷比例因数相乘，实现载荷校正。通过测试车辆上主要的空气弹簧压力，并将此压力转换成与之成正比的电信号，获得载荷比例因数。

从空气弹簧取得载荷压力，并将其传送至称重阀和压力传感器，压力传感器产生与载荷成正比的电压信号，该信号再被送至VCU。

13. 电-气制动控制单元

电-气制动控制单元（BCU）能将经VCU调节的0～10V范围内的摩擦制动参考值信号转换成与之成比例的制动缸压力。

电气转换部分（模拟转换阀）将参考值电信号转换成预控制压力。电信号到控制压力的转换是一个与指令信号有关的封闭控制回路，该控制回路包括有一个充气电磁阀、一个排气电磁阀、一个用来测试实际压力的压力传感器和一个调节器。根据参考值信号与实际压力之差，分别控制充、排气电磁阀的得电与失电，通过选择性控制与预控制压力传感器信号有关的充、排气电磁阀的信号，VCU将保持恒定的参考值与制动缸压力之比。该控制回路产生具有滞后现象最优化（实际无滞后）且具有线性精度的"电压/气压"特性。

2.2.4 辅助系统

2.4.4.1 概述

辅助系统是地铁车辆上的一个必不可少的电气部分，它可为列车空调、通风机、空压机、蓄电池充电器及照明等辅助设备提供供电电源。目前世界上在地铁车辆辅助系统中大都采用绝缘栅双极型晶体管 IGBT 模块来构成。

1. 辅助系统的主要功能

辅助系统主要有下述三种功能部分：

（1）逆变部分：辅助用电设备大都需要三相 50Hz，380V/220V 交流电源，因而首先要将波动的直流网压逆变为恒压恒频的三相交流电。

（2）变压器隔离部分：为了安全必须将电网上的高压与低压用电设备，尤其是常需人工操作的控制电源的设备，在电气电位上实现隔离。通常采用变压器进行电气隔离，同时也可通过设计不同的匝比以满足电压值的需要。

（3）直流电源（兼作蓄电池充电器）：车辆上各控制电器都由直流电源 DC/DC 供电。车辆上蓄电池为紧急用电所需，所以 DC110V 控制电源同时也是蓄电池的充电器。

上述 3 部分构成完整的辅助供电系统。

2. 辅助系统的发展

随着电力电子器件发展，辅助系统也经历着不同方案的发展过程。由于新一代性能优良的 IGBT 器件迅速发展，20 世纪 90 年代中后期，欧洲与日本等国的车辆辅助系统大都采用 IGBT 来构成，其方案大致有：

(1) 斩波稳压再逆变，加变压器降压隔离；

(2) 三点式逆变器加变压器降压隔离；

(3) 电容分压两路逆变，加隔离变压器构成12脉冲方案；

(4) 二点式逆变器加滤波器与变压器降压隔离；

(5) 直—直变换与高频变压器隔离加逆变的方案。

这些方案各有其特点，而且都能满足地铁或轻轨车辆的要求。在目前的方案中，对DC110V控制电源主要有两种不同的设想：

(1) 通过50Hz隔离降压变压器来实现；

(2) 独立的直—直变换器直接接于供电网压，通过高频变压器隔离后再整流，并滤波得到DC110 V控制电源。

从两者比较看，后者是独立的，与静止辅助逆变器无关，也就不受逆变器故障的影响，在供电功能方面有一定的好处；但是因为需要独立的直流电源，也就增加了成本。

3. 辅助系统的供电方式

地铁列车很多采用两动一拖（3节车辆）构成一个单元，由两个单元（所谓6节编组）的方式构成一列车。采用分散供电的列车每节车均配备一台静止辅助逆变器，每单元共用一台DC110V的控制电源。每节车的辅助逆变器的容量为75～80kVA，DC110V控制电源（兼作蓄电池充电器）功率约为25kW。后来法国Alstom生产的地铁车辆，改为一个单元中配2台静止辅助逆变器，每台容量为120kVA，且每台含DC110V控制电源，功率为12kW。

以某地铁运营单位车辆为例，在6节编组中，每单元只配一台静止辅助逆变器，容量约为250kVA，直流110V控制电源也一台，约25kW，即所谓的"集中供电"。

这两种供电方式各有优缺点。分散供电其冗余度大，均衡轴重好配置，但造价要高些，且总重量也会重些。而集中供电冗余度小，每轴配重难以一致，但相对而言，总重会轻些，成本低些。

4. 变压器隔离

为了人身安全，低压系统及控制电源必须实现与高压网压系统 DC1500V 的电气电位上的隔离。最佳且最实用的隔离方式是采用变压器隔离。从上述方案中看出，有 50Hz 变压器隔离和高频变压器隔离两种方式。由变压器基本原理知，50Hz 变压器其体积与重量较大，而高频变压器其体积与重量就成倍地减小。但后者必须采用性能好的高频磁心，目前大都采用进口的铁氧体磁心或国产铁基微晶合金的磁心。

对于 DC110V 控制电源，容量不大，约 25kW。因而现今国内外都采用直—直变换及高频变压器隔离，这也是成熟的技术。

2.2.4.2 蓄电池

1. 蓄电池箱

每辆 Tc 车中安装两个蓄电池箱。两个蓄电池箱合成为一个蓄电池组，包括 80 个镍-镉电池单元，类型为 FNC232MR。每个电池单元的额定电压是 1.2V，并且当放电率为 5h，容量为 140A 时。80 个电池单元串联连接在 16 个不锈钢的隔栅中，用镀镍铜板在这些隔栅之间连接内部的电池单元。串联的隔栅之间是用无卤的铜线连接的。蓄电池组可给各控制电路和紧急负载供电，为列车的后备电源。

2. 使用寿命

蓄电池设计的使用寿命为在平均温度 22℃ 的条件下超过 15 年，温度过高会影响使用寿命当有效容量降至低于额定容量的 70% 时，就到了它的使用寿命。

3. 蓄电池温度传感器

每组蓄电池内装有 1 个蓄电池温度传感器，DC/DC 输出电压是温度传感器输出值的函数。

当温度达到 55℃ 时，DC/DC 将报故障并封锁输出，当蓄电池温度下降到 50℃ 时，DC/DC 将自动重启。

2.2.4.3 蓄电池充电器（DC/DC）

作用：将直流 1500V 的电压转换成直流 110 伏给蓄电池充

电和供给直流控制电路使用。

1. 蓄电池充电器（DC/DC）

（1）蓄电池充电器

蓄电池充电器由1500V供电，从输入到输出有一个直流电的隔离，向车载直流负载供应DC126V直流电。其+BN端子供应低压负载，+B端子为蓄电池充电，-B端子为输出负极。

（2）主要技术参数

输入电压：直流1500V（1000~2000V）。

最大输入电流：设定为27ADC，峰值电流为150A（最大涌入电流）。

输出电压：110V至126V取决于蓄电池温度。

额定输出电流：210A。

最大输出电流：270A约持续5min时间。

蓄电池充电电流：最大为42A。

输出功率：25kW。

测试电压：输入-输出/接地：5.5kVAC/每分钟，输出-接地：1.2kVDC/每分钟。

工作频率：1kHz。

工作温度：-25℃~+40℃外部温度。

辅助电源：62V至145V，1A。

重量：整个设备约为540kg。

模块GVG1500-02约96kg，模块AMG-03约69kg，变压器约130kg，输入扼流圈每个约34kg，箱体约160kg。

尺寸（宽×深×高）：2090×790×480mm。

效率：大于93%，在输出功率>额定功率20%和额定电压时。

冷却方式：自由空气对流。

过电压保护：有。

保护1：$1.4 \times U_r = 2520$VDC持续1s时间，上升时间<0.1s，在源极串联电阻$1\Omega \pm 10\%$。

保护2：6kV持续$50\mu s$时间，上升时间小于$1.2\mu s$，在源极串联电阻 2Ω±10%。

2. DC/DC 原理概述

该充电器直接与接触网相连，没有预充电装置，也没有将充电器从接触网上断开的接触器，只要车辆主电源受电弓与接触网线连接，直流输入电压通过保险熔断丝与充电器相连。

充电器内部电源由主蓄电池供应，也有一个紧急启动电池。当蓄电池电压供给到充电器时，将启动内部电源，同时启动内部微处理器控制系统，并等待启动信号。在这种状态下，可以对充电器进行分析诊断。一旦得到启动信号充电器即开始工作，输出电压将延一定斜率上升，在 2s 内达到额定输出电压（当输出电流在额定界限内）。而该启动时间只有在已完全启动微处理器的前提下才能达到，否则的话，系统将在 20s 以内启动。

如果输入电压中断了，蓄电池充电器将会立即停止工作。当输入电压重新达到规定值时，蓄电池充电器自动在 2s 时间内进入到满负载工作状态。

充电器启动信号是微处理器系统的一个直流隔离数字输入信号，当蓄电池达到额定电压 120V 时，它能够被连接到蓄电池电压信号上。

充电器还有故障信号，这是一个微处理器直流隔离数字输出信号，它是由一个常开接触器实现的。当蓄电池电压达到额定电压 120V 时，接触器具备工作的能力。故障信号只在充电器没有完全运行的情况下出现，而对于在运行中产生一个短暂的中断（例如输入端出现了过电压）充电器是不会产生故障信号的。

DC/DCRS485 接口。

充电器将监控蓄电池系统中的不同数据，例如：充电器输出电流、蓄电池电流、电压和温度。在软件中不同的控制方法也将与不同的蓄电池系统的充电器相匹配。蓄电池电压可以在蓄电池充电器的输出端口直接测量，充电器还有一模拟输入端，允许与蓄电池传感器电缆相连直接在蓄电池上测量蓄电池电压，这也是一个可供选择的方法。

充电器的输出电压、最大输出电流和最大蓄电池电流都能够在软件中配置。

3. DC/DC 组成布置

（1）组成

由下列元件组成：

1）蓄电池充电器模块，该模块包括实际的蓄电池充电器，它带有可同步调节电压的逆变器、整流器和输出导线及电源的系统的管理及控制模块。

2）连接和蓄电池配电模块所有外部高压电、110V 直流电和控制线的连接；用于 110V 直流电总线（蓄电池开关箱）的熔断器、电源接触器、电压监控继电器；车载蓄电池负极接地电阻和接地连接。

3）输入扼流圈（2个）

4）1500V 和 110V 直流电总线间电力分离的功率变压器。

输入扼流圈和变压器放在通风区内，其他元件放在封闭的区域内，这些区域被一隔离物分开，电缆从一个区域到另一个区域要经过防水通道。

所有元件都能从模块的前面拔出，而模块都用绳索固定，用卡宾旋转接头紧固，其作用就像锁一样防止任何非正当的拔出。

（2）连接

连接高压和 110VDC 的外部电缆从箱体后部的法兰板通过，这根电缆被连接在模块的柱头螺栓端子上。为了实现该连接，箱体后部的检查门必须打开。外部控制电缆连接在箱体后面的插头上。

内部电源和控制连接、熔断器和插入卡都可以从前面接触到。车载蓄电池负极接地端子也同样与设备前部箱体接地电位相连。

使内部紧急蓄电池与其他设备断开的插头，它位于高压连接的柱头螺栓端子的后面，在检查门的后面可以接触到。

4. DC/DC 功能简述

该蓄电池充电器以受保护的专利转换技术为基础，在输入电压范围 1000～2000V 时输出 110V 的直流电，该输出电压给蓄电池充电并给 110V 用电设备供电。

在蓄电池充电器输入装置中，有一个用于抑制寄生电流的输入滤波器；一个增压逆变器用于调节输入电压；还有一个全响应开关转换器用于产生 1kHz 的交流电压，在电离后，该交流电压可通过星形连接整流、并使波形平滑。

该系统由另一个微处理器管理，该微处理器可与 DSP 通过内部接口通信，并通过主/从程序监控其工作，另外其管理诊断系统可以分析系统内产生的任何干扰，并能断定由此产生的故障。该半导体装置可通过外部一个自然对流散热器冷却。

2.2.4.4　辅助逆变器

1. DC/AC

静态的 DC/AC 辅助逆变器从架空网上受电用作辅助电源。输出 3/N AC380/220V50Hz，正弦电压，为风扇电机、空气压缩机、空调装置和车内其他所有交流负载供电。

其特点是：辅助逆变器通过一个直流 1500V 馈线连接到列车两个受电弓上，即使一个受电弓从架空网上脱落，辅助逆变器也不会脱离电源；采用冗余结构，两个相对独立的 380V 电源给三辆车供电，每一个电源供给每辆车的一半负载。关键负载（如蓄电池充电器）可以从任意一个电源供电。

DC/AC 的作用：将直流 1500V 的电源变换成交流 380V 或 220V 的交流电压给风扇电机、空气压缩机、空调装置和车内其他所有交流负载供电。

对于辅助逆变器 DC/AC 两单元车组是贯通的，一个受电弓可控制整列车。

2. 静止逆变器

在列车供风系统发生故障时将蓄电池 110V 的直流电变换成交流 380V 的交流电供给供风风扇为车厢提供新鲜的空气。

2.2.4.5　列车照明

日光灯由 DC110V 系统供电，照明由 110V 直流列车线经逆变镇流器进行供电，司机室灯由110V直流或蓄电池供电。

1. 外部照明（端部照明）

在每辆Tc车的1位端有多种照明，组合起来代表车辆可能的信号标志。这些照明包括：带有2个强度水平（暗或亮）的2个白色头灯；2个红色的尾灯；2个白色的运行灯；2个红色的运行灯。其个灯的显示和方向手柄有关。

控制：

（1）当用钥匙打开主控制手柄，司机室激活，当方式方向手柄在"向前"位时，以下应得电：

1）在列车"前"端的头灯和白色运行灯；

2）在列车"后"端的尾灯和运行灯。

（2）当司机室主控制器激活，且方式方向手柄在"向后"位时，以下应得电：

1）"前"和"尾"两端的头灯和白色运行灯；

2）"前"和"尾"两端的尾灯和红色运行灯。

2. 内部照明

3辆车的客室的左侧和右侧都有一排照明，它们通过司机室中的开关进行控制。

"门打开"指示灯与"门关闭"指示灯一起安装在车门上部的侧顶板里。

2.2.5 通信及乘客信息

2.2.5.1 概述

可提供的通信方式有7种：司机室对讲；司机室广播；无线电广播；数字化报站关门报警。

广播的优先级：OCC紧急广播→OCC对客室广播→司机室对讲→司机对客室广播→列车自动广播。

1. 名词解释以及设备简介

CACU（广播系统控制单元）：此设备可以称之为整个系统的"大脑"，通过它可以设置各种广播状态的音量、更换广播内容、测试和实时查看广播系统内部的数据交换。

SACU（客室声频控制单元）：此设备的主要功能为功放，通过它可以调节对应车厢内的广播音量、音色以及噪声增益。此外，它还转发报站触发信号给客室显示器。（增购车为动态地图控制器）

DACU（司机室音频控制单元）：此设备主要包括手持麦克风和司机台面板控制器，用于提供人工广播、司机室对讲。

客室显示器：此设备从 SACU 处得到报站触发信号，用于显示已经编辑好的文字报站信息。

PVCU（客室紧急对讲单元）：此设备属于增购车新增功能，用于满足乘客在紧急情况下和司机通话的要求。

动态地图控制器：此设备将从 SACU 传过来的报站信息转发给本节车的动态地图显示器。

FATPM（动态地图显示器）：此设备代替了客室显示器，用滚动显示的 LED 表示报站信息。

比较 1 号线和一号线增购车两个系统总图，主要差别在于：增购车增加了客室动态地图，替换了原有的客室显示器并且增加了客室乘客紧急对讲装置。

（1）列车线—语言双绞线，用于内部语音传输

列车通信线是广播系统贯穿整列车中所有各节车的公共线。它选用的双绞线上采用交流耦合、变压器隔离，其信号的额定电压为 100V。所有通信模式（司机广播，自动报站，门提示音和司机室与司机室间通信）都通过此语音双绞线传输。

在救援联挂情况下，通过全自动车钩与另一个连挂的列车连通，两列车之间就可以实现司机室对讲的广播通信。

（2）控制总线，用于内部控制信号传输

广播系统的数据总线采用的是带有双向数据通信控制的 RS485 串行数据接口，其主要功能有：

1）故障诊断和监控；

2）从激活端司机室的 CACU 向未激活的司机室的 CACU 发出控制命令；

3) 给客室显示器（或动态地图控制器）发送报站触发信息。

2. 司机室声频控制单元 DACU

(1) 司机麦克风

手持麦克风在司机台的右侧墙处与 DACU 相连，通过接插连接器与车辆导线连接。PTT（push to talk 即按即讲）按钮是一个独立的无电压触点，保证了麦克风按钮的可靠性。

(2) 扬声器

每辆车有 10 个扬声器。扬声器可独立地在轴线上 1m 外处产生的音响。

到扬声器的信号由 CACU 发出，DACU 载荷线阻抗为 $10k\Omega$。扬声器安装了 100V 线性变压器，并有一个印刷电路板，带有接线端，用于连接输入和输出的屏蔽双绞线，这些双绞线连接所有的扬声器到 SACU。

(3) 电源

CACU 向电缆中的双绞线提供 24V 的直流电源。

(4) DACU 前面板的布置

1) 广播按钮（广播）

该按钮采用双稳态设计，第一次按下即选择广播模式，黄色的发光二极管 LED 亮；第二次按下时，根据不同的广播状态可以取消广播和暂停广播 30s。

2) C-C 按钮（司机室与司机室间的通信）

该按钮也采用双稳态设计，第一次按下即选择司机室对讲模式，蓝色的发光二极管 LED 亮；第二次按下（短促地）时取消 C-C 选择；当按下按钮超过 0.5s 时，会产生一个呼叫音，通知对方司机接收。如果想产生更多的呼叫，再次按下按钮 1~2s，但若想取消呼叫则只需迅速地按下按钮（不超过 0.5s）。司机必须在 60s 内完成司机室对讲模式取消，否则系统会自动切断通信。

3. 客室音频通信单元 SACU

每节车装有一个 SACU，SACU 是所在车辆的扬声器的声频功率放大器，并提供与声频"语音双绞线"和"列车数据总线"的接口，当安装或替换SACU，或组装列车单元时，SACU必须首先设置好配置文件，以免列车声音大小和音色的不统一。

客室显示器是一个192×24单色的（黄色）发光二极管LED屏，用中/英文显示文字内容。如果超过90s没有接收到有效数据，显示屏显示空白，显示器会对下列数据作出响应：

（1）定时器"信号"信息，每30s一次，用来保持当前显示的信息；

（2）送至客室显示器的新信息；

（3）起始试验模式的信息；

（4）试验结束模式信息。

4. 客室动态地图

（1）客室动态地图控制器

每节车上有一个动态地图显示控制器，它与SACU通过串行接口连接进行数据通信。控制器有3个接口，一个是电源接口，一个是通信数据接口和一个A/B电路接口，另外，有一个接地支柱与车体连接。

动态地图控制器通过列车通信线，接收到简单的"广播稿"命令，然后经过SACU贯通到总线。控制器将简单的命令处理成一个高速串行数据流，在动态地图显示器上直接控制LED的闭合。

控制器向显示器提供24V DC电源。每节车左侧和右侧的显示器由一个不同的DC-DC供电。

（2）动态地图

每节车有8个单面动态地图，每个车门一个。动态地图配有一个线路图的"图解"标识。它有四行三色LED，由上至下为A、B、C、D。每行都包括100个三色LED。在面板上有方形双色LED箭头，当本侧车门打开时箭头显示为绿色，并以1Hz的频率闪烁。动态地图有两个接口。另外，还有一个接地支柱与车体连接。

2.2.5.2 广播系统功能介绍

1. 广播系统实现的主要功能包括

(1) 司机对乘客（广播）；

(2) 尾端司机室对乘客（广播）；

(3) OCC 对乘客广播；

(4) 由自动报站器自动触发自动报站，客室显示器（或动态地图）也一起被触发；

(5) 由司机人工操作自动报站；

(6) 从尾端司机室人工操作自动报站；

(7) 司机室对讲——激活端司机室与所有其他司机室之间（包括连挂的列车）；

(8) 司机室对讲——任意司机室与所有其他司机室之间。

2. 列车上的广播

(1) 司机对客室广播

每个司机室的 DACU 均可进行广播，但激活端司机室有优先权。如果广播系统正在自动报站或者 OCC 的广播输入，则在所有司机室里的 DACU 的黄色 LED 亮。

当按下广播按钮时，整列车的广播模式被激活。司机可以使用司机室右侧墙的麦克风对乘客广播。

当另一端司机室进行广播时，DACU 扬声器提示音和广播信号都被监控。当 PTT 按钮按下时，扬声器静声，以降低回响。

(2) 司机室对讲

司机室与司机室的通信是半双工的，也就是说麦克风只有在按下 PTT 按钮时才能启动，这样可以大幅度降低扬声器的回响。

C-C 对讲可以通过选择 DACU 面板上的蓝色 C-C 按钮来控制。当 C-C 按钮按下超过 0.5s 时，整列车（或连挂的列车）DACU 的扬声器中发出呼叫声，C-C 按钮之上的蓝色指示器也将启动。听到这个声音后，在另一司机室中的人只要拿起麦克风并按下 PTT 按钮即可与其他司机室通话。

用麦克风讲话时应始终按着 PTT 按钮，此对话在所有的司机室中均可监听到。通信的结束是由发起人再次按下（简短地）C-C蓝色按钮，或选择其他模式。如果呼叫者超过60s没有按下PTT按钮，也将取消通信。

（3）人工广播

发送给显示器的声音广播与文字信息应预先记录并配置进系统中。有3种不同的人工触发的广播：

不重复广播（只播报1遍）。

重复两次的广播（播报3遍）。

连续重复的广播（循环播报）。

在每种情况下客室内显示屏幕都将更新相关的文字内容。客室显示器随着自动播音器的动作而动作，所以当重复播音或循环播音时，将不按自动路径进行显示更新。

（4）乘客紧急对讲

当乘客通过客室内的紧急对讲装置激活一个乘客警报时，这个按钮上面的红色LED将闪烁（1Hz），同时监听扬声器将产生一个高声警告信号。当司机按下乘客报警盒上的PC按钮时，即可确认乘客警报，LED将变为激活状态，同时激活乘客紧急对讲模式。再次按下乘客报警盒上的PC按钮可以清除系统第一次呼叫。如果警报依然存在，且LED应该再次闪烁，则证明仍有报警在排队等待确认。为了确认第二次呼叫，PC按钮应该再次按下，重复上述的过程。每个乘客警报都应该按照它们被顺序进行处理。

（5）音量控制板

当CACU系统激活后，司机室监听扬声器的音量将被设置为最小位置（下方绿色LED亮起）。每次按下音量控制按钮将按顺序改变音量，如下：低（电量增加)-中-高-中-低-中-高-中。司机室监控器扬声器可以听得包括PA、C-C和PC通信以及一辆联挂列车的司机室监控声音。

3. OCC广播

OCC广播通过车载电台发出的控制信号进入广播系统，在整列车中进行广播。

2.2.5.3 通信系统

1. 地铁通信设备

OCC设有调度电话总机,各站控室、车厂信号楼、派班室、DCC、各变电站/所设有调度电话分机。

车站、车厂设有站间行车电话、分公司内程控电话,隧道内每200m左右设有隧道电话。

OCC与司机室设有无线调度电话。

列车、车站广播系统,可对乘客进行语音广播;OCC的中央广播系统可以对车站进行语音广播。

OCC、站控室配备电视监控系统(CCTV),站台设有监视器。

在车站站厅、站台及设备房配有中央时钟系统相应设备。中央级母钟投入使用,为地铁各系统设备及乘客提供一个标准同步时间。

隧道沿线设有OTN光缆网向各系统自动化设备和通信设备提供高速传输网络。

行车联系设有车载无线调度电话、手持调度手机以及普通对讲机。

无线调车系统属于调车通信系统,除有对讲功能外,同时还具备信号显示和辅助语音提示功能。无线调车设备由机车控制器、调车员(车长)手控机、连接员手控机(以下简称对手机)、调车区长台四部分组成。机车控制器具有信号显示和辅助语音功能,配属司机专用,调车员手机具有对讲、控制信号显示功能(调车员或车长使用),连接员手机具有对讲和紧急停车功能(车厂调度员及参与调车作业人员使用)。调车区长台为无线调车设备主要部分,具有通信发射、接收及对讲功能(固定安装信号楼控制室),由信号值班员控制使用。

2. 隧道电话的使用

(1) 打开隧道电话箱盖;

(2) 拿起话筒；

(3) 拨打行调电话，报告行调发生的情况；

(4) 挂好话筒，关好隧道电话箱盖；

(5) 联系最近车站时，不用按号码，几秒钟内自动接通最近车站的电话。

2.3 信号设备

2.3.1 车辆信号设备

Tc车设备功能及使用：

1. 司机室车辆屏

当TTC电源接通时，两个司机室的VCU和MMI同时开启。没有被激活的司机室其MMI将显示为黑屏。在这种情况下，VCU有必要向MMI发送一个适当的信号。MMI与VCU串行连接。以下面所列为准：

1) 被激活司机室上的MVB应向MMI发送一个信号"主"

2) 未激活司机室上的MVB应向MMI发送一个信号"从"

3) MMI根据这些信号显示为"主菜单"（主）或黑屏（从）车辆屏上设置了驾驶模式图标，可显示出列车各种的驾驶模式，驾驶模式有ATO、ATPM、NRM CM和紧急牵引（车辆屏无显示的RM模式和应急运行模式最大速度不超过25km/h，采用RM模式驾驶时，速度达到24km/h时会产生报警声，超过29km/h时会产生紧急制动）；RM模式和ATB模式，不会在车辆屏驾驶模式图标显示出来，信号屏上也可显示出列车在车载ATP保护下的驾驶模式，有ATB、ATO、ATPM和RM四种驾驶模式显示。

(1) 运行屏操作

列车自动运行（ATO）故障：列车自动运行故障（ATO）以彩色符号来显示。

选择按钮：位于右侧立柱有一个上翻按钮何一个下翻按钮。

当选择车站时（按下"下一站"或者"终点站"车站按钮），司机可以用这个选择按钮在车站列表中选择。选择出的线路可在"下一站"或者"终点站"区域中看到。确认选择线路正确之后按下"设置"按钮，车站列表以相同的方式进行滚动。选择出的车站可在"下一站"或者"终点站"区域中看到。当紧急广播被激活的情况下，司机可以用这个选择按钮在紧急广播列表中选择。在"紧急广播"区域可看到选中的广播。

设置/语音按钮：此按钮有两个目的。如果选择其中的一个按钮按下，按照以下"设置按钮"中的描述，按钮显示"语音"信号并按如下操作。

语音按钮：如果按下此按钮，语音按钮为下一站自动激活最后一次预选广播或广播。

设置按钮：如果按下"下一站"，"终点站"或者"紧急广播"按钮中的一个，按钮上显示"设置"。司机确认以上选择之后按下按钮，然后"语音"显示。

车站按钮：列车处于 ATO 模式时，按钮的手动选择不能使用。

终点站：此按钮激活进入车站列表。屏幕上方的"终点站"区域亮启。屏幕上方的"下一站"和"紧急广播"区域文字暗淡下来。MVB 通过发送恰当的代码来确定"终点站"区域的内容。

下一站：此按钮激活进入车站列表。屏幕上方的"下一站"区域亮启。屏幕上方的"终点站"和"紧急广播"区域文字暗淡下来。MVB 通过发送恰当的代码来确定"下一站"区域的内容。

紧急广播按钮：此按钮可以激活进入紧急广播列表。在屏幕顶端的"紧急广播"区域亮启。在屏幕顶端的"下一站"和"终点站"区域文字暗淡下来。MVB 通过发送恰当的代码确定 MMI "紧急广播"区域的内容。选择并启动紧急广播：

（2）浏览屏

这个屏幕提供所有装备设施的纵览，为矩阵形结构。列对应车辆，行对应子系统。在交接点用彩色亮圆圈显示故障类型。详细显示下列设备的故障：

DC/AC 逆变器（只在 M 车）。

DC/DC 逆变器（只在 Tc 车）。

VVVF 逆变器（只在 Mp 车和 M 车）。

制动系统（所有车）。

空压机（只在 M 车）。

圆圈的颜色代表故障类别：

红圈：3 级。

黄圈：2 级。

浅蓝圈：1 级。

无色圈：无故障。

(3) 事件屏

此屏提供了按时间顺序排列的事件记载。显示下列内容：

事件列表框：事件列表框显示按时间顺序排列的事件。

上翻和下翻页按钮：一个事件上翻和事件下翻页滚动按钮位于右列中，司机可通过这些按钮浏览显示的事件列表。

上下移动按钮：一个向上和向下移动行按钮位于右列中。随着这些按钮一个暗灰条上下移动。暗灰条即是选中的行。

行为按钮：一个为获得建议行为的按钮位于有列中。此按钮用于切换到能为已选择事件提供处理建议的"事件列表行为屏"中。

事件列表按钮：事件列表按钮位于右列。此按钮用于切换到事件列表屏。因"事件列表屏"激活，按键当前无效。

此屏将显示对选中的事件的建议行为。

事件类别：显示事件及其类别。

处理建议：显示为司机提供的相应处理建议。

上翻和下翻页按钮：

1) 一个上翻页和下翻页滚动按钮位于右列中。"事件列表行屏"中按钮当前无效。

2)事件上翻和下翻页按钮;

3)一个事件上翻和故障下翻页滚动按钮位于右列中,这些按钮可移动到上一个或下一个故障。

4)行为按钮;

5)一个为获得建议行为的按钮位于右列中,"事件列表行为屏"被激活,按钮当前无效。

6)事件列表按钮;

7)事件列表按钮位于右列中。此按钮用于切换回到列表显示屏。

2.3.2 列车总线及110V控制电路

2.3.2.1 概述

1. 地铁客车的列车控制主要有两种

一种是传统的有接点电路控制方式,通过一系列开关元件(主要是继电器)的"接通"和"断开"来传递控制与检测信号,从而实现列车级的控制。这种控制方法技术成熟,应用也比较广泛。

另外一种是近来流行的总线控制方法,该总线控制包括列车总线CAN和车辆多功能总线系统MVB。实行总线控制后,列车所有的控制监测信号包括车门控制和监测信号、气制动检测信号等均可通过总线进行传输,并由列车控制系统通过软件实现牵引封锁保护功能。

(1)电路

电流流过的回路叫做电路。最简单的电路由电源负载和导线、开关等元件组成。电路处处连通叫做通路。只有通路,电路中才有电流通过。电路某一处断开叫做断路或者开路。电路某一部分的两端直接接通,使这部分的电压变成零,叫做短路。图2.3-1、图2.3-2为电路元件符号。

学术解释:

电路是电流所流经的路径。

图 2.3-1 电路元件符号(一)

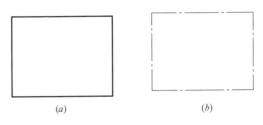

图 2.3-2 电路元件符号(二)
(a)表示显示整个元件;(b)表示显示元件的一部分

电路(英文:Electrical circuit)或称电子回路,是由电气设备和元器件,按一定方式联接起来,为电荷流通提供了路径的总体,也叫电子线路或称电气回路,简称网络或回路。如电阻、电容、电感、继电器、二极管、三极管和开关等,构成的网络。

1)电路组成

电路由电源、负载、连接导线和辅助设备4大部分组成。实际应用的电路都比较复杂,因此,为了便于分析电路的实质,通常用符号表示组成电路实际原件及其连接线,即画成所谓电路图。其中导线和辅助设备合称为中间环节。

① 电源

电源是提供电能的设备。电源的功能是把非电能转变成电能。例如,电池是把化学能转变成电能;发电机是把机械能转变成电能。由于非电能的种类很多,转变成电能的方式也很多,所以,目前实用的电源类型也很多,最常用的电源是干电池、蓄电池和发电机等。

② 负载（用电器）

在电路中使用电能的各种设备统称为负载。负载的功能是把电能转变为其他形式能。例如，电炉把电能转变为热能；电动机把电能转变为机械能等。通常使用的照明器具、家用电器、继电器等都可称为负载。

③ 导线

连接导线用来把电源、负载和其他辅助设备连接成一个闭合回路，起着传输电能的作用。

④ 辅助设备

辅助设备是用来实现对电路的控制、分配、保护及测量等作用的。辅助设备包括各种开关、熔断器及测量仪表等。

2）电路物理量

电路的作用是进行电能与其他形式的能量之间的相互转换。因此，用一些物理量来表示电路的状态及各部分之间能量转换的相互关系。

① 电流

电流在实用上有两个含义：第一，电流表示一种物理现象，即电荷有规则的运动就形成电流。第二，电流的大小用电流强度来表示，而电流强度是指在单位时间内通过导体截面积的电荷量，其单位是安培（库/秒），简称安，用大写字母 A 表示。但电流强度平时人们多简称电流。所以电流又代表一个物理量，这是电流的第二个含义。

电流的真实方向和正方向是两个不同的概念，不能混淆。

习惯上总是把正电荷运动的方向，作为电流的方向，这就是电流的实际方向或真实方向，它是客观存在，不能任意选择，在简单电路中，电流的实际方向能通过电源或电压的极性很容易地确定下来。

但是，在复杂直流电路中，某一段电路里的电流真实方向很难预先确定，在交流电路中，电流的大小和方向都是随时间变化的。这时，为了分析和计算电路的需要，引入了电流参考方向的概念，参考方向又叫假定正方向，简称正方向。

所谓正方向，就是在一段电路里，在电流两种可能的真实方向中，任意选择一个作为参考方向（即假定正方向）。当实际的电流方向与假定的正方向相同时，电流是正值；当实际的电流方向与假定正方向相反时，电流就是负值。

换一个角度看，对于同一电路，可以因选取的正方向不同而有不同的表示，它可能是正值或者是负值。要特别指出的是，电路中电流的正方向一经确定，在整个分析与计算的过程中必须以此为准，不允许再更改。

② 电功率

在物理学中，用电功率表示消耗电能的快慢．电功率用 P 表示，它的单位是 Watt，简称 Wa，符号是 W，电流在单位时间内做的功叫做电功率。以灯泡为例，电功率越大，灯泡越亮。灯泡的亮暗由电功率决定，不用所通过的电流、电压、电能决定。

电路状态：

a. 开路：也叫断路，因为电路中某一处因中断，没有导体连接，电流无法通过，导致电路中电流消失，一般对电路无损害。

b. 短路：电源未经过任何负载而直接由导线接通成闭合回路，易造成电路损坏、电源瞬间损坏、如温度过高烧坏导线、电源等。

c. 通路：处处连通的电路。

（2）继电器

继电器的定义

继电器是一种当输入量（电、磁、声、光、热）达到一定值时，输出量将发生跳跃式变化的自动控制器件。

继电器在线圈没有得电，断开状态的触点是常开触点、闭合状态的触点是常闭触点。

继电器在控制电路中其作用就是利用低电压控制高电压。

行程开关、压力继电器等元件，在不受外力的情况下，断开状态的触点是常开触点、闭合状态的触点是常闭触点（图2.3-3、图2.3-4）。

注：所谓的继电器线圈没有得电就是给继电器线圈供电的开关处于断开的状态，继电器本身常开触点是断开状态，常闭触点是闭合状态。

作为控制元件，概括起来，继电器有如下几种作用：

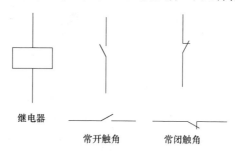

图 2.3-3　继电器

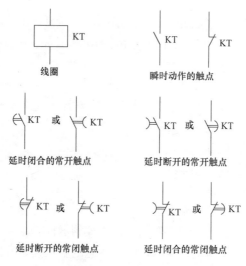

图 2.3-4　延时继电器

① 扩大控制范围。例如，多触点继电器控制信号达到某一定值时，可以按触点组的不同形式，同时换接、开断、接通多路电路。

② 放大。例如，灵敏型继电器、中间继电器等，用一个很微小的控制量，可以控制很大功率的电路。

③ 综合信号。例如，当多个控制信号按规定的形式输入多绕组继电器时，经过比较综合，达到预定的控制效果。自动、遥控、监测。例如，自动装置上的继电器与其他电器一起，可以组成程序控制线路，从而实现自动化运行。

继电器实质是一种传递信号的电器，它根据输入的信号达到不同的控制目的。

继电器一般是用来接通和断开控制电器（电动机）。

2.3.2.2 列车通信网路简介

列车通信网路是一个集整列列车内部测控任务和信息处理任务于一体的列车数据通信网络，多功能车辆总线（MVB）。

多功能车辆总线 MVB 是用于在列车上设备之间传送和交换资料的标准通信介质。附加在总线上的设备可能在功能、大小、性能上互不相同，但是它们都和 MVB 总线相连，通过 MVB 总线交换信息，形成一个完整的通信网路。MVB 实现的是一个距离较短，拓扑相对固定的网络连接方式。

考虑到列车车辆的编组需要实时变化，而且整列列车的长度较长，设备节点间的距离比较远，MVB 完全不能实现以上功能要求，因此，衍生出了 CAN 总线。

MVB 与 CAN 之间通过一个网关设备进行资料交互以达到通信控制的目的，从而构成一个完整的具备灵活编组功能的列车控制网络。

由于列车编组是相对固定的，因此总线结构以 MVB 总线为主，CAN 总线只用于连接两半单元车，没有使用 CAN 自动拓扑等功能。在此主要对 MVB 总线进行介绍。

当列车连挂后，各车辆上的 CAN 总线控制器将检测两个连接埠的连接情况,若检测到两个接口上都已经连接有其他CAN总线控制器,认为其处于列车中间位置,然后控制线路开关闭合将两个连接端口上的总线线路连通;若只检测到一边连接有其他的总线控制器,则认为其处于端部,保持线路开关断开并接入终端电阻。这个就完成了一个完整网络的拓扑连接。通过竞争机制选定主机后,主机将对各个终端进行命名,并进行通信控制。

列车控制网络拓扑:

车辆控制网络有协调所有总线之间的通信和控制列车的功能。列车控制与通信,简称TCC,其系统的核心是列车控制单元MVB,它是一个总线管理器,连接MVB和CAN,管理列车控制和网关通信。每个三车单元都有相同结构的TCC和硬件结构。

单元车的网络设备:

Mp车和M车上各有一个DCU。

2.3.2.3 列车主电路

车辆电气包括车辆上各种电气设备及其连接导线。按其作用和功能分为三个系统:主电路、辅助电路、控制电路和电子电路。

主电路由牵引电动机及与其相关的电气设备和连接导线组成,它是电传动车辆上高压、大电流、大功率动力回路。

在主电路中的牵引主回路设备主要包括:受电弓、高速短路器、线路电抗器、变频变压逆变器、牵引电机、接地装置和制动电阻构成。

主电路的作用:

1) 在牵引(运行)工况,牵引逆变器VVVF将接触网得到的1500V直流电流转换为三相变频变压(380V交流电)电源驱动牵引电机。

2) 在制动工况,牵引逆变器VVVF将此时由电机产生的三相变频变压(380V交流电)电源转换直流电流,产生的电源反溃回到接触网供其他车上耗电设备（如辅助设备、空调、照明）。未被消耗的电源由制动电阻转换为热能。

1500V 的供电电源是通过受电弓从架空接触网上得到的。受电弓安装在 Mp 车车顶。电压从受电弓终端流到位于 Mp 车底架下部的逆变器高压箱的高压部分包括大部分用于高压分配的元件。

2.3.2.4　列车控制及检测电路

1. 控制电路

（1）受电弓控制

受电弓的"升弓"和"降弓"由激活端的副司机台控制。在副司机台上有两个带显示灯的按钮，分别用来控制受电弓的"升弓"和"降弓"，它的控制原理如受电弓控制电路图所示。实际上，控制受电弓的"升弓"和"降弓"就是控制电磁阀的"得电"和"失电"控制着（U09 得失电）。当按下升弓按钮时，继电器得电，使得继电器得电自锁，得电又使得电磁阀也得电，阀门打开，连接受电弓的气路被打开，受电弓在压缩空气的作用下慢慢升起来，直到跟接触网紧密接触，保持升弓状态。当按下降弓按钮时，继电器得电，的常闭触头断开，使得和电磁阀失电，升弓气路被切断，受电弓降下。

当按下紧急按钮或车钩监控部分发生故障时，失电，（由此可看出继电器是列车紧急保护产生降弓的主要措施）受电弓降下；当使用车间电源或车间电源箱盖打开时，监控继电器失电，导致受电弓释放继电器失电，受电弓将下。

要使受电弓能够升起来，升弓气压不能小于 0.4MPa。当升弓气压小于 0.4MPa 时，可以利用 Mp 车设备柜内的脚踏泵来提供足够的升弓气压。当列车在"有电无气"状态下升弓时，可以先按下升弓按钮，使电磁阀得电，连接受电弓的气路被打开，然后踩脚踏泵升弓，这就是通常说的"有电无气"升弓方法。

受电弓的状态可以从按钮灯上判断。当升弓按钮的绿灯亮时，表示所有受电弓都已升起；当降弓按钮红灯亮时，表示所有受电弓都已降下。

例如：按下紧急停车按钮后，列车降下受电弓，产生紧急制动。原因是使得继电器断电，从而使得受电弓的保持回路断开，而降下受电弓。紧急制动是继电器断电，而使得紧急制动回路中的晶闸管（位于气制动控制单元）断电，触发紧急制动。

（2）高速断路器控制

注意：当未按下主断合按钮时，无信号输出，此时高速断路器闭合继电器和高速断路器保持继电器均不得电；当按下"合"高速断路器命令后，同时给高速断路器闭合继电器和高速断路器保持继电器供电，此时高速断路器闭合。约 1s 后，高速断路器闭合继电器回路的电源被切断，电阻 R 进入高速断路器主电路，起限流作用。

高速断路器 HSCB 是列车用于接通、关断电源回路和保护牵引设备。每节动车牵引逆变器有一个高速断路器控制（在设备分布上 M 车的高速断路器也放在 Mp 车）。当电压大于 DC2000V 时，高速断路器会自动跳开，以保护高压设备。

高速断路器（以下简称主断）的分与合是受模块控制，按下主断分合按钮只是发出指令，电源经自动开关到继电器常开点后经两个按钮后送到模块处。从控制图中可分析出主断要保持合上，要满足：

牵引控制模块没收到列车产生紧急制动的信息。回路发生故障后正如故障处理指南上所描述的现象：列车发生四个主断同时跳开后，主断分灯亮。司机立即检查 Tc 车的是否跳闸，如合不上（此时浏览屏出现 4 个 VVVF 红点）则检查驾驶端是否激活端，如否复位本端蓄电池，如是到后端复位蓄电池后可以合主断。

牵引控制模块上的自动开关无跳闸，有一自动开关断开对应的主断将会分开。

2. 牵引电路

(1) 司机台连锁回路

开钥匙,激活司机台,激活端把整列车的吸合,同时通过继电器的常闭触头把另一端的激活回路断开,从而保证列车只能激活一端。

(2) 牵引/制动控制

1) 牵引/制动控制设备

牵引/制动控制设备主要包括司机控制器、ATO/ATP、MVB、EBCU。

司机控制器简称司控器,是司机用来控制列车牵引或制动的设备,安装在司机台上。司控器主要由钥匙开关、方向手柄和控制手柄组成。钥匙开关有两个位置:"0"和"1",分别表示"关断"和"开启"。方向手柄有三个位置:F(向前)、0(零位)和R(向后)。控制手柄有四个位置:牵引、零位、制动和快速制动。方向手柄和控制手柄是机械连锁的,只有当控制手柄在零位时方向手柄才能回零位,只有当方向手柄不在零位时控制手柄才能离开零位。控制手柄顶端有一个警惕按钮,在人工驾驶时,只有按下警惕按钮并推动控制手柄,列车才能启动。在列车牵引过程中,若松开警惕按钮超过3s,列车会产生紧急制动。控制手柄底部连接了一个电位器,当控制手柄从零位移向100%牵引位或100%制动位时,该电位器相应地输出$0\sim20mA$的电流,送给牵引/制动参考值转换器。

列车既能人工驾驶,也能够自动驾驶。为了实现自动驾驶,列车上安装了ATC系统(ATP+ATO)。在通常情况下,列车运行受ATP保护。ATP又分为轨旁ATP设备和车载ATP设备,当轨旁ATP设备出现故障时,可以通过按司机台上的"RM"按钮,使车辆ATP设备继续起保护作用。在这种情况下,车辆ATP设备允许列车的最高速度是25km/h,若列车超过这个速度,ATP将会触发紧急制动。ATO驾驶只有在轨旁ATP设备和车辆ATP设备都正常工作的情况下才能实现。ATP、ATO和人工驾驶之间的关系如表2.3-1。

驾驶模式之间的关系　　　　　　　　表 2.3-1

轨旁 ATP 设备和车辆 ATP 设备工作正常（两者有数据连接）			轨旁 ATP 设备故障，列车只受车载 ATP 设备保护	ATP 切除
ATO 自动驾驶	ATO 自动折返	人工驾驶且列车有自动限速	人工驾驶且列车速度有 25km/h 限速	人工驾驶，无限速，最高速度 80km/h

牵引控制电路采用继电器联锁方式，对车门、停放制动、疏散门、气制动等实行联锁控制保护。要实现列车牵引，必须给定：1—牵引方向；2—牵引指令；3—牵引参考值。同时列车上有 MVB 也对列车牵引的各条件进行着监测。

2）牵引方向与牵引指令

列车牵引方向由司控器方向手柄给定。在动车之前必须先推动方向手柄，列车当时的制动气压从紧急制动变为保压制动。如果在列车运行过程中改变方向手柄的位置，DCU 将会封锁牵引指令，列车将产生紧急制动。

通过牵引控制保护电路输出牵引指令，是促使列车保压制动缓解的电路。

从以上可以总结出，列车要启动要经过以下连锁：来自主控手柄或 ATO 模块给出的牵引指令，列车主风缸压力的检测要大于 0.6MPa、列车的所有停放制动要缓解、列车所有车门要关好（ATP 保护下，车门关好由 ATP 进行监控）、列车 MVB 本身无故障且检测到列车具备动车条件。此外，出于对列车的保护，在列车启动后，列车牵引控制系统还对列车的气制动压力进行检测，如气制动不能缓解，列车同样会不能牵引。列车以上联锁发生故障后会使列车不能启动，产生牵引封锁。列车是否能启动决定于的主风缸压力检测电路、停放制动检测电路、气制动检测电路、车门检测电路以及 MVB 本身是否产生故障。

列车牵引指令的发出，需经过 4 个连锁：列车主风缸压力需大于 0.6MPa，所有列车的停放制动均已缓解，所有列车车门已关好，列车无牵引封锁。只有当 4 个条件均已满足时，列车牵引指令才可发出。另外，出于对列车的保护，在列车启动后，列车牵引控制系统将对列车气制动压力进行监测，如气制动不能缓解，列车同样无法启动，并设有所有气制动缓解的旁路开关。故列车牵引条件共有 5 个牵引封锁关系。

3. 110V 牵引控制保护电路

（1）主风缸压力牵引封锁保护

列车主风缸压力检测控制图。其中 B01 分别为两个 M 车的车主风缸压力检测压力开关，其动作值为：当主风缸压力大于 0.7MPa 时闭合，小于 0.6MPa 时断开。

（2）车门牵引封锁保护

列车须随时监测车门的状态。只有所有车门全部关好，列车车门监测继电器才会得电，此时列车才能进行牵引，否则，列车牵引指令中断，列车立刻封锁牵引。

当车门关好后，单个车门检测行程开关都处于常闭状态，每个车门串联控制左右车门监控继电器，其余单节车的车门的监控回路控制电路相同。

如果在人工驾驶模式（NRM）下，车门并无牵引封锁，而是列车通过 110V 继电器联锁电路进行保护。

在 110V 列车牵引指令回路中可以看出，该牵引封锁功能由 ATP 切除开关常闭点所旁路；在列车无 ATP 保护情况下，列车将直接通过 110V 继电器联锁电路进行保护，即当车门关好继电器不得电时，列车将封锁牵引指令。

当出现牵引控制单元信号中断，牵引逆变器不能工作，从而保障在乘客上、下车时列车无法启动。这是在 110V 牵引指令发出电路外的另外一种保护。

（3）车门控制

从车门控制原理图上可以看出，列车的开门控制时 EDCU 单元为保证安全，对列车开门实行了零速保护，简单的描述：列车车门要正常打开时必须具备两个条件：

① 列车的实际速度为零；

② 有开门指令。

在 EDCU 接收到这两个信号后再将指令发出给车门电机，将对应车门门页打开。

1) 开关门

整个门系统的运动是由电子门控单元来控制，电机驱动。电机通过传动系统驱动丝杆；丝杆上的螺母通过铰链与门页相连，因此驱动门页开关。丝杆/螺母机构保证了门页的同步性。

通常开关门是通过安装在司机室内的开关门按钮来实现的，开关门按钮安装在司机室内，司机室内每侧设一套。当司机用主控钥匙启动司机台时，开关得电。当所有车门被关闭和锁闭时，关门按钮灯亮如果有任何门保持在打开的状态时候，所有按钮关门按钮都不会亮。这样是为司机提供了车门的状态指示。司机以通过每侧的开关门按钮来操纵车门，每侧都有单独的电路。

车门既可在 ATO 模式下自动打开也可以由司机进行开关。考虑到安全的因数，有两种不同的门控信号：

① 开门使能信号；

② 开门指令。

在通常的操作中车门打开可以由 ATP 来使能（列车以 ATO 进站，开关门模式选择在自动开门位）。这些操作都是在开门过程中通过电子门控单元来进行控制的。只有当列车静止且在站台正确的位置时，ATP 系统才能给出使能信号。但在 NRM 模式下操作，只能通过司机室的按钮来实现开门使能。在这种情况下，车门使能与牵引控制单元的 0km/h 信号互锁。门只有在司机操纵台启动下才能打开。

当司机按下关门按钮后（要激活司机台操纵关门按钮有效），关门信号通过列车线向每个车门发出每个车门的电子门控单元收到关门信号后将控制电机驱动丝杆从而使门页关闭并锁好。

2) 速度保护

车速为"0"时，车门控制器得到"零速"信号后开门功能才能作用。当车速大于 5km/h 时，车门仍然开启时候，将启动自动关门。

3）安全回路

锁闭开关检测到车门完全关闭后，其常开触点闭合，同一节车同侧所有车门的锁闭开关常开触点串联，形成关门安全连锁电路。一列车的关门安全连锁电路形成环路，所有车门关好后，司机室内"门已锁闭"指示灯亮，列车方可启动。列车左右侧安全连锁电路完全隔离，无共用元件。由于车门的状态关系到乘客及运营安全，为确保列车运行过程中车门正确锁闭。只要检测到有一个车门没有正确锁闭，列车将无法启动；而在运行过程中，如果有乘客将紧急解锁手柄拉下，安全回路断开列车将触发紧急制动并停车。

4）车门的切除

当单个车门故障时，为了不影响列车的运行，通过专用的钥匙将该车门进行电隔离称为切除车门。切除车门后，安全回路将通过"门切除"行程开关组成安全回路。门切除后，该门将不再受开关门指令控制，可以通过专用钥匙将该车门复位。

5）障碍物探测

如果关门时碰到障碍物，最大关门力最多持续 0.5s，然后车门可以重新打开一段距离，再重新关闭或保持这个位置进行一段时间的调节，再完全关上。如果障碍物一直存在，经过三次探测后，门将处于打开状态。障碍物探测的次数及障碍物的大小可以通过电子门控单元来设定。

气动门的障碍探测通过压力传感器测定关门阻力来实现；电动门的障碍探测是通过测定电机电流值实现的，关门时序中，每一时序的额定电机电流曲线存储并可自动调整，如果电机电流实际值超过额定值，则启动障碍物探测功能。

（4）停放制动牵引封锁保护

停放制动为列车在库内停放时为防止在非正常情况下的滑动而施加的一种机械制动。停放制动采用弹簧制动方式，在停放制动汽缸充气时缓解，放气时施加。只有在所有六节车的停放制动全部缓解后,列车才能进行牵引。列车通过监测停放制动汽缸压力来监测停放制动的状态。

(5) 气制动牵引封锁保护

制动系统包括电制动和气制动,其中常用制动以电制动为主,只有在电制动力不足,或低速停车时(8km/h),才施加气制动。为了防止在列车牵引时气制动不能缓解而对轮对造成危害,必须对列车气制动状态随时进行检测。

制动系统包括电制动和气制动,其中常用制动以电制动为主,只有在电制动力不足,或低速停车时(6km/h),才施加气制动。为了防止在列车牵引时气制动不能缓解而对轮对造成危害,必须对列车气制动状态随时进行检测。

(6) 警惕按钮

当进行人工驾驶时,在推动主控手柄到"牵引"位之前,警惕按钮必须按下。在牵引过程中松开警惕按钮,若时间超过3s,列车将触发紧急制动,若在3s内重新按下警惕按钮,列车不会触发紧急制动,保持原来的牵引状态。在自动驾驶模式下,警惕按钮不起作用,被ATC旁路。

在人工驾驶状态下,只有按下警惕按钮,牵引指令才能发出。在牵引过程中松开警惕按钮,牵引指令立刻中断,列车惰行。

2.3.3 信号基础

2.3.3.1 概述

信号的意义:

城市里交通繁忙的十字路口,设有指挥车辆行驶的红、黄、绿灯,车辆需要根据这些红、黄、绿灯的显示来行驶。如果车辆不顾红灯显示停车,继续前进,就有可能与来自其他方向的车辆发生冲突,引起交通事故。因此,为了保证交通安全,要求马路上行驶的车辆,必须执行信号显示的命令。同样,在铁路线路上,为了保证列车运行和调车作业的安全,也设有各种型式的信号,用来指挥列车运行和调车作业。利用这些信号的显示,向列车或调车车列指示运行条件、线路状况及列车或车辆的位置等。列车或车辆必须绝对执行信号显示的命令。当然铁路信号要比城市的交通信号复杂得多，它的作用也不仅是保证行车安全，同时还要提高运输效率。所以铁路信号是指示列车运行及调车工作的命令，有关行车人员必须按信号指示办事。

铁路信号设备是铁路的信号、连锁、闭塞设备的总称，它在铁路运输中用来迅速、正确地指挥列车运行和调车工作，确保列车运行和调车工作的安全，提高车站和区间的通过能力。此外，铁路信号设备对改善运输工作人员劳动条件，减少运营支出，降低运输成本，也起着重要的作用。

铁路信号设备越完善，自动化程度越高，对提高运输效率和保证行车安全就越有效。

（1）信号应具备的条件

为了使有关行车人员能够正确和及时的执行信号显示的要求，指挥列车运行和调车工作，铁路上所使用的各种信号，必须具备下列主要条件：

① 信号的显示要简单明了。

② 信号的显示要正确，不能与其他物体混同。

③ 信号的显示应有足够的显示距离。

④ 当信号机发生故障时，信号的显示能自动关闭，以显示最大限制信号。

1）信号的种类

铁路信号分为：视觉信号和听觉信号。

视觉信号以色灯信号机、臂板信号机、移动信号牌、信号灯、信号旗、信号表示器（道岔表示器、车挡表示器等）及信号标志等的颜色、形状、位置来表示。

听觉信号分为：号角、口笛、响墩发出的音响和机车、轨道车的鸣笛。

视觉信号按使用时间分为：昼间信号、夜间信号和昼夜通用信号。

2) 固定信号的分类

固定信号是将信号机固定在一定位置，以其机构的动作或颜色的变化显示信号，指示列车运行及调车工作。

（2）信标

以两条钢轨作为导线，在一定长度的钢轨两端，装设绝缘节，在送电端接上电源和在受电端接上继电器而构成的电路，叫做信标。

在铁路信号设备中，信标用来检查轨道区段有无机车车辆和钢轨是否断裂。

（3）连锁

连锁是指信号系统中的信号机、道岔和进路之间建立一定的相互制约关系。如进路防护信号机在开放前检查进路空闲、道岔位置正确及对方进路未建立等。信号机开放后，道岔不能转动，这种相互制约的关系称为连锁。

2.3.3.2 ATO 的功能

ATP/ATO 是地铁自动列车保护/自动列车驾驶系统。

ATP 负责全部的运行保护，如列车追踪运行、列车的超速防护、无人列车自动折返监督，即列车运营的安全由 ATP 来保证。

ATO 负责全部的牵引/制动控制，停车点控制及与广播系统的接口。

LZB700M 是连续列车自动控制系统

某地铁运营单位 1 号线信号系统的 ATP/ATO 是从德国卡斯柯引进，它包括车载 ATP、ATO 子系统和轨旁 ATP 系统。

ATP 系统可分为车载设备和轨旁设备等两部分。

ATP 车载设备是 2 取 2 工作方式的安全型计算机，即只有当两个通道的计算机所计算的结果一样时，才有输出，而当其中有一个通道出现故障时，ATP 计算机将安全地关断所有的输出。

1. ATP 车载设备的主要功能如下

（1）报文的接收；

(2) 速度监督；

(3) 故障模式处理；

(4) 距离测量；

(5) 速度测量；

(6) 诊断、记录；

(7) 同诊断、服务 PC 进行通信、交换数据；

(8) 同 ATO 车载单元进行通信交换数据；

(9) 具有故障—安全特性的列车数据的输入；

(10) 具有故障—安全特性的输入、输出；

(11) 运营模式；

(12) 倒退车辆的监督；

(13) 报文传输故障时间及走行距离的监督；

(14) 车门释放；

(15) 车门控制接点的检查。

2. ATP 的报文

ATP 车载设备使用车载 ATP 天线通过接收 ATP 轨旁设备发送到信标上的报文信息。这些信息包括所有与轨道有关的数据，例如速度限制，停车点，信标长度，当前信标频率，下一段信标的频率等等。

在报文的传输过程中，为了保证安全可靠，采取很多措施，例如，周期性传输，代码冗余处理，一致性检查等。另外，在报文中，编有报文序号，一旦报文丢失，车载设备即可知道。ATP 车载设备在 5s 之内未接收到报文，ATP 车载设备并不采取措施，过了 5s，ATP 将释放紧急制动，或者即使过了 5s，ATP 仍不采取措施，ATP 车载设备才释放紧急制动。

2.3.3.3 ATP/ATO 系统操作

ATP 子系统：

(1) 出车厂

司机以 RM 模式驾驶列车到转换轨，驾驶模式自动由 RM 转为 ATPM，当信号开放，停车点取消后，司机可采用 ATPM

或ATO模式驾驶列车到下一停车点。

（2）入车厂

司机以ATO或ATPM模式驾驶列车进入转换轨停车，按入厂信号显示，以RM模式入厂。

（3）正线运行

列车在正线运行，在ATP下可以用RM、ATPM、ATO三种模式驾驶。如ATP出现故障，处理后仍不能恢复，经OCC同意后，可通过将ATP切除开关打倒"分"，以NRM模式驾驶，回库检查。

1）RM模式

列车在RM模式下，经过两个信标的变化后，自动转为ATPM。

2）ATPM/ATO模式

在ATPM模式下，将方向手柄向前，牵引/制动手柄回零时，ATO启动按钮灯亮，按下ATO启动按钮（大于3s），ATO启动按钮灯灭，模式由ATPM转为ATO，司机不需要做任何操作，列车自动驾驶到下一站停车，列车停在停车窗内，ATP给出门释放命令后，ATO自动开门。

列车在ATO模式驾驶停站后，自动转为ATPM。在ATO模式下，司机可通过操纵牵引/制动手柄转入ATPM。在区间列车ATO自动停下时，不会转为ATPM，司机可通过操纵牵引/制动手柄或方向手柄转入ATPM。

在正线ATP不允许列车退行，退行超过5米时，会产生紧急制动。

3）NRM模式

当车载信号设备ATP/ATO不能正常工作情况下，如经多次复位操作后，仍无法投入，则经行调批准采用此模式。注意，此时安全完全由司机负责。

（4）模式的转换

下列以某地铁运营单位1号线列车为例（表2.3-2）

BM/CBTC 模式转换　　　　　　　　　　　表 2.3-2

模式转换	司机操作	CBTC 指示灯状态
CBTC 转强制 BM	按下 BM/CBTC 模式选择按钮,DMI 上弹出确认对话框后,选择强制(BM)	进入强制 BM 后指示灯熄灭
CBTC 转非强制 BM	按下 BM/CBTC 模式选择按钮,DMI 上弹出确认对话框后,选择非强制(BM 强缓)	进入非强制 BM 后指示灯熄灭
强制 BM 转 CBTC	按下 BM/CBTC 模式选择按钮,DMI 上弹出确认对话框后,选择非强制(BM 强缓),当 CBTC 模式有效后,升级为 CBTC 模式	进入 CBTC 模式后指示灯点亮
非强制 BM 转 CBTC	无需司机操作,当 CBTC 模式有效后,自动升级为 CBTC 模式	进入 CBTC 模式后指示灯点亮
强制 BM 转非强制 BM	按下 BM/CBTC 模式选择按钮,DMI 上弹出确认对话框后,选择非强制(BM 强缓)	指示灯保持熄灭
非强制 BM 转强制 BM	按下 BM/CBTC 模式选择按钮,DMI 上弹出确认对话框后,选择非强制(BM 强缓)	指示灯保持熄灭

(5) 折返操作

列车折返方式分为:利用折返线折返和利用原轨折返。

1) 站前折返

2) 折返站有人自动折返

列车以 ATPM 或 ATO 模式进入站台,显示屏出现折返图标和 ATB 符号,列车停稳后,自动折返灯亮,司机按下自动折返按钮,使自动折返灯灭,显示屏上的折返图标出现,当折返进路排好,信号机开放,关车门后,停车点取消,司机可用 ATO 或 ATPM 模式驾驶列车进入折返轨至停车点停车,关主控钥匙,到另一驾驶室。另一驾驶室的自动折返灯闪亮,RM 灯亮,司机开主控钥匙,显示屏显示 ATPM 模式,当进路排好,信号机开放,停车点取消,司机可用 ATO 或 ATPM 驾驶列车到站台,有人自动折返完成。

3）折返站上行无人折返（ATB）

列车以 ATPM 或 ATO 模式进入站台，显示屏出现折返图标和 ATB 符号，列车停稳后，先清客，关车门后，关主控钥匙，自动折返灯亮，司机按下自动折返按钮，使自动折返灯灭，显示屏上的折返图标出现，离开驾驶室到站台的无人折返钥匙开关处，操作此开关，当进路排好，停车点取消，列车自动驶入、驶出折返轨，到达站台停下，司机进入下行端驾驶室（运行方向），此时自动折返灯闪亮，RM 灯亮，司机开主控钥匙，显示屏显示 ATPM 模式，无人折返完成。

2.3.4 轨旁设备

信号系统的基本概念：

（1）信号：是指挥列车运行的信息。用技术手段保证行车安全、提高行车效率的系统叫信号系统。

（2）进路：在车站范围及区间线路上列车由某一指定地点（始端信号机）运行到另一指定地点（终端信号机）所经过的路段。

（3）连锁：在信号机、道岔及进路之间建立的相互制约的关系。目的就是当一条进路建立后，防止其他进路进入该进路，保证该进路的行车安全。

（4）闭塞：按照一定的规律组织列车在区间内运行的方法。

（5）长进路：具有延时保护区段的进路，称为长进路。一般为跨连锁区之间的进路。

（6）短进路：具有非延时保护区段的进路，称为短进路。一般为本连锁区里的进路。

（7）设备站：是指有与现场信号机、道岔设备接口的连锁接口设备（不含连锁计算机）的车站。

（8）转辙机：是指可转换道岔至左位或右位的装置。用于列车换线、换向行驶。

（9）信号机：用于指挥列车的运行，信号开放时允许列车通过进路，信号关闭时禁止列车通过进路。

2.4 屏蔽门

2.4.1 概述

1. 定义

屏蔽门：沿站台边缘布置，将车站站台与行车轨道区域隔离开，可以消除乘客误落入轨道的危险因素、可以降低能耗的机电一体化设备。屏蔽门系统主要由玻璃门体、控制系统及电源系统组成。滑动门是乘客上下列车的主要通道，由车站电脑系统控制，与地铁车门同步开门或关门。

安全门：在高架或地面车站沿站台边缘布置，将车站站台与行车轨道区域隔离开，可以消除乘客误落入轨道的危险因素的非密闭的机电一体化设备。安全门系统主要由玻璃门体、控制系统及电源系统组成。滑动门是乘客上下列车的主要通道，由车站电脑系统控制，与地铁车门同步开门或关门。

"联动"是指屏蔽门或安全门控制系统接收信号系统的控制命令，与列车门同步开门或关门。

"不能开门故障"是指信号系统、PSL或IBP发出开门命令后，屏蔽门或安全门不执行开门动作响应的故障。当某一门单元不执行开门动作响应的故障视成为"××门单元不能开门故障"。

"不能关门故障"是指信号系统、PSL或IBP发出关门命令后，屏蔽门或安全门不执行关门动作响应的故障。当某一门单元不执行关门动作响应的故障视成为"××门单元不能关门故障"。

"关闭且锁紧信号"是指屏蔽门或安全门关闭后，有屏蔽门或安全门控制系统形成的确认滑动门及应急门处于关闭且锁紧的信号。

"旁路"是指屏蔽门或安全门门单元的一种工作模式，将故障门单元的控制回路从控制系统中隔离出来。"自动"是指屏蔽门或安全门门单元的一种工作模式，此时门单元控制回路接受信号系统、PSL或IBP控制指令。

"测试"（或"手动"）是指屏蔽门或安全门门单元的一种工作模式，用于维修情况下测试使用。

"断电"指屏蔽门单元打开后，可以通过屏蔽门断电操作使屏蔽门保持开门状态。

2. 应急处理原则

发生屏蔽门故障时，要按照"先通车后恢复"的原则进行处理，在保证安全的前提下，车站人员要尽快处理，及时向司机显示"好了"信号，司机在确保安全的情况下按时刻表的要求行车，确保客车准点运行。

当运营中屏蔽门发生异常情况时，司机、车站人员要及时进行处理，做好行车组织的同时做好乘客广播、引导等客运组织工作。

3. 设置屏蔽门的主要目的

（1）将车站站台与行车隧道区域隔离开，降低车站空调通风对系统运行能耗。

（2）减少列车运行噪音和活塞风对车站的影响，为乘客提供安全、舒适的候车环境。

（3）防止人员跌落轨道发生意外事故。

4. 主要技术参数

（1）屏蔽门纵向组合总长度：120m。

（2）站台屏蔽门总高度：3m。

（3）门高度：2.15m。

（4）每侧站台滑动门（ASD）：24道。

（5）滑动门净开度：1.9m。

（6）每侧站台固定门（FIX）：24道（48扇）。

（7）每侧站台应急门（EED）：2道（4扇）。

（8）应急门净开度：不少于1.1m（每一扇）。

（9）每侧站台端门：2扇（两端各1扇）。

（10）端门净开度：≥1.1m。

(11) 端门高度：2.15m。

(12) 列车停车精度：±500mm。

(13) 静载荷：1500N/m^2。

(14) 疲劳应力：±1000 N/m^2（每年50万次）。

(15) 乘客挤压力：1500N/m抗载（结构无屈服变形）。

(16) 乘客冲击力：1500N（在1.125m高处，作用面积100mm×100mm，作用时间0.20s，结构无永久变形）。

(17) 每扇关门力：≤133N（在门关至行程的1/3后测量）。

(18) 每扇滑动门关门时最大动能：≤10J。

(19) 关门时，滑动门（每扇）最后行程100mm范围的动能：≤1J。

(20) 每扇滑动门最大速度：≤0.6m/s。

(21) 噪声在站台侧测试（现场测试参数）：

离开站台边缘1m处，列车为空车停在车站、且车门全开时，对屏蔽门的开关运行测试：

目标值：70dB（A）快速响应；

可接受值：73dB（A）快速响应。

(22) 滑动门开启时间：

1) 开启时间必须满足2.5s；

2) 2.5～3.5s范围内可调；

3) 必须满足控制精度±0.1s。

(23) 滑动门关闭时间（包括门锁工作时间）：

1) 关闭时间必须满足3.0s；

2) 3.0s～4.0s范围内可调；

3) 必须满足控制精度±0.1s。

(24) 中央控制盘（PSC）接受命令送到滑动门（ASD）的动作时间：≤0.15s（包括解锁时间）。

(25) 门已关信号从门控单元（DCU）反馈到中央控制盘（PSC）的时间：≤0.15s。

(26) 设计寿命：≥30年。

(27)电源:

交流输入电压:380V±10%;

额定频率:50Hz±0.5%。

(28)车站接地方式:TN-S。

(29)系统可靠性:99.95%。

(30)装置平均无故障工作时间:≥8000h。

2.4.2 屏蔽门介绍

1. 站台屏蔽门的功能介绍

站台屏蔽门是沿车站站台边缘和两端头设置,把站台乘客候车区域与列车进站停靠区域自上而下分隔开。现对其功能分析如下:

提高了地铁的安全性,由于地铁列车在隧道内运行时产生强烈的活塞效应,这样当列车进站时将会给站台候车的乘客带来被活塞风吹吸的危险。再者,近几年在国内外等地的地铁站出现的许多乘客跳轨捡物、自杀等事件也给地铁行车增加了许多不安全的因素。考虑到这两方面的原因,设置屏蔽门系统时一般是完全将站台与列车运行空间隔开。设置屏蔽门系统后,只有当列车停站时,乘客才能通过屏蔽门上下车,从而避免了乘客跌落或跳下站台轨道的危险。

为了改善车站环境,每个车站均采用空调作为地铁环控的主要手段。由于地铁系统投资巨大,运行成本很高,而环控系统又是整个地铁系统中耗资巨大的环节,装设站台屏蔽门后可避免大量冷气进入隧道,并减少站台出入口由于列车活塞作用吸入的大量新风所形成的负荷,这样首先是减少了大量冷气消耗,达到节能的目的,其次是减少空调设备容量,相应地减少了空调机房土建面积与投资。对站台采用屏蔽门环控模式与不采用屏蔽门环控模式(也叫闭式系统)的节能效果进行定量分析,可得出以下结果,见表2.4-1。

屏蔽门系统与闭式系统比较表　　表 2.4-1

比较项目	屏蔽门系统	闭式系统
空调冷量估算值	0.36	1.00
全年环控运行能耗(kW)	0.48	1.00
环控机房面积(m^2)	1000	2000
相应的降压变电所、环控电控室面积减少约(m^2/站)	215	

由于屏蔽门的隔离作用，避免了由于列车进出站时以及刹车时给站台带来的噪音值［约降 10dB（A）］、活塞风和粉尘，使站台保持一定的舒适度及清洁度，使乘客的候车环境更加良好，提高了地铁的服务水平。

2. 屏蔽门控制系统的控制功能

屏蔽门控制系统具有系统级控制、站台级控制和手动操作初级控制方式。三种控制方式中以手动操作级别最高，系统级最低。

（1）系统级控制

系统级控制是在正常运行模式下由客车司机对屏蔽门进行的控制方式。在系统级控制方式下，列车到站并停在允许的误差范围内时，PSC 接收来自 ATO 的信息控制 DCU 打开屏蔽门，客车司机在驾驶室内进行关门操作，控制命令经 SIG 发送到 PSC，由 PSC 通过 DCU 进行自动控制，实现屏蔽门的系统级控制操作。

（2）站台级控制

站台级控制是由客车司机在站台 PSL 上对屏蔽门进行的控制方式。当系统级控制不能正常实现时，如 SIG 故障、PSC 对 DCU 控制失败等故障状态下，客车司机在 PSL 上进行开门、关门操作，实现屏蔽门的站台级控制操作。

（3）手动操作

手动操作是由站台人员或乘客对屏蔽门进行的操作，当控制系统电源故障或个别屏蔽门操作机构发生故障时，站台工作人员在站台侧用钥匙或乘客在轨道侧用开门把手打开屏蔽门。

（4）屏蔽门控制系统的监测功能

1）当屏蔽门在关闭过程中夹住人或物时，如果夹紧力大于设定值，进入障碍物检测程序，滑动门立即停止关闭并反向后退打到净开，经过预设的一定时间重新关闭，若重复三次障碍物仍然存在，该滑动门呈打开状态并报警。

2）屏蔽门控制系统能够通过PSC提供的接口与EMS相联系，以便传送屏蔽门系统的操作、状态、报警及故障信号至车站控制室，提供应用级标准协议使EMS能读取屏蔽门系统的信号并实现监视功能。

3）对于整个屏蔽门的控制系统，除门控器（DCU）随门机从英国进口外，其整个系统的集成和软件编制都能由国内的专业公司完成，而所需设备如：主控机、操作指示盘、传感器等均可在国内配套完成（包括进口或合资产品）。

2.4.3 屏蔽门组成

1. 屏蔽门系统机械部分；以某地铁运营单位1号线屏蔽门为例

（1）门体结构

门体结构由支撑结构、门槛、顶箱、滑动门、固定门、应急门和端门组成。

1）支撑结构：包括底部支承部件、门梁、立柱、顶部自动伸缩装置等部分。能承受屏蔽门的垂直荷载、隧道通风系统产生的风压、列车运行活塞风形成的正负方向水平荷载、乘客挤压力和地震、振动等荷载。

2）底部支撑部件：底座的支撑部件分为上下两个组成部分，均采用钢铸件。底座上部构件表面采用热浸锌处理，镀锌层厚度不小于 $70\mu m$。底座下部构件表面采用KelvATB绝缘镀层处理，并采用绝缘安装，使屏蔽门与建筑结构绝缘。底部上下部分连接采用的椭圆形孔进行高度及前后方向的调整。还可以通过与底部预埋槽钢进行纵向调整。

在1000V电压下对样机进行测试时,顶部伸缩结构及底部支撑部件的绝缘电阻大于1MΩ。现场对整列门在500VDC电压下进行测试时,绝缘电阻大于0.5MΩ(验收重点)。

3)门槛:包括固定门门槛和滑动门门槛。固定门门槛承受固定门的垂直荷载,活动门门槛承受乘客荷载(按150kg,即2人计)。门槛结构中有滑动导槽,与滑动门配合滑动自如(验收重点)。导槽底部是直通的,导槽内的杂物与灰尘可以下落。

4)顶箱:内设置有门的驱动机构、锁紧及解锁装置、门控单元、配电端子箱、导轨、滑轮拖板组及顶梁等部件。顶箱对上述部件起密封保护作用,并便于安装调试和维护检修。

顶箱的前盖板兼作车站导向指示牌和站台边缘光带反射板。顶箱采用绝缘、密封安装,气密要求满足不透光(验收重点)。每件顶箱前盖板上设置门锁,盖板关闭后缩紧。当打开前盖板时,支撑装置将盖板支撑住,并有足够开度满足从站台侧检修顶箱内的操作设备,方便维修。每个盖板周边有可压缩橡胶密封条,当盖板关闭锁紧时,形成完整的密封箱体。

5)滑动门(ASD):

每个门单元有两扇滑动门。每扇滑动门由门玻璃、门框、门吊挂连接板、门导靴、门缘橡胶密封条+手动解锁装置等组成。

门玻璃板采用10mm厚钢化玻璃,采用结构胶粘接在不锈钢门框上。

在滑动门的上部有门吊挂连接板与门机吊挂板连接。在门的下部装有门导靴。导靴能在滑动门槛的导槽内滑动。门导靴采用具有良好耐磨性、绝缘性及摩擦系数小的材料制作,与不锈钢门槛之间的摩擦系数不大于0.15。滑动门可以方便地更换门玻璃。在两扇滑动门的靠近门中心处装有橡胶门缘密封条,门密封条可在不拆卸滑动门的情况下更换。在站台侧1.8m高处有一个用于手动解锁的钥匙孔。

滑动门在正常运行时是乘客上下车的通道,也是列车在车站隧道内发生火灾或故障时列车。

到站后乘客的疏散通道。

滑动门能满足初级控制方式要求，即系统级控制、站台级控制和手动操作动操作为优先级。

从轨道侧手动打开门所需要的力：（验收重点）

手动解锁所需要的力：≤67N（ASD、EED、PED）；

手动将门打开所需的力：≤133N（ASD）；

将门打开到门设计净开度所需的力：≤67N（ASD）。

滑动门设有两种安全装置：

① 滑动门每扇门都设有锁紧装置。滑动门关闭后该锁紧装置可防止外力作用。

② 滑动门自动开启时，锁紧装置能自动释放。手动开门时，采用开门把手或者用钥匙使手动解锁装置释放。

6）固定门（FIX）：

固定门是车站与区间隧道隔离和密封的屏障之一。

固定门由门玻璃以及铝制门框等构成。所有固定门处在同一个平面内，从站台侧看不到支撑固定门的铝制门框。

固定门板采用单层10mm厚的钢化玻璃，固定门框由铝型材制作。玻璃通过结构胶与固定门框粘接，固定门框插入立柱上的方孔内。在门框和支承柱之间装有橡胶垫，这种弹性密封安装可降低振动（验收检查重点）。

7）应急门（EED）：

应急门是列车进站停车后列车门无法对准滑动门时的乘客疏散通道。车站一侧的两端各配置12扇应急门。当上述事故发生时，至少有一道应急门对准列车车门作为乘客疏散的通道。

应急门由应急门门板、门框、闭门器、推杆锁等构成。应急门门板采用10mm钢化玻璃，门玻璃用结构胶粘接在不锈钢门框上。

在应急门的中部安装有手动解锁的推杆装置。推杆长度与门扇宽度基本相等。应急门能承受列车活塞风压、隧道通风系统风压，门不会因风压影响而自动开启。只有乘客在轨侧推压推杆，推杆带动门框内的解锁机构，松开应急门上下的门闩，才能将门打开。在门框的上部装有闭门器，闭门器具有足够大的力，保证应急门在手动开启后能够自动复位关闭。应急门开启可向站台侧旋转90°。站台工作人员也可用钥匙打开应急门的门闩并拉开应急门（图2.4-1）。

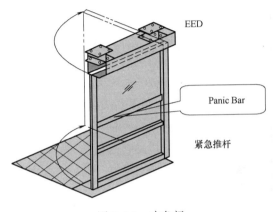

图2.4-1 应急门

8) 端门（FED）：

端门是列车在区间隧道火灾或故障时列车停在隧道内，乘客从列车端门下到隧道后疏散到站台的通道，也是车站人员进出隧道、进行维修的通道。

端门由端门门玻璃、门框、闭门器、手动解锁装置和门锁等构成。

端门门玻璃采用10mm钢化玻璃，端门门框由不锈钢方管制造。门玻璃用结构胶粘接在门框上。

在端门的中部安装有推杆解锁装置。推杆的长度与门扇宽度基本相同。乘客在隧道推压开门推杆，开门推杆带动门框内的解锁机构，松开端门上下的门闩将门打开，在门框的上部装有闭门器，闭门器具有足够大的力，保证端门在手动开启后能够自动复位关闭。端门开启向站台侧旋转 90°。端门在站台侧有钥匙孔，站台工作人员也可用钥匙打开端门，钥匙孔的设计考虑隐蔽性，防止非工作员开启端门。

9）门紧锁装置：

每道滑动门单元均有一套电磁式门锁紧装置。门锁装置安装在顶箱内的门机梁里面，当两扇门处于关闭位置时，机械装置扣住安装在每一扇门吊挂板上的门销，防止任何一扇门被非法打开。门锁机械装置装在一个坚固耐用的盒子里，其中包括一对旋转凸轮。每扇门有一个凸轮，每个凸轮加工成能够与安装在每个门吊挂板上的门销相吻合。在闭锁位置，门销被夹持在凸轮上的齿廓里，并且在每个凸轮上有一根坚固的凸轮锁杆扣住齿形廓。这根锁杆预防凸轮向后旋转至打开位置，这样门就不可以被人强迫打开。在正常操作时，"允许"以及"开门"信号共同作用触发电磁锁，拉动锁轴上的锁杆，将锁杆从闭锁位置移开并释放凸轮，使门能够打开。锁轴上有凸轮来触发两个锁闭监测安全开关，这两个安全开关用于证实锁是否已经可靠闭合锁紧。另外，在门锁上还有两个应急安全开关，用以证实滑动门的是否因滑动门上的手动解锁装置动作而打开。

障碍物探测：

滑动门有障碍物探测功能，探测障碍物厚度≥5mm。

障碍物探测采用如下控制原理：

障碍物探测通过预设的电机电流和实际测量的、门速度曲线上的电流差值来工作。

门控单元里的微控制器计算障碍力操作规定的障碍程序，如果障碍力超过配置软件里的最大设置，则门后退。该设定数值参数是可以更改的。如果障碍物不能排除，门不能关闭，把 ASD/EED 关门报警传送到 PEDC。

在测试该功能时，探测装置能探测到尺寸为 4mm×40mm 的钢板。4mm 宽度放置在门行程直线上，40mm 长度放置与行程直线垂直位置。门应能够探测出来，并按流程图操作。

(2) 门机驱动系统

门机驱动系统包括电机及减速箱和传动装置。

1) 电机及减速箱

① 门机采用无刷直流电机。电机用 16 位微机脉宽调制（PWM）闭环控制。在此控制方式下实现电机的四象限运行，从而对门的整个运行过程进行制动和加速控制。在一般情况下门机的制动均采用上面的四象限控制方式来实现。仅当停电时采用电阻能耗制动。

② 电机轴与减速箱直联，减速箱采用蜗轮蜗杆传动。在减速箱输出轴上有一与齿型皮带相啮合的齿型轮。

2) 传动装置

传动装置包括驱动皮带和门；悬挂设备，主要起到驱动滑动门开关的作用。

① 带传动应采用正向啮合驱动原理，保证两门扇运动同步、稳定。

② 采用重载形皮带传动装置，能调节皮带张紧力和消除皮带打滑的可能。皮带采用符合 BS4548 标准要求的重载同步圆形齿皮带，皮带宽度为 20mm，所有皮带夹紧装置和皮带轮与皮带的齿形相匹配。

③ 驱动装置中使用免润滑滚动轴承，所有皮带轮满足 BS5265 要求，轴承满足 BS5512 第 1 部分的 1 千万次设计寿命要求。

④ 皮带的使用寿命不小于 8 年。皮带每运行 10 个月检查调节一次张紧力（保养重点）。

⑤ 皮带采用阻燃、低烟材料。

⑥ 门悬挂系统每对滑动门是由滚轮悬挂着，滚轮在 J 形轨截面不锈钢轨道里运行。在整个门运动过程中保持在一个恒定的水平。门悬挂设备设计成可以在工厂预先校准门和调整皮带，并便于进行例行保养工作。通过调整可以确保门平稳运行、减少摩

擦阻力。

2. 屏蔽门系统的电气部分

（1）供电电源

供电电源由驱动电源 UPS、控制电源 UPS、驱动电源屏、控制电源变压器以及各个门机单元内的 LPSU（门单元就地供电单元）组成。由低压配电系统提供的 2 路独立的 380V、50Hz、3 相的交流电源通过驱动电源 UPS 与驱动电源屏连接，为两侧站台的 60 个滑动门提供驱动电源。

不间断电源的 380VAC、50Hz、3 相的输出与驱动电源配电盘连接，每个站台配置一个配电屏，放置在屏蔽门设备房里。配电盘包括用于保护配电给门单元就地供电单元（LPSU）的断路器。电源按照逻辑顺序配电给 6 个 LPSU，因此单一供电电路的故障只会影响每一节车厢中的一个列车车门相对应的一个屏蔽门单元（图 2.4-2）。

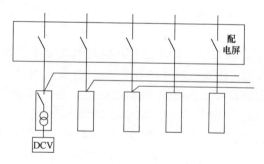

图 2.4-2 屏蔽门供电图

每个滑动门单元的门机内包括一个 LPSU。LPSU 接收来自配电盘的 380VAC、50Hz、3 相电源，并通过变压器把它就地转化为适合门控单元的 50VAC 电源。另外，LPSU 还包括一个断路器作为供给 DCU 电源的保护及隔离。

控制电源 UPS 接一路单相 220VAC、50Hz 的电源。然后与站台屏蔽门的中央接口盘内的控制电源变压器连接。控制电源的 UPS 能够为控制设备提供持续工作 30min 所需要的后备电源。

1）驱动电源 UPS：

驱动电源 UPS 由 UPS 和蓄电池组构成。驱动电源 UPS 不间断电源能够为所有的 60 个门控单元提供 30min 的静止载荷，然后 60 个门道完成一个开门/关门循环。其中开门时间为 2.5～3.5s，关门时间为 3～4s。异常情况下，屏蔽门开关门循环次数三次。开门/关门循环完成后（开门/关门循环的总时间控制在 30s 之内），驱动电源 UPS 的电池必须进行充电。不间断电源应保存在气温得到控制的设备房内，电池足够通风。

① 采用在线式双重转换技术，具有电源功率因素校正系统，以消除反馈到配电系统的谐波（THDI＜3%，功率因数＞0.99）；

② 具有电池监控和间歇式充电器。采用的充电模块能通过背后的一体化端子实现带电插拔，实现完善的 N+I 冗余备份。且具有稳压和限流功能，保证对蓄电池组的均充和浮充控制；

③ 内部具有限流自保技术；

④ 具有电池管理系统功能；

a. 能够根据电池的类型、老化程度以及环境温度给予补偿；

b. 能够根据负载大小显示电池的后备时间；

c. 能够预测剩余电池的使用寿命；

d. 具有保护电池防止过度放电的功能。电池的接入和输出部分采用放电端子，能实现在柜内对蓄电池进行放电的功能。

⑤ 蓄电池采用德国阳光牌 A400 系列铅酸免维护蓄电池；

a. 在 20℃环境温度下，使用寿命不小于 10 年；

b. 蓄电池的放电曲线能满足如下要求：（验收重点）。

屏蔽门按远期行车组织安排运行方式，其中开门时间为 2.5～3.5s，关门时间为 3～4s。

⑥ 采用彩色液晶图形显示 UPS 的各种测量、诊断、状态指示，至少包括：进线电源故障指示、电源投入、电压过高、整流装置故障、蓄电池故障、受馈电回路短路故障等信息；

⑦ UPS 能够存储并显示事件记录信息；

⑧ 当 UPS 故障时,发送一个"UPS 故障"的信号到 PEDC,并在 PSA 上显示报警。

2) 驱动电源配电盘:

驱动电源配电屏内包括隔离变压器、断路器。每个车站分 10 路馈出。每侧站台分为 5 路馈出。电缆按照逻辑顺序配电给 LPSU,并通过 LPSU 向 DCU 供电。因此单一供电电路的故障只会影响一节车厢中一个车门相对应的一个屏蔽门单元。

3) 控制电源 UPS:

控制电源 UPS 包括 UPS 以及蓄电池组。

① UPS 为双重在线式不间断电源;

② UPS 能够监视电源装置的输出电压、电流,并能监视电源装置正常运行状态和故障状态,具有自动电池监控及放电测试功能;

③ 绝缘监测模块用于实现各支路对地绝缘状况的检测。当电压过高、过低或绝缘电阻过低时发出报警信号,且报警定值可整定;

④ UPS 的蓄电池采用德国阳光牌蓄电池 LAl2/32。UPS 的蓄电池容量能保证 PSC、PSA、PSL 和 DCU 持续工作 0.5 小时;

⑤ 具备智能型充电器;

⑥ 具有故障自动旁路、热插手动维修旁路功能;

⑦ 馈线回路。

至少能提供 2 路分别向 PSC 内的两个 PEDC 的馈出。公园前站采用 2 套 UPS 四路馈出,分别向 PSC 内的 4 个 PEDC 馈出。

⑧ 盘面上主要信号灯设置包括:

a. 进线电源故障指示灯;

b. 电压过高;

c. 电压过低;

d. 蓄电池故障;

e. 受馈电路短路故障;

f. 对地绝缘下降。

⑨ 当 UPS 故障时，发送个"UPS 故障"的信号到 PEDC，并在 PSA 上显示。

(2) 屏蔽门控制系统组成

屏蔽门控制系统由以下几个主要部分构成：中央接口盘（PSC）、单元控制器（PEDC）、就地控制盘（PSL）、远方报警盘（PSA）、门控单元（DCU）等。侧式和岛式站台的屏蔽门控制系统由两个控制子系统组成，一岛两侧式站台的屏蔽门控制系统则由 4 个控制子系统组成。

系统采取 RAS 设计技术。软硬件的设计充分考虑可靠性、可维护性和可扩展性和技术先进性。同时遵循模块化和冗余设计的原则。

1) 屏蔽门控制子系统

每侧站台屏蔽门配置一个完整的控制子系统，一个完整的控制子系统包括 DCU 组、PSL、PSI、屏蔽门单元控制器（PEDC），以及与其他系统的接口。系统内部采用现场总线和硬线连接两种方式。

侧式和岛式站台两侧的屏蔽门控制子系统分别与上下行信号系统配合，分别控制两侧的屏蔽门；一岛两侧式站台的屏蔽门控制子系统分别与上下行信号系统配合，分别控制四侧屏蔽门，控制方式满足行车组织的要求。

2) 中央接口盘（PSC）

① 中央接口盘（PSC）的组成

每个车站的屏蔽门设备室内均设置一个 PSC（一岛两侧式站台的车站设置两个 PSC）。PSC 由屏蔽门单元控制器（PEDC）、220V/50V 的变压器和外围接口构成。对于岛式站台和侧式站台，PSC 包括两个 PEDC，分别控制两侧站台的屏蔽门；一岛两侧式站台，有 2 个 PSC 包括四个 PEDC，分别控制四侧站台的屏蔽门。

a. PEDC 具有足够存放数据的存贮单元具运行监视功能和

自诊。

b. PEDC 通过 CANbus 总线与 DCU 组相连。

c. PEDC 配置有与手提电脑的接口。

d. PSC 提供与 EMS 通信串行通信接口,实现数据的传输。

e. PSC 具有与 PSA 相连接的一路串行通信接口。

f. PEDC 内采用冗余的双微处理器设计,一个处理器控制一个作为热备用。

g. 在 PEDC 内继电器控制板采用力导向接触继电器(ForceGuidedContactRelay),对从信号系统或 PSL 发出的门控关键信号进行逻辑控制。

② 中央接口盘(PSC)的功能

PSC 是整个控制系统的核心单元,控制整个系统的工作过程,实现系统内部信息的收发、采集、汇总和分析,并实现与系统内部 PSL、PSA 和 DCU 各单元之间、与系统外部 EMS 和 SIG 之间的信息交换。

a. 能够通过 CANbus 总线监视所有 DCU 的工作运行状况。

b. 执行信号系统指令,控制 DCU 实现相应操作,并向信号系统反馈屏蔽门的状态信息。

c. 接收对应站台 PSL 上的操作和状态信息。

d. 通过 PEDC 内设置的编程/调试接口,可下载并可在线和离线调整参数和软件组态,并能通过现场总线对各 DCU 单元重新编程。

e. 能够检测屏蔽门供电系统的故障,包括电源故障报警、驱动电源 UPS 故障报警及控制电源 UPS 故障报警。

f. 能够向 PSA 发送各种报警信号。

PEDC 能发出 2 种允许信号,分别给单数门及双数门。任何一个信号发生故障.仍有一半的门可自动操作(由信号系统或 PSL 控制)

PEDC 对来自信号系统或 PSL 的输出做出反应,并输送到 DCU,而该输出是由表 2.4-2 逻辑表决定。

逻辑表　　　　　　　　表 2.4-2

PEDC 输入		PEDC 输出		备　注
开门	关门	允许	开门	
0	0	0	0	门静止
1	0	0	1	门正在打开或已打开
0	1	1	0	门正在关闭或已关闭
1	1	0	0	门静止

3）门控单元（DCU）

① 门控单元的组成

a. DCU 是滑动门电机的电子控制装置每个滑动门均配置一个 DCU，安装在门体上部的顶箱内。

b. DCU 内有一个 16 位微机进行控制。

c. DCU 具有足够存放数据和软件的存贮单元，具有自诊断功能。

d. DCU 配置自动/旁路/测试转换开关控制输入接口。

e. DCU 配置手动开门/关门按钮控制输入接口。

f. DCU 配置门状态指示灯接口，用以连接顶箱上的状态指示灯。

g. DCU 配置两路冗余现场总线接口。

h. DCU 配置用于连接 PSC 的硬线接口。

i. DCU 具有连接手提电脑的接口，以进行测试维护编程。

② 门控单元（DCU）的性能要求

a. DCU 内部能存储 64 条电机速度曲线，多组门体夹紧力阈值（夹紧力阈值最大不超过 150N）、重关门间隔时间（2s）和重关门延迟时间（3s）和重关门次数（三次）等参数。

b. DCU 输入电源具有过流、过压保护。

c. DCU 具有抗震、防尘、防潮及抗电磁干扰及静电干扰的功能并满足地铁环境要求，保护等级 IP54。

d. DCU 是整体可更换部件，安装位置便于维修。

③ 门控单元（DCU）的功能

a. 执行 PEDC 或 PSL 发出的控制命令。

b. 控制门的运动（包括开关曲线的运动监控、超速保护隔离等）

c. 开门状态指示灯的控制。当确认门关闭时则处于熄灭状态，当正常开门时灯处于点亮状态，当故障时则灯处于闪烁状态。

d. 手动解锁装置的监控。

e. 在允许时，根据就地控制按钮状态控制门的开关。

f. 能够采集并发送门状态信息及各种故障信息。

g. 通过 DCU 内设置的编程/调试接口，可在线和离线调整参数和软件组态，并可进行重新编程和参数的重新设置，具有控制单元的可离线调试功能。

④ 根据自动/旁路/测试三位开关位置控制门的状态

a. 当开关处于自动位置时：门正常操作。

b. 当开关处于旁路位置时：该门从屏蔽门系统中隔离出来。

c. 当开关处于测试位置时：该门从屏蔽门系统中隔离出来，并通过就地控制按钮操作来控制门的开关。

4) 就地控制盘（PSL）

① 就地控制盘的组成

岛式站台与侧式站台每侧均设置一个 PSL，一岛两侧式站台设置四个 PSL。PSL 的放置位置与列车出站端与列车正常停车时驾驶室门相对应。

PSL 具有与 PSC 连接的硬线接口。

② PSL 盘面的组成包括

a. PSL 操作允许开关，为双位弹性转换开关；

b. 开门按钮指示灯（绿色）；

c. 关门按钮指示灯（绿色）；

d. ASD（滑动门）/EED（应急门）互锁解除钥匙开关；

e. ASD（滑动门）/EED（应急门）全关闭状态指示灯

（绿色）；

f. PSL 盘面指示灯检测按钮（绿色）。

③ 就地控制盘（PSL）的功能

当信号系统对屏蔽门的控制发生故障以及 PSC 故障时，由该设备（PSL）对 DCU 进行控制（表 2.4-3）。

PSL 控制盘功能表　　　　　表 2.4-3

状态	功　能
ASD/EED 互锁解除状态指示灯	当门故障而不能发车时，在 PSL 上操作双位弹性复位开关。强制发送 ASD/EED 互锁解除信号给 PEDC。PEDC 再把该信号传送到信号系统，即使 PEDC 没有收到门发出的 ASD/EED 关闭和锁紧信号也不例外。操作中，ASD/EED 互锁优先信号传送到信号系统
ASD/EED 关门状态指灯	当存在 ASD/EED 关门信号时，PSL 上的 ASD/EED 关门状态指示灯点亮。当 ASD/EED 关门信号失效时，PSL 上的 ASD/EED 关门状态指示灯熄灭。指示灯由连续信号驱动的。该指示灯的状态不受 PSL 操作允许开关的影响
PSL 允许/禁止操作	PSL 操作允许开关为一个双位的弹性复位开关，允许 PSL 盘通过该开关动作控制门系统。当 PSL 被允许时，来自信号系统的指令失效，开关回到关闭位置（PSL 失效）
开门状态和开门指示灯	由 PSL 上操作'开门'按钮。PEDC 接收到该指令，把开门和允许指令传送到所有，所有的门都丁开。PEDC 把开门信号传送到 PSL，PSL 上的门开启指示，在门打开过程中点亮。当完全打开时，指示灯关闭
关门状态和关门指示灯	在 PSL 上操作"关门"按钮。PEDC 将接收该指令并传送到所有的门道。允许信号持续到 ASD/EED 的关闭和锁紧信号从门锁装置传送到：PEDC，所有的门关闭。PEDC 把门关闭信号传送到 PSL，PSL 上的门关闭指示灯在门关闭过程中点亮。当所有门关闭和锁紧时，PSL 上的指示灯熄灭
指示灯测试	由 PSL 的按钮操作，PSL 上的指示灯点亮 3s 之后熄灭

PSL控制屏各开关操作要求：

a. 采用PSL开门：当列车停稳（±50cm内）后，车门开启后，屏蔽门不能联动打开时，司机利用屏蔽门钥匙插入PSL控制屏控制开关，直接拧至开门位（OPEN位），并停留3~4s，该指示灯亮表示屏蔽门正在开启过程中，当屏蔽门在全开状态时，PSL上开门指示灯灭，同时站台滑动门上方的指示灯亮。PSL上的屏蔽门关闭且锁紧关门指示灯灭。

b. 采用PSL关门：当列车停稳（±50cm内）后，车门关闭后，屏蔽门不能联动关闭时（或采用PSL开门时需关闭屏蔽门），司机利用屏蔽门钥匙插入PSL控制屏控制开关，直接拧至关门位（CLOSE位）或由开门位拧至关门位，并停留3~4s，该指示灯亮表示屏蔽门正在关闭过程中，当屏蔽门在全关状态时，PSL上关门指示灯灭，同时站台滑动门上方的指示灯灭。PSL上的屏蔽门关闭且锁紧关门指示灯亮。

c. 退出PSL操作：当屏蔽门关闭后（操作PSL关门4s或以上），把屏蔽门钥匙由关位拧至原始位，拔出钥匙，退出PSL操作。

d. 屏蔽门关闭且锁紧互锁解除操作：当屏蔽门关闭后，屏蔽门关闭且锁紧互锁指示灯不亮时，列车不能收到速度码，不能正常离开车站或入站。司机报告行调，通知车站，派人到PSL上插入钥匙，操作屏蔽门关闭且锁紧互锁解除开关至"合"位并保持，屏蔽门关闭且锁紧互锁解除指示灯亮，列车可收到速度码，恢复正常行车。当列车离开车站轨行区后，车站人员可以松开屏蔽门关闭且锁紧互锁解除开关。

5）远方报警盘（PSA）

① 远方报警盘的配置及组成

a. 岛式站台的两侧屏蔽门共用一个PSB（监控亭），内设两个PSA，监视两侧站台屏蔽门的运行；侧式站台在每侧站台各设置一个PSB（监控亭），内设一个PSA，监视本侧站台屏蔽门的运行。一岛两侧站台按上述原则配置。

b. PSA 具有足够存放数据和软件的存贮单元,具有进行监视功能和自诊断功能。

c. PSA 具备与 PSC 连接的串行通信接口。

d. PSA 本身即为可编程的微机。

e. PSA 具有声光报警器,且有消音功能.

f. PSA 盘面配有键盘,可进行基本翻页及故障查询操作输入工作。

g. PSA 设置一个并口,用于连接打印设备,打印设备由业主提供。

h. PSA 盘面配有彩色液晶显示窗口,尺寸不小于 $6\times8''$(英寸)

i. 配有一个 $3.5''$(英寸)软盘驱动器,用以转移数据。

② 远方报警盘的盘面具有基本的 LED 指示灯,包括

a. 开门状态指示灯(绿色);

b. PSL 操作允许状态指示灯(绿色);

c. ASD(滑动门)/EED(应急门)手动操作状态指示灯(绿色);

d. ASD/EED 互锁解除报警指示灯(红色);

e. ASD/EED 关门故障指示灯(红色);

f. ASD 开门故障指示灯(红色);

g. 现场总线故障指示灯(红色);

h. 电源故障指示灯(红色);

i. 声光报警复归按钮指示灯(绿色);

j. PSA 盘面指示灯测试按钮(绿色)。

③ 远方报警盘的功能

a. PSA 的液晶显示器窗口用于显示系统当前运行状态,对各种故障信号进行监视报警,并显示系统历史运行记录(监控亭值班人员能查询历史运行记录)。

b. PSA 上的指示灯与液晶显示窗口同步显示各种状态及故

障信号。

c. 通过 PSA 内设置的编程/调试接口，可下载可调参数、软件以及历史运行记录等，并可对 PSA 重新编程。

d. PSA 具有在线诊断所有控制器的运行情况。

e. PSA 能对如下故障进行报警。

（a）ASD/EED 互锁解除；

（b）ASD/EED 关门故障，故障指示灯亮，液晶显示窗口显示故障具体位置；

（c）ASD/EED 开门故障，故障指示灯亮，液晶显示窗口显示故障具体位置；

（d）现场总线故障；

（e）顶箱故障及位置；

（f）故障指示灯亮，液晶显示窗口显示故障类型细别（如：顶箱内 DCU 故障或驱动电机电源故障等），并显示故障具体位置；

（g）电源故障；

（h）故障指示灯亮，液晶显示窗口显示故障类型细别（如：驱动电源故障、控制电源故障或 UPS 故障等），并对该故障具体单元模块进行描述；

（i）关门遇障碍物故障。

6) PSA 能对如下状态信息进行监视

① 开门状态（门打开时，状态指示灯亮；液晶显示窗口显示该状态具体情况）；

② PSL 操作允许状态（允许状态时，状态指示灯亮，液晶显示窗口显示该状态具体情况，门开和关用不同的指示状态）；

③ ASD/EED 手动操作状态（该 ASD 或 EED 处于手动状态，该状态指示灯亮，液晶显示窗口显示该状态具体情况）；

④ 应急门打开状态（液晶显示窗口显示该状态具体情况）。

a. 滑动门关门门速故障；

b. 门锁开关故障。

7) PSA 具有报警、故障的确认等功能

PSA 具有各类状态（如状态记录、报警、故障、确认记录、信号系统故障等功能）的查询。

3. 网络系统的组成

（1）屏蔽门控制系统采用 CANbus 总线技术，按照控制系统向分散化、网络化、智能化发展的要求，把挂接色总线上、作为网络节点的各设备，连接为网络集成式的全分布控制系统。以实现对屏蔽门的基本控制、参数修改、报警、显示、监视等综合自动化功能。

（2）PEDC-DCU：数据传递

（3）PEDC 和 DCU 之间的两条双向的串行接口通信线路传递非关键控制/指令和状态信息。各串行线路是按照标准的 CAN 总线规范连接的，DCU 状态传递到 PEDC 并通过 PEDC 回报给 EMS。

3 行车组织

3.1 场段内作业

3.1.1 概述

1. 车厂管辖区

车厂与正线以出、入厂信号机为分界线，其中转换轨属正线管辖，安全金属围栏以内为配属用的建筑、线路、设备及所有设备设施，均属车厂辖区。

2. 车厂任务

(1) 承担车厂范围内列车的整备、停放、技术检查和洗刷清扫等日常维修和保养任务，提供运用列车投入服务。

(2) 承担车厂范围内列车的架修、定修、镟轮、季检、双周检及临修等任务。

(3) 负责车厂列车运行出现故障时的技术检查、处理和救援工作。

(4) 负责本车厂设备机具的维修及调车机车、工程车的日常维修工作。

(5) 承担地铁机电、通信、信号、线路、隧道、桥涵、房屋等运营设备设施的维修、保养基地功能。

3. 车厂作业性质和任务

车厂是地铁电客车、工程车及其他车辆停放、整备、清洗、日常技术检查、维修及行车设备设施、机电设备维护检修，器材、材料、备品仓储保管、供应的综合性基地。

车厂根据运营时刻表、工程施工计划及调度命令等要求，组织足够数量、状态良好的电客车及工程车上线运行。

负责组织实施车厂、停车场行车有关设备的施工、车辆检修计划实施。

4. 车厂生产运作组织层次

如图 3.1-1。

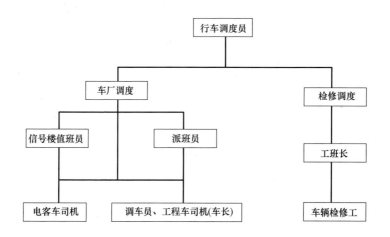

图 3.1-1　车厂生产运作组织层次

3.1.2　整备作业

1. 列车整备作业程序

见图 3.1-2。

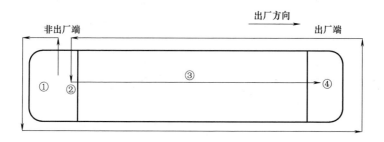

图 3.1-2　检车程序图

备注：

(1) 检查顺序说明：

①合列车激活→到非出厂端开始检查客车端部→沿右侧检查走行部→到出厂端检查端部→沿左侧检查走行部→②进非出厂端驾驶室静检→做紧急按钮试验（不升弓）→升弓做动检试验→③检查客室→④进出厂端驾驶室静检→降弓做紧急按钮试验→升弓做动检试验→汇报信号楼整备完毕。

(2) 符号表示说明：

"→"表示走行部检查和客车上部检查线路走行方向。

"①……④"表示顺序号。

2. 列车静检程序

(1) 注意事项

1) 到达规定的股道后，确认股道、车组号符合《客车状态记录卡》，列车两端无警示标志，列车两边无异物侵限。

2) 严格按照列车整备的程序，采用目视、手动、耳听的方式，做好列车整备和试验，确保客车在投入服务前，技术状态良好。

3) 发现客车故障或不符合运行技术要求时，司机应立即向车厂调度员报告并按照故障处理程序进行处理，直至检修人员到位后交其处理或按车厂调度员的指示执行。

(2) 整备作业的要求

1) 司机整备作业前必须确认客车前后端无警示牌（灯）、无侵限（如库门打开并固定等）。否则，立即通知车厂调度员，按其指示执行。

2) 列车出厂前，司机严格按照本标准检查、试验列车，负责检查两端司机室、两侧走行部和客室内部，并在两端司机室进行列车操作的功能性试验。

3) 升弓前，司机确认设备安全且相关人员处于安全位置后，方可鸣笛升弓。

4) 司机室检查时须确认工作状态开关（开关门模式选择）

打在"手动"位。

5）司机在出厂前填写好里程表的公里数，消防器材状况，司机确认并签名。

（3）整备列车作业标准

1）走行部检查标准（表 3.1-1）

走行部检查标准　　　表 3.1-1

序号	主要检查项目	内容及要求
1	车体外观（包括受电弓）	无损坏，无变形，客车标志（地铁徽记、标志灯）完整清晰
2	运行灯、头灯/尾灯、运行状态灯	显示齐全，外观明显无破损
3	全自动车钩，半永久牵引杆、半自动车钩	无明显损坏变形，电气盖板锁闭良好，电缆软管无脱落，各塞门位置正确
4	转向架	空气弹簧无明显破损漏气，抗侧滚扭力杆无变形
5	高压箱、车间电源插口	箱盖无打开，车间电源插口无插线和打开
6	制动电阻器	外罩无打开
7	辅助箱、蓄电池箱、闸刀开关箱	箱盖无打开
8	风缸（包括主风缸、空气弹簧风缸）	各塞门位置正确，无漏风
9	外观玻璃窗	无明显破损
10	线路	无异物侵入限界

2）客室设备检查标准（表 3.1-2）

客室设备检查标准　　　表 3.1-2

序号	主要检查内容	要求
1	客室内观（地板、门窗玻璃等）	清洁、无明显损坏
2	照明	照明良好
3	车门	锁闭良好，紧急出口装置位置正确，无明显破损

续表

序号	主要检查内容	要求
4	座椅	盖板齐全锁闭良好,灭火器齐全
5	乘客紧急报警器	齐全,无明显损坏
6	客室 LCD 屏	齐全,无明显损坏
7	客室所有盖板	齐全,无损坏且都盖好锁紧
8	设备柜门	齐全,无损坏且都关好锁紧
9	动态地图	齐全,功能正常

3)司机室检查标准(表 3.1-3)

司机室检查标准　　　　表 3.1-3

序号	主要检查项目	内容及要求
1	司机控制器(方向手柄、主控手柄、主控钥匙开关)	完整无缺,动作灵活无卡滞现象,警惕按钮作用良好
2	客车车载电台	作用良好
3	车辆显示屏(HMI)、信号显示屏(DMI)	无明显损坏,信息显示正常
4	司机室侧门、司机室通道门	锁闭良好,动作灵活无明显卡滞现象
5	开关面板	指示灯、开关,外罩完整、显示正确、位置正确
6	驾驶面板	指示灯、开关,外罩完整、显示正确
7	仪表面板	各种仪表外罩完整、无破裂,显示正确
8	前窗玻璃	清洁,无损坏,刮雨器完整无缺,遮光板动作良好
9	设备柜	旁路开关铅封完整,开关位置在"分"位及微动开关位置正确
10	CCTV 监控屏	CCTV 监控屏是否存在黑、白屏等异常情况检查
11	列车头灯	确认列车远近灯光作用良好
12	驾驶台备品柜	灭火器齐全,功能良好

（4）考试静检规定时间：15～20min。

（5）具体程序：从非出厂段开始检，①车体、走行部检查；②非出厂端司机室静态检查和动态试验；③客室检查；④出厂端司机室静态检查和动态试验。

（1）自动车钩的检查内容：①车头是否挂有禁示标志及损坏；②全自动车钩内是否有异物；③全自动车钩截断塞门位置是否正确；④全自动车钩电器连接盒截断塞门B05位置是否正确；⑤全自动车钩气管是否损坏等。

（2）其他车钩的检察内容：①车钩截断塞门位置是否正确；②半永久牵引杆是否正常；③半自动车钩监控提杆位置是否正常。

（3）西侧车体的检查内容：①列车车体是否损坏；②列车车体的车门盖板是否打开。

（4）车底走行部转向架的检查内容：①转向架构架是否损坏；②转向架构架上的螺丝对中红线是否正常；③空气弹簧及锥型金属/橡胶弹簧是否损坏；④停放制动辅助拉环扣件位置是否正确；⑤转向架构架上是否有异物；⑥轮对下是否有异物；⑦其他减震装置及设备是否损坏。

（5）车底走行部的检查内容：①钢轨上是否有异物；②设备柜、电子柜、高压箱、蓄电池及蓄电池充电器箱、车间电源盖板等箱柜盖板是否打开；③辅助控制单元和制动控制单元扣件位置是否正确；④相应的截断塞门位置是否正确。

（6）司机室的检查内容：①工具是否齐全；②司机室内是否有异物；③疏散门解锁手柄位置是否正确；④自动开关和相应的操作开关位置是否正确及按钮扣件位置是否正确；⑤设备柜和电子柜柜门是否打开等。

（7）客室的检查内容：①客室设备是否损坏；②设备柜、电子柜、B05盖板和车门紧急解锁盖板的柜门是否打开；③车门是否打开或解锁；④乘客报警按钮盖板位置是否正确；⑤客室内灭火器扣件是否打开或无灭火器等。

3. 列车动检程序

司机室试验程序见表3.1-4、运营客车整备作业流程见表3.1-5。

司机室试验程序（动检）　　　　表3.1-4

序号	项目	试验程序	备注
1	激活列车	(1)确认蓄电池电压为110V(不低于96V)，主风缸风压在不低于550kPa，将"列车激活"旋钮(=72-S101)旋置"合"位，确认车辆及信号显示屏激活； (2)确认"开关门模式"开关置"手动"位	ATC未切除前驾驶模式默认"RM"位
2	激活司机台	合"主控制器钥匙"开关，确认以下指示灯亮：受电弓"降"灯、停放制动"施加"灯、气制动"施加"灯、HSCB"分"灯、关左/右门灯亮、"空调关"红灯亮、列车所有门关好灯亮	
3	试灯	按压"试灯"按钮，确认司机室所有指示灯亮	
4	紧急按钮试验	(1)将方向手柄推至"前"位，将主控手柄拉至"全常用制动位"，拍下司机台左侧紧急停车按钮，制动缸压力由300kPa左右上升到340kPa左右，HMI显示施加紧急制动，复位紧急停车按钮； (2)拍下司机台右侧紧急停车按钮，制动缸压力由300kPa左右上升到340kPa左右，HMI显示施加紧急制动，复位紧急停车按钮，将方向手柄拉回"0"位； (3)另一端司机室紧急制动按钮试验按照检查走行线路顺序如上述程序进行	此项试验在升弓前完成
5	升弓程序	确认总风缸风压大于460kPa，司机确认相关人员处于安全位置后鸣笛，按压受电弓"升"按钮，确认受电弓"升"指示绿灯亮，受电弓"降"指示红灯灭，车辆显示屏显示受电弓标志升起，显示屏显示的线路网压约为1500V(DC1000~1800V)	

续表

序号	项目	试验程序	备注
6	开关门试验	(1)在车辆显示屏上打开车门状态显示屏,确认各车门在关闭状态且无故障; (2)将"开关门模式"开关置"手动"位; (3)将"强制开门"开关置"合"位,确认开左/右门红灯亮,按压"开左/右门"按钮; (4)车门打开后,确认显示屏所有车门状态显示为"门开"状态图标,车门已经开启。相应侧关门指示灯灭; (5)按压关门按钮,确认车门关闭警示声音响起,车门正在关闭; (6)确认显示屏显示所有车门"门关"的图标,所有车门已经关闭良好,相应侧关门指示灯亮。驾驶台上的"列车所有门关好"指示灯亮; (7)恢复"强行开门"至"分"位	(1)RM模式需要将"强制开门"开关置"合"位开门 (2)NRM不需要将"强制开门"开关置"合"位开门
7	列车广播系统试验	(1)在车辆屏主页点击"紧急广播"图标,随机选择紧急广播内容,点击"确定",确认播报正确,点击"中断"可以停止; (2)点击车辆屏上"设置"模块,点击"线路/车站选择模块",点击站名设置好始发站、终点站,点击"确定",确认广播设置成功、动态地图显示正确;点击"进站广播"、"离站广播",确认报站正确; (3)按压广播控制盒上"人工广播"按钮,广播按钮指示灯亮,按下手持话筒的PTT按钮听到客室广播提示音后,对着麦克风进行广播,确认人工广播正常,释放PTT按钮结束人工广播;再次按压广播控制盒上"广播"按钮,广播按钮指示灯熄灭; (4)按压广播控制盒上的"司机对讲"按钮,"司机对讲"按钮指示灯亮,按压话筒上的PTT按钮,并尝试通话; (5)广播试验完毕后将广播设置为"ATC+ON"位	

续表

序号	项目	试验程序	备注
8	停放制动试验	(1)按压"停放制动缓解"按钮,停放制动"施加"红色指示灯灭,"缓解"绿色指示灯亮,列车停放制动缓解; (2)按压停放制动"施加"按钮,停放制动"缓解"绿色指示灯灭," 施加"红色指示灯亮,列车停放制动施加; (3)按压"停放制动缓解"按钮,保持停放制动缓解状态	制动储风缸压力不低于0.48MPa停放制动缓解,制动储风缸压力小于0.38MPa停放制动自动施加
9	制动试验	(1)将方向手柄推至"前"位,按下警惕按钮,将主控制手柄从"0"拉至"全常用制动"位,确认制动缸压力为300kPa左右;拉至"快速制动"位,确认制动缸压力为340kPa左右;将主控制手柄推回"0"位,确认制动缸压力为220kPa左右; (2)将方向手柄回"0"位,确认制动缸压力为300kPa左右; (3)将方向手柄拉至"后"位,按下警惕按钮,将主控制手柄从"0"拉至"全常用制动"位,确认制动缸压力为300kPa左右;拉至"快速制动"位,确认制动缸压力为340kPa左右;将主控制手柄推回"0"位,确认制动缸压力为220kPa左右; (4)将主控手柄、方向手柄恢复至"0"位	动车试验前应确认本班全体人员处于安全区域及客车车体下部无人作业、鸣笛
10	点动试验	按压高速断路器"合"按钮,将方向手柄推向"前"位,按压RM按钮转RM模式,将主控制手柄推向"牵引位",确认车辆屏4个牵引电机图标绿色,所有气制动缓解灯亮,气制动施加灯灭,制动缸压力为0kPa,加强留意,确认列车稍微移动立即拉停列车	

运营客车整备作业流程　　　　　　　　表 3.1-5

序号	检车程序		备注
1	到达《客车状态记录卡》指定股道	确认列车停放位置正确	确认《客车状态记录卡》上列车位置是否和列车现场停放的位置一致
2	整备作业前	报信号楼	信号楼××车在×道×段开始整备作业。信号楼复诵

续表

序号	检车程序		备注
3	安全规定	激活列车	(1)确认蓄电池电压为110V(不低于96V),主风缸风压在不低于550kPa,将"列车激活"旋钮(=72－S101)旋置"合"位,确认:信号屏DMI、车辆屏HMI、车载台唤醒; (2)手指口呼,确认"开关门模式选择"开关在"手动"位; (3)如果列车处于升弓状态,则先激活司机台,分负载,降下受电弓,关闭司机台
4	开始检车	确认地沟	确认地沟无人(如果列车停在东段,待检查出厂端端部时确认)
5	检查北侧走行部	车体外观	车体无损坏,雨刮器无变形,客车标志(地铁徽记、标志灯)完整清晰
6		运行灯、头灯/尾灯,运行状态灯	显示齐全,外观明显无破损
7		全自动车钩	无明显损坏变形,电气盖板锁闭良好,电缆软管无脱落,各塞门位置正确,车钩状态正常,车钩无异物。(用手拉手动解钩拉环,无卡滞)
8		转向架部分	转向架上无异物,各齿(处)环线位置正确,空气弹簧无明显破损漏气,抗侧滚扭力杆无变形
9		轮对	钢轨面和轮对下无异物(无异物侵入限界)
10		高压箱、车间电源插口	箱盖无打开,车间电源插口无插线和打开
11		制动电阻器	外罩无打开、滤网无异物
12		辅助、蓄电池、闸刀开关箱	箱盖无打开
13		风缸(包括主风缸、空气弹簧风缸)	各塞门位置正确(塞门保持和风管平行状态),无漏风情况
14		半永久牵引杆	无明显损坏变形,电缆软管无脱落

续表

序号	检车程序		备注
15	北侧走行部	从北侧走行部检查到出厂端	北侧检查完毕检查出厂端全自动车钩
16	检查南侧走行部		按北侧走行部检查程序到非出厂端
17	从南侧走行部检查到非出厂端		南侧走行部检查完毕上非出厂端司机室
18	非出厂端司机室	激活司机台（试灯）	合"主控制器钥匙"开关，按压试灯按钮各指示灯显示正常
19		司机控制器（方向手柄、主控手柄、主控钥匙开关）	完整无缺，动作灵活无卡滞现象，警惕按钮作用良好
20		客车车载台	作用良好
21		车辆显示屏、信号显示屏	无明显损坏，无故障信息
22		司机室侧门、司机室通道门	锁闭良好，动作灵活无明显卡滞现象
23		开关面板	指示灯、开关，外罩完整、显示正确、位置正确，方向手柄置前位，将头灯远近选择开关旋动一次，确认头灯远近有变化，方向手柄恢复零，合客室灯，客室灯绿色指示灯亮，打开通道门确认客室灯亮
24		驾驶面板	指示灯、开关，外罩完整、显示正确
25		仪表面板	各种仪表外罩完整、无破裂，显示正确，双针压力表压力正常
26		前窗玻璃	清洁，无损坏，刮雨器完整无缺，遮光板动作良好

续表

序号	检车程序		备注
27	非出厂端司机室	继电器柜	旁路开关铅封完整,开关位置在"分"位
28		紧急停车按钮试验	(1)将方向手柄推至"前"位,将主控手柄拉至"全常用制动位",拍下司机台左侧紧急停车按钮,制动缸压力由 300kPa 左右上升到 340kPa 左右,紧急按钮灯亮,复位紧急停车按钮 (2)拍下司机台右侧紧急停车按钮,制动缸压力由 300kPa 左右上升到 340kPa 左右,紧急按钮灯亮,复位紧急停车按钮,将方向手柄拉回"0"位
29		升弓程序	确认总风缸风压大于 460kPa,司机确认相关人员处于安全位置后鸣笛,按压受电弓"升"按钮,确认受电弓"升"指示绿灯亮,受电弓"降"指示红灯灭,车辆显示屏显示受电弓标志升起,显示屏显示的线路网压约为 1500V(DC1000~1800V)
30		高速断路器试验	按压"HSCB 合"按钮,"HSCB 合"绿灯亮,"HSCB 分"红灯灭;按压"HSCB 分"按钮,"HSCB 分"红灯亮,"HSCB 合"绿灯灭;在车辆屏上确认高速断路器图标状态,保持高速断路器在"分"位(标准用语:"高速断路器功能良好")
31		空调试验	按压"TC 车空调开"按钮,TC 车空调开绿色指示灯亮,本单元 TC 车空调随后启动;按压"列车空调开"按钮,列车空调开绿色指示灯亮,通过 HMI 屏确认全列车空调启动;按压"空调关",全列车空调关闭(标准用语:"空调功能良好")
32		客室照明试验	将"主照明控制开关"置"合"位,客室照明开启,绿色指示灯亮;将"主照明控制开关"置"分"位,客室照明关闭,绿色指示灯熄灭;再次将"主照明控制开关"置"合"位(标准用语:"客室照明功能良好")

续表

序号	检车程序		备注
33	非出厂端司机室	头灯试验	将方向手柄推至"前"位,将头灯开关从"关"位转至"近光"/"远光"位,头灯状态相对应为近光/远光(标准用语:"头灯功能良好")
34		电笛试验	按压"电笛"按钮,确认电笛功能正常
35		刮雨器试验	确认刮雨器"缺水"红灯灭,按压刮雨器操作面板的"刮雨器喷淋"绿色按钮,再转动刮雨器操作面板上的刮雨器控制旋钮开关由"停止"位至"低速"、"高速"、"间歇"、"洗车"位,刮雨器在各档位摆动正常,将刮雨器转到"停止"位,刮雨器能复位(标准用语:"刮雨器功能良好")
36		开关门试验	(1)在车辆显示屏上打开车门状态显示屏,确认各车门在关闭状态且无故障; (2)手指口呼,确认"开关门模式选择"开关在"手动"位; (3)将"强制开门"开关置"合"位,确认"开左/右门"按钮红灯亮,按压"开左/右门"按钮; (4)车门打开后,确认显示屏所有车门状态显示为"门开"状态图标,车门已经开启,相应侧关门指示灯灭; (5)按压关门按钮,确认车门关闭警示声音响起,车门正在关闭; (6)确认显示屏显示所有车门"门关"的图标,所有车门已经关闭良好。相应侧关门指示灯亮。当两侧所有车门均关闭良好时,驾驶台上的"所有车门关闭"指示灯亮; (7)恢复"强制开门"至"分"位
37		列车广播系统试验	(1)在车辆屏主页点击"紧急广播"图标,随机选择紧急广播内容,点击"确定",确认播报正确,点击"中断"可以停止; (2)点击车辆屏上"设置"模块,点击"线路/车站选择模块",点击站名设置好始发站、终点站,点击"确定",确认广播设置成功、动态地图显示正确;点击"进站广播"、"离站广播",确认报站正确;

续表

序号	检车程序	备注
37	列车广播系统试验	(3)按压广播控制盒上"人工广播"按钮,广播按钮指示灯亮,按下手持话筒的PTT按钮听到客室广播提示音后,对着麦克风进行广播,确认人工广播正常,释放PTT按钮结束人工广播;再次按压广播控制盒上"人工广播"按钮,广播按钮指示灯熄灭; (4)按压广播控制盒上的"司机对讲"按钮,"司机对讲"按钮指示灯亮,按压话筒上的PTT按钮,并尝试通话; (5)广播试验完毕后将广播设置为"ATC+ON"位
38	非出厂端司机室 停放制动试验	(1)按压"停放制动缓解"按钮,停放制动"缓解"绿色指示灯亮,"施加"红色指示灯灭,列车停放制动缓解,车辆显示屏制动图标无停放制动标志"P"; (2)按压停放制动"施加"按钮,停放制动"施加"红色指示灯亮,停放制动"缓解"绿色指示灯灭,列车停放制动施加,车辆显示屏制动图标有停放制动标志"P"; (3)按压"停放制动缓解"按钮,保持停放制动缓解状态
39	制动试验	(1)将方向手柄推至"前"位,按下警惕按钮,将主控制手柄从"0"拉至"全常用制动"位,确认制动缸压力为300kPa左右;拉至"快速制动"位,确认制动缸压力为340kPa左右;将主控制手柄推回"0"位,确认制动缸压力为220kPa左右; (2)将方向手柄回"0"位,确认制动缸压力为300kPa左右; (3)将方向手柄拉至"后"位,按下警惕按钮,将主控制手柄从"0"拉至"全常用制动"位,确认制动缸压力为300kPa左右;拉至"快速制动"位,确认制动缸压力为340kPa左右;将主控制手柄推回"0"位,确认制动缸压力为220kPa左右; (4)将主控手柄、方向手柄恢复至"0"位

续表

序号	检车程序		备注
40	非出厂端司机室	检查CCTV监控屏	CCTV监控屏功能正常、各摄像头功能正常,有异常及时报车厂调度并记录客车《客车状态记录卡》
41		检查消防器材	检查红闪灯(常亮和红闪功能正常)、安全帽、灭火器、防毒面具齐全并在《客车状态记录卡》上并记录,同时记录速度表上的列车公里数
42	非出厂端整备完毕	关钥匙	关闭主控钥匙,锁好两侧司机室侧门,关闭通道门
43	检查客室	客室内观(地板、门窗玻璃等)	清洁、无明显损坏
44		照明	照明良好
45		车门	锁闭良好,紧急出口装置位置正确,无明显破损
46		座椅	盖板齐全锁闭良好,灭火器齐全
47		乘客紧急报警器	齐全,无明显损坏,功能正常
48		客室LCD屏	齐全,无明显损坏,功能正常
49		动态地图显示屏	齐全,无明显损坏,功能正常
50		客室所有盖板	齐全,无损坏且都盖好锁紧(如B05盖板打开时,锁闭前必须确认B05状态正常)
51		设备柜门	齐全,无损坏且都关好锁紧
52	进入出厂端		打开通道门进入出厂端司机室激活司机台
53	出厂端司机室	激活司机台(试灯)	合"主控制器钥匙"开关,按压试灯按钮各指示灯显示正常

续表

序号	检车程序		备注
54	出厂端司机室	司机控制器（方向手柄、主控手柄、主控钥匙开关）	完整无缺,动作灵活无卡滞现象,警惕按钮作用良好
55		客车车载台	作用良好
56		车辆显示屏、信号显示屏	无明显损坏,信息显示正常
57		司机室侧门、司机室通道门	锁闭良好,动作灵活无明显卡滞现象
58		开关面板	指示灯、开关,外罩完整、显示正确、位置正确,方向手柄置前位,将头灯明暗选择开关旋动一次,确认头灯远近有变化,方向手柄恢复零,合客室灯,客室灯绿色指示灯亮,打开通道门确认客室灯亮
59		驾驶面板	指示灯、开关,外罩完整、显示正确
60		仪表面板	各种仪表外罩完整、无破裂,显示正确,双针压力表压力正常
61		前窗玻璃	清洁,无损坏,刮雨器完整无缺,遮光板动作良好
62		设备柜	旁路开关铅封完整,开关位置在"分"位
63		紧急停车按钮试验	(1)将方向手柄推至"前"位,将主控手柄拉至"全常用制动位",拍下司机台左侧紧急停车按钮,制动缸压力由 300kPa 左右上升到 360kPa 左右,紧急停车按钮灯亮,复位紧急停车按钮 (2)拍下司机台右侧紧急停车按钮,制动缸压力由 300kPa 左右上升到 360kPa 左右,紧急停车按钮灯亮,复位紧急停车按钮,将方向手柄拉回"0"位

续表

序号	检车程序		备注
64	出厂端司机室	升弓程序	确认总风缸风压大于460kPa,司机确认相关人员处于安全位置后鸣笛,按压受电弓"升"按钮,确认受电弓"升"指示绿灯亮,受电弓"降"指示红灯灭,车辆显示屏显示受电弓标志升起,显示屏显示的线路网压约为1500V(DC1000~1800V)
65		高速断路器试验	按压"HSCB合"按钮,"HSCB合"绿灯亮,"HSCB分"红灯灭;按压"HSCB分"按钮,"HSCB分"红灯亮,"HSCB合"绿灯灭;在车辆屏上确认高速断路器图标状态,保持高速断路器在"分"位。(标准用语:"高速断路器功能良好")
66		空调试验	按压"TC车空调开"按钮,TC车空调开绿色指示灯亮,本单元TC车空调随后启动;按压"列车空调开"按钮,列车空调开绿色指示灯亮,通过HMI屏确认全列车空调启动;按压"空调关",全列车空调关闭。(标准用语:"空调功能良好")
67		客室照明试验	将"主照明控制开关"置"合"位,客室照明开启,绿色指示灯亮;将"主照明控制开关"置"分"位,客室照明关闭,绿色指示灯熄灭;再次将"主照明控制开关"置"合"位(标准用语:"客室照明功能良好")
68		头灯试验	将方向手柄推至"前"位,将头灯开关从"关"位转至"近光"/"远光"位,头灯状态相对应为近光/远光(标准用语:"头灯功能良好")
69		电笛试验	按压"电笛"按钮,确认电笛功能正常
70		刮雨器试验	确认刮雨器"水满缺水"绿红灯灭亮,按压刮雨器操作面板的"刮雨器喷淋"绿色按钮,再转动刮雨器操作面板上的刮雨器控制旋钮开关由"停止"位至"低速"、"高速"、"间歇"、"洗车"位,刮雨器在各档位摆动正常,将刮雨器转到"停止"位,刮雨器能复位(标准用语:"刮雨器功能良好")

续表

序号	检车程序	备注
71	开关门试验	(1)在车辆显示屏上打开车门状态显示屏,确认各车门在关闭状态且无故障; (2)手指口呼,确认"开关门模式"开关在"手动"位; (3)将"强制开门"开关置"合"位,确认"开左/右门"按钮红灯亮,按压"左/右门开"按钮; (4)车门打开后,确认显示屏所有车门状态显示为"门开"状态图标,车门已经开启。相应侧关门指示灯灭; (5)按压关门按钮,确认车门关闭警示声音响起,车门正在关闭; (6)确认显示屏显示所有车门"门关"的图标,所有车门已经关闭良好。相应侧关门指示灯亮。当两侧所有车门均关闭良好时,驾驶台上的"所有车门关闭"指示灯亮; (7)司机台上"左右、开关门"按钮重复做一遍、恢复"强制开门"至"分"位
72	出厂端司机室 列车广播系统试验	(1)在车辆屏主页点击"紧急广播"图标,随机选择紧急广播内容,点击"确定",确认播报正确,点击"中断"可以停止; (2)点击车辆屏上"设置"模块,点击"线路/车站选择模块",点击站名设置好始发站、终点站,点击"确定",确认广播设置成功,动态地图显示正确;点击"进站广播"、"离站广播",确认报站正确; (3)按压广播控制盒上"广播"按钮,广播按钮指示灯亮,按下手持话筒的 PTT 按钮听到客室广播提示音后,对着麦克风进行广播,确认人工广播正常,释放 PTT 按钮结束人工广播;再次按压广播控制盒上"广播"按钮,广播按钮指示灯熄灭; (4)按压广播控制盒上的"司机对讲"按钮,"司机对讲"按钮指示灯亮,按压话筒上的 PTT 按钮,并尝试通话; (5)广播试验完毕后将广播设置为"ATC+ON"位。(标准用语:"广播系统功能良好")

3 行车组织

续表

序号	检车程序		备注
72	出厂端司机室	列车广播系统试验	①在车辆显示屏上设置目的地码,确认显示的始点站和终点站正确。②打开通道门,确认客室LED地图显示正确。③按压客室人工广播按钮,进行人工广播,人工广播正常。按压司机室对讲,确认司机对讲正常。④点出紧急广播菜单进行试播,确认紧急广播功能正常
73		停放制动试验	(1)按压"停放制动缓解"按钮,停放制动"缓解"绿色指示灯亮,"施加"红色指示灯灭,列车停放制动缓解,车辆显示屏制动图标无停放制动标志"P"; (2)按压停放制动"施加"按钮,停放制动"施加"红色指示灯亮,停放制动"缓解"绿色指示灯灭,列车停放制动施加,车辆显示屏制动图标有停放制动标志"P"; (3)按压"停放制动缓解"按钮,保持停放制动缓解状态
74		制动试验	(1)将方向手柄推至"前"位,按下警惕按钮,将主控制手柄从"0"拉至"全常用制动"位,确认制动缸压力为300kPa左右;拉至"快速制动"位,确认制动缸压力为340kPa左右;将主控制手柄推回"0"位,确认制动缸压力为220kPa左右; (2)将方向手柄回"0"位,确认制动缸压力为300kPa左右; (3)将方向手柄拉至"后"位,按下警惕按钮,将主控制手柄从"0"拉至"全常用制动"位,确认制动缸压力为300kPa左右;拉至"快速制动"位,确认制动缸压力为340kPa左右;将主控制手柄推回"0"位,确认制动缸压力为220kPa左右; (4)将主控手柄、方向手柄恢复至"0"位

续表

序号	检车程序	备注
75	点动试验	按压高速断路器"合"按钮,将方向手柄推向"前"位,按压 RM 按钮转 RM 模式,将主控制手柄推向"牵引位",确认车辆屏4个牵引电机图标绿色,所有气制动缓解灯亮,气制动施加灯灭,制动缸压力为0kPa,加强留意,确认列车稍微移动立即拉停列车(标准用语:牵引功能良好)
76	出厂端司机室 检查 CCTV 监控屏	CCTV 监控屏功能正常、各摄像头功能正常,监视屏显示是否正常,摄像头位置是否正确,有异常及时报车厂调度并记录状态卡《客车状态记录卡》
77	检查消防器材	检查红闪灯(常亮和红闪功能正常)、安全帽、灭火器、防毒面具齐全并在状态卡《客车状态记录卡》上记录,同时记录速度表上的列车公里数
78	报信号楼	信号楼,××车在××道×段整备作业完毕,列车已撤除防护,制动试验良好,整备作业完毕
79	整备完毕	

3.1.3 调车作业

1. 客车凭自身动力调车

见图 3.1-3。

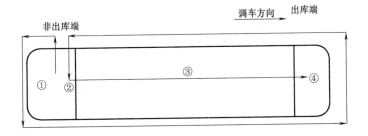

图 3.1-3 调车检车程序

备注：

1）客车的检查标准和试验标准按整备作业程序执行，不做车门试验。

2）检查顺序说明：①合列车激活→到非出厂端开始检查客车端部→沿右侧检查走行部→到出厂端检查端部→沿左侧检查走行部→②进非出厂端驾驶室动检→做紧急按钮试验（不升弓）→升弓做静、动检试验→③检查客室→④进出厂端驾驶室→降弓做紧急按钮试验→升弓做静、动检试验→汇报信号楼准备调车。

3）符号表示说明：

"→"表示走行部检查和客车上部检查线路走行方向。

(1) 注意事项

1）利用自身动力调动电客车时，司机需要主动询问客车的车辆状态：B05是否切除、制动系统状态、车辆悬挂装置的状态、检修股道的线路是否侵限、是否需单弓运行、是否放置了铁鞋（数量及位置）等，并听取车厂调度员布置的相关安全注意事项。

2）客车司机必须严格按照表3.1-5进行检查、试验列车，必须认真检查客室内B05的状态和进行制动、牵引试验。负责对所调动客车股道线路、车辆走行部进行检查，全面负责客车在车厂内运行的安全。

3）动车前，确认动车"五要素"（进路、信号、道岔、车门、制动状况）、无障碍物侵限、无人员在车上作业，运行中司机加强瞭望，确保调车安全。

4）调车作业完毕后，报告车厂调度客车的防溜措施情况：B05是否切除、停放制动是否施加、是否设置铁鞋防溜（铁鞋的放置位置及数量）等。

5）进入牵出线/转换轨调车作业时，司机在进入该线路终端前20m时必须严格控制速度（客车、工程车均限速3km/h），对标停车。利用转换轨转线时，运行方向司机室对准"客车对位标"，后方可停车（此时尾部完全进入入厂信号机内方）。列车在牵出线/转换轨停稳后，司机报告信号楼值班员，换端后，司机确认客车停在规定的进路防护信号机内方后告知信号楼值班员，并联系下一勾作业计划情况，得到允许动车的指示后，确认信号开放正确、进路道岔位置正确后方可开主控钥匙动车。

6）客车进出检修股道线路时，在库门前一度停车，客车司机下车确认库门及线路限界情况，确认安全后，以限速 3km/h 的速度进出检修股道。

7）调车作业中，司机得到信号楼值班员有关"××道待令"的通知时，严禁擅自动车。动车前必须得到信号楼值班员的"可以动车"通知，司机复诵，确认信号、道岔正确后再动车。

（2）单元车与单元车连挂作业要求

1）单元车在推进运行时，必须有一名客车司机或调车员在前端引导，无人引导（包括不熟悉调车专业的人员引导）时，严禁进行推进连挂。

2）单元车连挂前必须一度停车，司机检查确认被连挂的单元车防溜措施已做好（施加停放制动或设置铁鞋进行防溜）、所有 B05 已经恢复、两 M 车车钩状态良好及连接通道无异常、所有人员均在安全的区域。

3）司机确认安全后，引导客车司机或调车员指挥驾驶客车司机以限速 3km/h 的速度进行连挂，连挂后进行试拉，试拉完毕后，施加停放制动，降弓，分列车激活。不需继续进行转线作业时，交付给车辆检修人员进行处理（对半自动车钩进行电器部分及贯通通道机械部分的连接）。

4）需继续进行转线作业时，车辆人员对半自动车钩进行连接（对半自动车钩进行电器部分及贯通通道机械部分的连接）完毕后，客车司机按本标准第 9 条重新整备客车（应注意检查半自动车钩电器部分及贯通通道是否连接好，并检查客车两侧走行部并注意防溜铁鞋,所有工器具均出清线路,司机检查所有的 B05 已恢复后,合列车激活)。

5) 司机按要求升弓(须升单弓时,司机必须把无电区端 Tc 车的 U01 关闭和把 2F03 自动开关打下),进行停放制动和气制动试验及牵引动车试验,确认试验正常后,按调车计划要求动车。

(3) 单元车解钩

1) 客车在规定的股道停稳后,施加停放制动,分主断,降弓,分列车激活。

2) 由车辆维修人员对半自动车钩进行解钩。

3) 单元车解钩完毕后,客车司机检查确认本单元 M 车半自动车钩(电器、机械、气路部分)已完全分离及 M 车与 M 车的贯通通道已完全分离,司机确认无任何设备侵入限界,所有人员在安全区域。

4) 重新激活单元车,升弓进行停放制动、气制动试验,按调车员的指示进行离钩及按调车计划的内容及要求动车。

2. 工程车调动电客车

(1) 注意事项

1) 接到车厂调度员配合工程车进行转线调车计划时,主动询问客车的车辆状态:B05 是否切除、制动系统状态、车辆悬挂装置的状态、检修股道的线路是否侵限、是否需单弓运行、是否放置了铁鞋(数量及位置)等,并听取车厂调度员布置的相关安全注意事项。同时,听取调车员的计划传达及相关要求。

2) 负责对所调动客车停放股道限界、车辆走行部和客车 B05 进行检查并进行停放制动试验。

3) 配合工程车连挂时,连挂前负责做好防溜措施(施加停放制动、恢复连挂端 Tc 车 B05)、降弓和 B50 开关。

4) 工程车动车前,负责撤除防溜措施(缓解停放制动、切除所有 B05)并向调车员汇报。

5）牵引出库时，在连挂端驾驶室监控车辆状况。推进运行出库时，到前端客车驾驶室协助调车员瞭望进路情况，运行过程中发现异常时立即通知调车员或工程车司机停车并采取紧急措施（施加停放制动或恢复最近车的B05）。（如果采用应急运行模式缓解客车不切除B05时，客车司机则在运行前端操纵客车，具体按照本标准附录K3中故障列车司机的操作内容执行）。

6）客车在规定的股道停稳后，客车司机负责做好防溜措施（施加停放制动、恢复所有车的B05），之后向调车员汇报已做好防溜措施，可以解钩。

7）调车作业完毕后，报告车厂调度客车的防溜措施及车辆停留情况。

（2）客车司机检查流程

见图3.1-4。

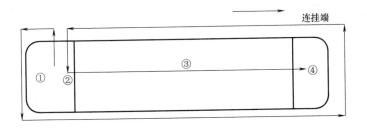

图3.1-4 客车司机检查流程

注：①从非连挂方向端开始检查客车两侧的走行部；②进入非连挂端驾驶室，合列车激活，确认主风压力大于0.6MPa以上，做停放制动试验，施加停放制动（若已设置铁鞋防溜，则不需合列车激活、施加停放制动）；③检查客室所有B05状态，并切除B05（留下连挂端Tc车的B05）；④降弓、关闭W27、1、B50开关，到连挂端驾驶室等待工程车到位后，告知调车员客车准备情况及防溜措施设置情况，协助调车员连挂客车。连挂好并得到调车员允许后，客车司机缓解所有停放制动、切除连挂端Tc车的B05，如为设置铁鞋进行防溜时，由工程车司机撤除防溜铁鞋。

(3) 检查标准

见表 3.1-6～表 3.1-8。

走行部检查标准　　　　　　　　　　表 3.1-6

序号	主要检查项目	内容及要求
1	车体外观(包括受电弓)	无明显损坏
2	自动车钩,半自动车钩	无明显损坏变形,电气盖板锁闭良好,电缆软管无脱落,各塞门位置正确
3	气路折角塞门、空气弹簧	(W27、1、B39、L36、B50)塞门位置正确,空气弹簧无明显破损漏气
4	电气设备箱	箱盖关闭锁闭
5	线路限界	无止轮器,车间电源插线撤除,车辆两侧无异物侵入车辆限界(包括客车上部)

客室设备检查标准　　　　　　　　　表 3.1-7

序号	主要检查内容	要求
1	座椅	各 B05 位置正确
2	车厢内外观	无明显损坏、玻璃无损坏

工程车调电客车　　　　　　　　　　表 3.1-8

1. 车厂内工程车调电客车作业流程

工程车调车员	电客车司机	检修人员
(1)接到调车计划,工程车司机将车开至电客车 3m 前一度停车		
(2)与电客车司机联系,是否具备连挂条件,确认电客车无禁动牌,无作业。受电弓已降下,车门关闭,做好防溜(铁鞋及连挂端第一、二轮对已施加停放制动)。调车员、电客车司机、检修人员三方确认	(3)电客车司机与调车员和检修人员三方共同检查确认具备连挂条件:电客车受电弓已降下,车门关闭,做好防溜,切除 B05 阀(保留连挂端第一节车 B05 阀)	(4)检修人员与调车员和电客车司机三方共同确认具备连挂条件:检修人员做好防溜措施(已放铁鞋或连挂端第一、二轮对已施加停放制动)

续表

1. 车厂内工程车调电客车作业流程

工程车调车员	电客车司机	检修人员
(5)具备连挂条件后,已做好防溜、防护,调车员关闭连挂端的W01、球阀,指挥工程车司机连挂(连挂速度3~5km/h)	(6)负责监督调车员检查电客车(做好自控、互控)	(7)负责监督调车员检查电客车(做好自控、互控)
(9)连挂后试拉,调车员与电客车司机共同确认连挂状态	(10)电客车司机与调车员共同确认连挂状态	(8)试拉前检修人员撤除连挂端铁鞋(如有铁鞋防溜措施)
(12)人工逐个缓解停放制动(手动缓解),逐个确认轮对抱闸情况	(11)电客车司机切除剩余用于防溜的B05阀,负责监督调车员检查电客车(做好自控、互控)	(13)负责监督调车员检查电客车(做好自控、互控),检修人员撤除后端的铁鞋(调车员负责监督)
调到指定位置后		
		(1)检修人员经调车员同意后按规定放置铁鞋做好防溜
(2)调车员负责监控	(3)电客车司机负责恢复最近端第一节车的B05阀	
(4)调车员与电客车司机和检修人员确认可以离钩后,调车员进行人工分钩,指挥工程司机进行离钩		
(5)调车员恢复W01、球阀		(6)监督调车员恢复W01、球阀
		(7)检修人员恢复W01、球阀

续表

2. 正线工程车调电客车作业流程

工程车调车员	电客车司机	检修人员
	（1）施加停放制动，降弓	
（2）将工程车开到被救援的电客车15m前一度停车，与电客车司机联系	（3）电客车司机将电客车状态告诉调车员。重点说明：人员情况，受电弓已降，采用何种措施做防溜（B05阀的使用情况、气制动、停放制动），是否具备连挂条件	
（4）具备连挂条件后，指挥工程车司机将车开到距电客车3m前停车。关闭W01球阀后连挂（连挂速度3～5km/h），试拉	（5）在操纵台缓解停放制动，切除剩余B05阀，具备动车条件后报调车员	
（6）具备动车条件后报行调，动车时按行调指示执行		
（7）到达指定位置后停车	（8）在正线存车线临时停放，工程车与电客车不分钩。电客车司机恢复最近一节车B05阀，施加停放制动（如在正线存车线停放不能施加停放制动时，由调车员临时使用工程车的随车铁鞋负责进行铁鞋的放置，电客车司机监督）	
	（9）返回车厂，电客车司机恢复最近一节车B05阀，施加停放制动（如回厂不能施加停放制动且无检修人员当班时，由调车员负责铁鞋的设置，电客车司机监督）	（10）返回车厂，电客车司机开放B05阀，施加停放制动（如检修人员有人当班，则由检修人员负责铁鞋的设置，调车员监控）

续表

2. 正线工程车调电客车作业流程		
工程车调车员	电客车司机	检修人员
(11)调车员与电客司机和检修人员确认可以离钩后,调车员进行人工分钩,指挥工程车司机离钩作业		
(12)调车员恢复W01、球阀	(13)如无检修人员,则由电客车司机监督调车员恢复W01、球阀	(14)如有检修人员,则由检修人员监督调车员恢复W01、球阀

3.1.4 洗车作业

1. 洗车程序

(1) 洗车作业程序

列车洗车作业按组织方式,分为正线回厂列车洗车作业和车厂列车洗车作业。在洗车作业过程中,严禁列车后退运行(含对标不准情况)。

下面以某地铁运营单位1号线车辆段为例。

(2) 某地铁运营单位车厂洗车机示意图说明

车厂洗车机示意图见图3.1-5。图中P1为准予进入洗车线洗车的信号机,P2为列车前端部进行清洗的提示信号机,P3为列车尾端部进行清洗的提示信号机。

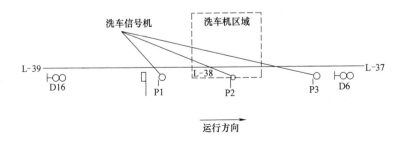

图 3.1-5 车厂洗车机示意图

3 行车组织

1) 回厂列车洗车作业程序

正线列车回厂洗车作业首先按列车方式办理，列车进入车厂39道停车后，再按调车方式办理进入洗车线洗车。

① 司机在转换轨接到洗车任务后，按列车回厂作业程序到39道对位停车，确保列车停在牵出线调车信号机前（外）方。列车停稳换端后报信号楼。

② 关闭司机台，检查司机室侧门关闭后换端，如需进行端部清洗时，确认雨刮器开关置于"洗车"位。

③ 换端后，与信号楼联系，确认调车信号机D16开放白灯，道岔开通洗车线方向后，以RM模式启动列车运行至洗车机P1信号机前的一度停车标停车，联系洗车房确认洗车信号开放。

④ 将司机台"慢行"开关旋至"合"位，确认P1信号机显示绿灯后，启动列车进入洗车线，洗车机将对列车侧边进行清洗，侧洗时无需在P2、P3洗车信号机前停车。

⑤ 如需对列车端部进行清洗时

a. 在P2洗车信号机绿灯闪烁时，司机做好准备停车。当P2洗车信号机显示红灯时立即对标停车，确保客车停在规定的停车标±50cm内（司机室侧门与洗车房墙壁上的停车标志基本对齐）。然后将主控、方向手柄回零。洗车机对列车前端进行清洗。

b. 客车前端清洗完毕，司机确认P2号洗车信号机绿灯，且洗车毛刷设备恢复到起始位置后，启动列车继续前行。

c. 在尾端部清洗信号机P3显示绿灯闪烁时，司机做好准备停车。当信号机变为红灯显示时立即对标停车，停车并把主控、方向手柄回零。洗车机对列车尾端进行清洗。

d. 客车尾端部清洗完毕，尾端部清洗信号机显示绿灯后，司机启动列车前行。

⑥ 司机凭D6信号机白灯，驾驶列车进入37道对标停车。停车后，将"慢行"置"分"位，然后换端。

⑦ 司机换端后与信号楼联系，按信号楼的指示并确认调车

信号机 D2 开放白灯后,以 RM 模式动车驾驶客车到指定股道停放。

2) 车厂列车洗车作业程序

车厂列车安排洗车作业时,按调车方式办理进入车厂牵出线。洗车程序参见上述内容。

2. 注意事项

(1) 洗车作业司机必须要集中精力,严格执行呼唤应答制度,严禁进行洗车作业以外的其他活动,确保洗车作业安全。

(2) 列车在 D16 信号机前必须严格执行一度停车制度,与信号楼值班员确认进路情况,得到信号楼值班员的允许方可进入洗车区域进行洗车作业。

(3) 如洗车机不进行车头、车尾的清洗工作时,正常情况下 1、2、3 号洗车信号机均显示绿灯,司机在 1 号洗车信号机前应一度停车,确认洗车信号机开放和设备无异常后,继续动车。司机在进入 2 号、3 号洗车信号机前 15m 处要密切留意洗车机信号的变化,做好随时停车的准备。如设备故障或洗车信号机显示红灯或进路信号机显示蓝灯或发生紧急情况时,司机必须要马上停车,在了解清楚及确认安全后,按洗车机操作人员的要求及信号的显示继续进行洗车作业。

(4) 列车进入及离开洗车机前始终保持在"慢行"位,通过洗车区域限速 3km/h。严禁为了赶点下班而超速通过洗车机;严禁在洗车过程中将主控手柄在零位与牵引位频繁动作造成列车速度超过 3km/h 损坏洗车机。

(5) 洗车作业时司机要加强瞭望,发现危及行车安全时要立即采取紧急停车措施。

(6) 在洗车机区域的行车,凭调车信号机的显示及洗车信号机的显示行车,两者缺一不可,即调车信号机显示白灯、洗车信号机显示绿灯,在规定的区域任何一个信号未开放,司机都必须立即停车。

(7) 在洗车时,司机认真确认信号及洗车机状态,随时注意前方洗车信号机的指示，如遇异常，立即停车报车厂调度或信号楼值班员，在未得到允许严禁动车。如遇不能按规定完成洗车作业时（含车头或车尾清洗失败），司机必须立即停车，马上联系信号楼值班员及洗车工作人员，在得到信号楼值班员及洗车工作人员的同意，并确认洗车机无设备侵限后方可动车。

(8) 洗车作业呼唤应答内容（表3.1-9）

车厂呼唤应答　　　　　表3.1-9

地点		呼唤时机	司机/调车员	备 注
车厂	调车	(1) 调车信号机开放后	调车信号白灯好	进路信号已开放，并与信号楼联控完毕，再次确认信号动车前呼唤
		(2) 调车作业经过道岔时	道岔好	
		(3) 经过限速地点时	限速__ km/h	按照限制的速度呼唤，并按规定驾驶
		(4) 经过平交道及库门前	一度停车	
		(5) 确认平交道安全后	平交道无人无障碍物	
		(6) 确认库门固定在安全位置后	库门好	固定库门的插销插在固定的洞内后才能固定库门
		(7) 鸣笛标	注意鸣笛	
		(8) 调车作业遇蓝/红灯信号机时	蓝灯/红灯停车	
	列车出车厂	(1) 出厂信号黄灯开放后	出厂信号黄灯好	信号开放，与信号楼联控完毕，再次确认信号动车前呼唤；按列车办理时，至转换轨的进路上的蓝灯视为无效
		(2) 列车运行至转换轨，X2301或0816信号机开放绿灯，并收到速度码后	进路防护信号绿灯好	与行调联系完毕，动车前呼唤

续表

地点		呼唤时机	司机/调车员	备注
车厂	列车进厂	(1)入厂信号黄灯开放后	入厂信号黄灯好	信号开放,与信号楼联控完毕,再次确认信号动车前呼唤。至停车股道末端进路信号机前的进路上的蓝灯视为无效
		(2)列车运行至离停车股道末端进路信号机前100m时	红灯停车	
	洗车作业	(1)客车在入厂信号机前一度停车联系信号楼,确认入厂信号机开放黄灯后	入厂信号黄灯好	
		(2)经过进路上的道岔时确认位置正确后	道岔好	
		(3)列车在D3X信号机前一度停车时	一度停车	
		(4)确认D3X信号机白灯好并得到信号楼值班员允许洗车后	白灯好,打慢行位	
	洗车作业	(5)确认1号洗车信号机亮绿灯(指示牌显示前进)后	绿灯好,慢行3km/h前进	
		(6)1号洗车信号机绿灯闪烁	选择洗车模式	选择洗车模式,洗车机操作人员或信号楼值班员有要求时执行,并按其要求选择
		(7)2号洗车信号机亮红灯,指示牌显示停车时	红灯停车	
		(8)2号洗车信号机亮绿灯,指示牌显示前进时	绿灯好,慢行3km/h前进	

续表

地点		呼唤时机	司机/调车员	备注
车厂	洗车作业	（9）经过南端平交道时	平交道无人无障碍物	发现危及行车安全时司机立即采取紧急停车措施
		（10）3号洗车信号机亮红灯，指示牌显示停车时	红灯停车	
		（11）3号洗车信号机亮绿灯，指示牌显示前进时	绿灯好，D12信号机前一度停车	
		（12）洗车完毕与信号楼联系后，确认D12、D6信号机显示白灯后	白灯好	

3.1.5 列车出、入车厂程序

1. 客车出车厂规定

司机严格按照整备作业程序，认真、及时地检查、试验列车，发现问题立即报告车厂调度员。严禁有问题拖延汇报和拖延作业时间导致影响列车正点出厂。整备完毕，应及时向信号楼值班员汇报，并做好随时出厂的准备。

出厂运营的电客车必须保证相关设备处于安全的状态，有下列情况之一时禁止出库：

1) 受电弓、车间电源等高压设备故障，致使电客车无DC1500V电源；

2) DCU等牵引系统故障；

3) BCU等制动系统故障；

4) 客室门故障；

5) 列车诊断系统故障；

6) 空气压缩机等辅助系统故障；

7) 车载通信信号设备（ATP、ATO、无线电等）故障；

8）其他影响列车运行的故障。

（1）出厂凭证及速度要求

1）列车整备完毕状态符合正线服务后，司机与信号楼值班员联系出厂，列车以 RM 模式限速 25km/h 驾驶出车厂，严禁超速运行；

2）特殊情况需客车带故障（指不影响行车安全和司机操作的故障）出厂时，必须有检调同意并在《客车状态记录卡》上注明；

3）严格控制速度，按规定速度运行，在平交道口前一度停车，确认线路状况良好后动车；

4）运营时间内组织客车进出车厂时，司机必须严格按行调的命令执行；

5）列车出车厂进入转换轨；

6）转换轨Ⅰ或Ⅱ及出入车厂线都具备出车厂和入车厂功能，具体按照《运营时刻表》执行说明和行调命令执行；

7）从出/入厂线出厂：列车运行到出厂信号机前一度停车后，凭开放的绿灯限速 25km/h 运行到转换轨Ⅰ/Ⅱ道一度停车，将车载台、手持台、对讲机调至正线频道，待列车收到推荐速度、目标距离、车次号、确认信号机为灭灯后（信号系统处于 BM 模式时，信号机为亮灯状态），以 ATPM/ATO 模式运行，按《运营时刻表》规定的车站投入运营，特殊情况按行调命令动车；进入所投入车站前将"开关门选择"置"半自动"位（此操作必须在列车还未进站前进行操作）。

（2）列车出厂要点

1）列车出厂时电客车司机要认真确认信号、道岔、进路是否正确，及时发现异常，及时汇报，及时处理；

2）列车运行时密切关注列车状态，发现异常及时停车汇报；

3）发现有人侵限时及时鸣笛示警，必要时采取紧急停车措施；

4）在行车条件比较差时（台风、大雾、大雨、大雪等恶劣天气），司机应注意控制好速度。

2. 客车回车厂规定

(1) 列车正常回厂

1) 客车入车厂：正常情况下客车在终点站清客退出运营服务后，经上行线运行至站台停稳后换端，检查客室状态（包括有无乘客、客室设备及消防器材是否完好），换端后确认信号机正确开放后再开主控钥匙、关客室照明、空调，从入厂线回厂或按运作命令执行；或经下行线运行至站台停车确认信号机正确开放后从入厂线回厂。特殊情况从出厂线回厂时，需经行调同意。

2) 在转换轨按照信号的停车点前，司机待列车速度降至 25km/h 时直接转换 RM 模式继续运行至入厂信号机前一度停车（遇雨天时在隧道口前将列车拉停转换 RM 模式），确认车载电台的组别为车辆段时用车载台呼叫信号楼值班员"某某次在转换某轨道停稳"，并复诵信号楼呼唤司机"转换某轨道往某某道入厂信号黄灯好"，确认入厂信号黄灯后以 RM 模式驾驶列车入厂，司机必须在接车股道末端进路防护信号机前停车，并报告信号楼值班员。

3) 列车在平交道口"一度停车标"前和库门前一度停车。列车进 21~23 道时，在库门前一度停车后下车确认库门紧固状态。

4) 列车按指定位置停稳后，清洁司机室卫生，检查灭火器、列车备品、确认是否齐全良好，公里数等一起填写在《客车状态记录卡》上。

5) 列车停在规定的位置后，方向手柄回零，分主断，分照明，施加停放制动，分空调，空压机停止工作后，鸣笛降弓（探身出司机室确认受电弓状况），关司机台钥匙，关蓄电池，下车锁好司机室侧门，并报告信号楼"某某车已在某某道停稳，已做好防溜措施"。

(2) 列车停车规定

1) 列车进车厂后，应停于接车线信号机内方，列车头部不

得越过防护信号机。如果列车尾部停在信号机外方,车厂值班员应通知司机往前移动到信号机内方;

2)客车在车厂内运行时严禁其受电弓在分段绝缘器位置停车;

3)列车停放运用库时,不得压住平交道口;

4)客车停放运用库停车股道时,须司机室对准停车线停车。

3. 连锁故障时占用转换轨的条件

当车厂信号微机连锁系统故障或某车站 ATS-MMI 工作站故障引起照查电路、连锁监控设备故障,不能从正线 ATS-MMT 工作站、车厂信号微机控制台上监视转换轨、出/入车厂线占用情况时,改为电话闭塞法组织行车。

(1)车厂值班员得到行调改变行车组织办法的命令后通知车厂调度员、派班员,与邻站办理发车作业。

(2)采用电话闭塞法组织行车时,进路排列方法可以采用正常排列方法开通接发列车进路,或采用反排进路或单操道岔办法开通接发列车进路,或现场人工手摇道岔开通接发列车进路。

(3)列车占用转换轨、出/入车厂线的凭证为路票和调度命令,进路防护信号机的显示不作为行车凭证,司机凭车厂调度员(或值班员)的发车信号动车。

(4)列车进车厂的凭证,车厂信号系统正常的情况下为入车厂信号机显示的黄灯,车厂信号系统故障的情况下为入车厂信号机显示的白灯/引导信号或现场人工引导信号。

(5)正线信号设备正常时,列车占用出、入车厂线的凭证为信号机的绿灯;正线信号设备故障时,列车占用出、入车厂线的凭证为行调的口头命令(采用电话闭塞法组织行车时为路票和调度命令)。

(6)在信号设备功能正常的情况下,开放出/入厂信号的时机:

1)列车进车厂时,在列车进入出/入车厂线前开放入厂信号机,特殊情况下不能及时开放入厂信号机时,应及时通知司机。

2)列车出车厂时,正常情况下按车厂开车时间至少提前

2min 开放出车厂信号机,特殊情况下不能及时开放出车厂信号机时,应及时通知司机。

3) 连锁设备正常时,应在邻站开车或车厂开车点提前 5min 停止影响列车进路的调车作业,备接发车进路。

列车在车库内运行的速度要求见表 3.1-10。

列车在车库内运行的速度要求　　　表 3.1-10

项目	速度要求	备注
车库内运行	(1)列车在运用库 A 段范围内 5km/h;B 段范围内 10km/h(A/B 段内按 A 段要求速度执行)	运用库指 4 道至 16 道 检修库指 17 道至 19 道 三车 8km/h;二车 5km/h; 一车 3km/h
	(2)列车在检修库 A 段范围内 3km/h;	
	(3)进入牵出线 26 道 10km/h 进入中部按三、二、一车速度运行	
	(4)洗车 3 道 3km/h	
	(5)工程车连挂调车:牵引 10km/h;推进 5km/h;旋轮 20 道 3km/h	
	(6)其他股道运行 25km/h	
列车出厂	(1)运用库出厂列车头部越过出厂信号机后 10km/h	
	(2)检修库出厂列车头部越过出厂信号机后 10km/h	
	(3)列车头部越过 D3 信号机后 25km/h	
列车入厂	15km/h 入厂后按车库内运行 1、2、3、4 点执行	

3.1.6 场段内应急处理

1. 汇报流程及内容

(1) 厂发生应急事件,车厂调度员/信号楼值班员应立即报 OCC,按应急流程组织抢修,并尽快汇报车厂组组长,车厂组组长立即汇报分中心分管副经理。

(2) 车厂组组长及分中心分管副经理应尽快前往事发地点,了解有关情况,指导后续处理,涉及车辆相关的应急事件应同时通报检修调度及设备检修调度。

(3) 事件处理完毕，当值车厂调度员填写安全事件单，并由车厂组组长审核后交分中心安全员。

(4) 流程示意图如图 3.1-6 所示。

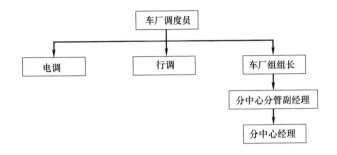

图 3.1-6　车厂指挥结构图

(5) 汇报内容

1) 口头汇报可简要说明事件概况、原因（若能初步判断）及造成的影响。

2) 行车事件单应详细记录以下内容：

① 当事人姓名、职务。

② 事件发生的时间、地点、经过和处理的结果。

③ 事件发生的初步原因分析。

2. 车厂（停车场）信号设备故障行车组织应急预案

1号线车厂（停车场）信号设备故障行车组织应急预案关键指引：本预案启动时机是车厂（停车场）范围内信号机、道岔及微机联锁控制系统的行车技术条件因故不能满足或降低，需停止使用设备或降级使用行车组织方法，影响列车上线运营或行车中断。

(1) 信号设备故障分类及处理方式

1) 信号设备故障按故障现象分为：轨道电路红光带、道岔无表示、轨道电路红光带，接车时按引导进路锁闭方式接车。道岔区段红光带，道岔位置正确时，无需加钩锁器锁闭准备进路，但是必须在 MMI 上将该副道岔单锁；需改变道岔位置时按"道岔无表示"方式准备进路。

2）进出厂咽喉道岔无表示，不采用引导总锁闭方式接车，故障道岔现场人工手摇准备进路，非故障区段道岔单操单锁及排列调车信号，信号楼值班员口头允许司机越过关闭的信号机。

3）进厂信号机及发车进路信号机因故障不能显示进行信号，开放引导信号或调车信号办理接发车；引导信号或调车信号不能开放时，进路采用单操单锁方式，信号楼值班员口头允许司机越过关闭的信号机。

4）微机联锁故障瘫痪无联锁时，按人工手摇道岔准备进路。

5）故障发生后，信号值班员（厂调）立即通知相关区域列车停车（包括停止故障区域相关作业），做好相关区域的安全防护，通知通号、维修调度及行调。

6）必要时与行调、检调及邻段厂调调整收发车计划（含客车队长调整司机安排）。

（2）行车组织原则为

设备故障后应遵循"先通后复"的行车组织原则；

优先考虑接发非故障区域列车，合理利用变更进路，需通过人工准备进路的最后办理。

车厂咽喉岔区 1、2、4、6、7 号道岔是车厂接发列车的关键区域，咽喉岔区道岔故障行车调整原则为表 3.1-11 所示。

咽喉岔区道岔故障行车调整原则　　　表 3.1-11

道岔	故障现象	行车调整原则	应急处理
车厂进出厂咽喉 1 号、2 号、4 号、6 号、7 号道岔（其中一副或多副故障）	道岔红光带	（1）优先准备不经过该道岔的接发车进路； （2）其次办理不改变故障道岔位置即可接发车作业的进路； （3）最后办理需改变故障道岔位置进行接发车的进路	（1）在 MMI 单锁该道岔； （2）需改变道岔位置时，通知人工准备进路人员提前准备好工器具，在故障道岔附近安全位置待令

续表

道岔	故障现象	行车调整原则	应急处理
车厂进出厂咽喉1号、2号、4号、6号、7号道岔（其中一副或多副故障）	道岔失去表示	(1)优先准备不经过该道岔的接发车进路； (2)其次手摇故障道岔人工准备接发车的进路	(1)故障发生时，单操试验，故障未消失，单锁故障道岔； (2)需现场手摇道岔人工准备进路接发车时，通知人工准备进路人员提前准备好工器具，在故障道岔附近安全位置待令

人工准备进路前须工建部门确认线路状态具备行车条件，通号部门对故障设备连锁关系办理了停用手续。

进路准备应按列车经过的第一副道岔开始由近至远准备进路，由远至近确认进路。

在未得到维修人员的检查确认前，厂调不得在故障区域组织行车。

表3.1-12为车厂/停车场信号设备故障行车组织应急预案岗位行动指引。

车厂/停车场信号设备故障行车组织应急预案岗位行动指引

表3.1-12

岗位	行动指引
信号楼值班员	(1)发现信号设备故障后，立即呼叫相关范围内的列车停车待令； (2)通知厂调并做好登记； (3)故障区域的相关作业，按规定在MMI做好防护； (4)根据厂调指令及时准备列车进出厂进路； (5)按规定与司机进行联控
车厂调度	(1)通知通号调度、维修调度及行调，并做好登记； (2)通知胜任人员对故障现场进行检查； (3)与行调、检调、邻段厂调共同调整收发车计划； (4)通知派班员故障情况和调整后的收发车计划； (5)按规定组织胜任人员及时准备进路； (6)听取相关部门的故障检查结果及处理意见，及时向上级领导汇报； (7)如需人工准备进路时，提前做好相关准备工作； (8)需人工准备进路时与胜任人员一起现场手摇道岔准备进路

续表

岗位	行动指引
工程车司机	(1)必要时,根据厂调的命令做好救援准备; (2)协助厂调应急处理
胜任人员	(1)按规定检查故障现场并将故障情况向厂调汇报; (2)需人工准备进路时,按规定配合厂调现场手摇道岔准备进路
派班员	(1)将故障信息向司机传达; (2)通知所有出乘司机提前到岗将电客车整备完毕; (3)向厂调了解列车计划调整情况,做好司机安排
电客车司机	(1)提前到岗做好准备工作; (2)根据信号、命令指示行车,及时与信号楼及行调联控
邻段厂调	必要时,配合邻段厂调、检调及行调共同调整收发车计划,尽可能多发列车

3. 车厂(停车场)轨道设备故障行车组织应急预案

车厂(停车场)轨道设备故障行车组织应急预案关键指引:

(1)本预案启动时机是车厂内线路钢轨、道岔、枕木、路基及线路附近因故需停止使用或降级使用行车组织方法,影响列车上线运营或行车中断。

(2)影响轨道设备正常使用的故障或现象:

(3)钢轨断轨或裂缝超过规定标准;

(4)线路路基因塌陷、翻浆等基础故障造成线路技术条件降低;

(5)相邻线路车辆停放或线路接近设备、物料等侵限。

故障发生后,信号值班员(厂调)立即通知相关区域列车停车待令(包括停止故障区域相关作业),做好相关区域的安全防护。

收发车期间的轨道设备故障时,应按"先通后复"的原则,视故障情况及行车需要及时组织抢修;因故障导致车厂影响电客车无法满足上线运营数量时,厂调应及时与检调、行调及邻段厂调调整上线运营电客车计划,并向上级领导汇报。

轨道设备故障后,厂调及时通报通号及维修部门现场确认故障。如无法修复时,抢修负责人通知车厂调度员封锁相关区域,需行车限速要求时按维修和通号提供的限速要求执行。

表 3.1-13 为车厂/停车场轨道设备故障行车组织应急预案岗位行动指引。

车厂/停车场轨道设备故障行车组织应急预案岗位行动指引

表 3.1-13

岗位	行 动 指 引
信号楼值班员	(1)发现轨道设备故障后,立即呼叫相关区域的列车停车待令; (2)通知厂调、通号调度、维修调度及行调,做好登记; (3)停止故障区域的相关作业,按规定在微机联锁控制台做好防护; (4)配合准备调整后的列车进出厂进路; (5)需人工准备进路时与胜任人员一起现场手摇道岔准备进路; (6)按规定与司机进行联控
车厂调度	(1)通知通号调度、维修调度及行调,并做好登记; (2)通知胜任人员对故障现场进行检查; (3)与邻段厂调、检调及行调共同调整收发车计划; (4)通知派班员故障情况和调整后的收发车计划; (5)按规定组织有关人员及时准备进路; (6)向上级领导汇报故障情况
胜任人员	(1)按规定检查故障现场情况并向厂调汇报; (2)必要时,做好故障现场的防护; (3)需人工准备进路时,配合厂调现场手摇道岔准备进路
车厂派班员	(1)将故障信息及限速命令向司机传达; (2)通知出乘司机提前到岗做好准备; (3)向厂调了解列车计划调整情况
电客车司机	(1)提前到岗做好准备工作; (2)根据信号、命令指示行车,及时与信号楼及行调联控
邻段厂调	必要时,配合故障车厂调及行调调整收发车计划
工程车司机	(1)必要时,根据厂调的命令做好救援准备; (2)协助厂调应急处理

4. 车厂（停车场）接触网设备故障行车组织应急预案

(1) 车厂（停车场）接触网设备故障行车组织应急预案关键指引

本预案启动时机为车厂牵引混合变电所、接触网设备设施故障等原因造成车厂全厂停电或分区停电，影响列车上线运营或行车中断。

(2) 发生接触网故障后：

1) 汇报电调、行调，根据现场情况配合电调组织抢修；如在列车出/入厂时，优先组织非故障区列车进/出厂。

2) 行调负责涉及正线运营的行车组织及命令指示的发布与传达。

3) 电调根据接触网设备故障情况提报行车限行限速要求以及故障区段供电专业抢修命令及指示的发布。

4) 车厂越区供电或正线支援车辆段运行方式下，车厂内允许升弓列车数量由电调根据设备的实际情况核定后通知车厂调度员，车厂调度员、检调合理安排车厂的升弓车数量。

5) 终止相关区域内的行车，电客车降弓。

6) 工程车司机做好救援准备，根据抢修方案配合进行抢修。

7) 故障发生后，由厂调下令封锁相关区域。抢修期间内，接触网停送电手续由抢修负责人与电调联系办理。

8) 故障区域的抢修作业原则上应安排在非故障区域的列车进/出场作业完成后再进行。

(3) 列车调整原则

1) 优先办理非故障区域的收发车作业。

2) 与邻段厂调加强联系，调整两段间的收发车计划以减少对运营的影响。

3) 必要时，使用工程机车进行救援时，应充分考虑工程机车折返能力、以利于后续列车运行组织。

表3.1-14为车厂/停车场接触网设备故障行车组织应急预案岗位行动指引。

车厂/停车场接触网设备故障行车组织应急预案岗位行动指引

表 3.1-14

岗位	行动指引
车厂调度	（1）发现车厂接触网故障或接到接触网故障的报告时，应立即确认具体故障区域并向电调汇报，根据现场情况配合抢修； （2）停止相关区域内的行车作业，通知检调或电客车司机降弓； （3）通知工程车根据需要整备机车； （4）与检调、行调及邻段厂调共同调整收发车计划，并将调整后的计划传达至相关岗位； （5）优先组织非故障区域列车进出/厂； （6）分区停电时，根据行调指令及现场情况调整列车进/出厂计划； （7）全厂停电时，组织工程机车牵引电客车进/出厂； （8）及时向上级领导汇报
信号楼值班员	（1）立即停止相关区域作业，通知司机立即停车，降弓待令，报告厂调； （2）根据厂调调整后的收/发列车计划准备进路； （3）封锁故障线路及受影响区域，做好安全防护
电客车司机	（1）运行中的列车发现接触网设备故障立即停车待令并及时将故障情况及列车停留位置报告车厂调度； （2）接到厂调接触网故障的通知后降弓待令； （3）按信号楼值班员指令行车
派班员	（1）将故障信息及行车要求向司机传达； （2）通知出乘司机提前到岗做好准备； （3）向厂调了解列车计划调整情况
邻段厂调	必要时，配合故障车厂厂调及行调调整收发车计划
工程车司机	（1）必要时，根据厂调的命令做好救援准备； （2）协助厂调应急处理

5. 车辆冲突、脱轨、挤岔、倾覆应急处理

处理原则（表 3.1-15）：

（1）发生挤岔事故时，车厂调度必须要到现场查看情况，严禁擅自指挥动车，及时汇报行调，通知相关专业抢修人员进行处置。

(2) 车辆部门专业救援队和维修部门抢修人员到达现场后,由车辆部门专业救援队负责人和维修部门抢修负责人共同商讨救援方案,由车厂调度根据相关专业救援负责人的意见协调和指挥进行救援抢修。

(3) 需要接触网停电时,车厂调度组织受影响区域接触网停电;需要工程车救援时,通知工程车司机做好救援准备工作。

(4) 需要动车前,必须经车辆部门专业救援队负责人确认车辆状态和维修部门救援抢修负责人确认线路、道岔状况达到运行条件并同意后,车厂调度方可按要求指挥司机动车。

(5) 当机车车辆移出事故地点,被挤坏的道岔已修复,经试验良好后,交付使用;维修部门抢修负责人到 DCC 补办登记手续和办理交付使用手续。

车辆冲突、脱轨、挤岔、倾覆应急处理岗位行动指引

表 3.1-15

岗位	行动指引
车厂调度	(1) 接报后,要求司机严禁动车,并立即汇报行调、车厂组长、通知维修调度、通号调度; (2) 停止调车作业,影响收发车时,应调整收发车计划并传达至相关岗位; (3) 穿好反光背心,前往事故现场查看情况; (4) 到达现场后,确认是发生挤岔,通知车厂派班员将情况通报,担任事故处理主任(在抢险负责人到位后,与抢险负责人交接事故处理主任权); (5) 维修救援人员到达现场后,确定抢险队负责人,与其协调,并指挥进行抢险; (6) 需要动车时,经抢险队负责人确认车辆状态、线路、道岔状况达到运行条件,告知事故处理主任(车厂调度),明确限速要求,指示信号楼值班员排列好进路,指挥司机动车; (7) 当机车车辆清出事故地点,封锁事故现场进行抢修; (8) 道岔修复,并经试验良好,给予抢险队负责人补办登记手续; (9) 配合维修人员的抢修及车辆救援队的救援工作

续表

岗位	行动指引
信号楼值班员	(1)微机联锁设备有提示声"挤岔报警"时,立即呼叫"车厂内所有司机紧急停车",接着根据微机显示的光带和机车车辆动态,确认为挤岔时,向车厂调度汇报挤岔号码、发生挤岔的机车、车辆号码等; (2)确定的影响范围在微机上设置封锁防护; (3)与事故处理主任联系,配合按抢险时进路的排列、开放信号等; (4)当机车、车辆移出事故地点,被挤坏的道岔已修复,经试验良好后,与设备管理部门办理交付使用手续; (5)根据调整的收发车计划准备进路
车厂派班员	(1)车厂派班员接到挤岔信息后,将情况报信息调度、检调和行调,并通知其他相关人员; (2)向出/退勤司机传达相关信息和安全注意事项; (3)协助厂调应急处理
电客车司机	(1)在车辆运行过程中发现走行部有异响或听到"紧急停车"的呼叫后,立即紧急停车; (2)判断为挤岔,机车车辆停机待令,降受电弓、关主控钥匙; (3)由其他乘务员替其岗位
工程车司机	(1)必要时,根据厂调的命令做好救援准备; (2)协助厂调应急处理

6. 车厂冒进信号机应急处理指引

处理原则(表3.1-16):

发现或接到报告后,要求司机立即停车,并前往现场查看情况,视情况组织行车,防止挤岔或脱轨事故。

车厂冒进信号机应急处理岗位行动指引　　　表3.1-16

岗位	行动指引
车厂调度	(1)接报后,要求司机严禁动车; (2)穿好反光背心,前往事故现场查看情况; (3)如车轮已压上道岔,按挤岔处置指引执行;如列车未压上道岔,组织车辆后退
信号楼值班员	根据车厂调度员指示进行相应的防护,并做好车辆后退的进路准备

续表

岗位	行动指引
车厂派班员	(1)车厂派班员接到信息后,将情况报信息调度、检调和行调,并通知其他相关人员; (2)协助厂调应急处理
工程车司机	(1)必要时,根据厂调的命令做好救援准备; (2)协助厂调应急处理

7. 自然灾害类应急处理

处理原则（表 3.1-17）：

出现雷暴雨、台风等恶劣天气时,必须加强车厂巡视,发现险情及时组织抢修,确保车厂行车安全。

自然灾害类应急处理岗位行动指引　　表 3.1-17

岗位	行动指引
车厂调度	(1)加强车厂行车区域巡视,发现险情或影响收发车时报告行调; (2)配合维修部门的抢修施工; (3)停止车厂调车、调试作业,根据情况调整收发车计划
信号楼值班员	(1)封锁抢修施工区域,做好进路防护; (2)根据调整的收发车计划准备进路
车厂派班员	(1)车厂派班员接到信息后,将情况报信息调度、检调和行调,并通知其他相关人员; (2)协助厂调应急处理
工程车司机	(1)必要时,根据厂调的命令做好救援准备; (2)协助厂调应急处理

8. 电客车进入无电无网区应急处理

处理原则（表 3.1-18）：

车厂调度员必须到现场查看、确认,根据现场情况,确定处理办法。

当接触网损坏或发生弓网故障,需要停电处置时,车厂调度员按施工管理程序做好停送电的审批。

当故障影响收发车时,车厂调度应将情况汇报行调。

电客车进入无电无网区应急处理岗位行动指引 表 3.1-18

岗位	行动指引
车厂调度	(1)发现或接到电客车进入无电无网区,应立即通知司机停车并降弓; (2)确认受影响区域有无其他人员作业、有无人员伤亡,如有人员受伤应立即拨打 120 急救; (3)带好手持台,到现场查看情况,如有接触网损坏,应汇报行调,由行调组织抢修; (4)调整行车计划并传达至相关岗位,及时组织工程车将电客车牵引回库; (5)汇报车厂组组长、检修调度,组织检修人员检查受电弓状态
信号楼值班员	(1)按车厂调度员指示,通知故障区电客车司机立即停车并降弓; (2)根据调整的行车计划排列行车进路; (3)按车厂调度员要求组织工程车牵引电客车回库
车厂派班员	(1)车厂派班员接到信息后,将情况报信息调度、检调和行调,并通知其他相关人员; (2)协助厂调应急处理
电客车司机	(1)运行中的列车发现接触网设备故障立即停车待令并及时将故障情况及列车停留位置报告车厂调度; (2)接到厂调接触网故障的通知后降弓待令; (3)按信号楼值班员指令行车
工程车司机	(1)必要时,根据厂调的命令做好救援准备; (2)协助厂调应急处理

9. 车厂火灾应急处理

处理原则（表 3.1-19）：

（1）车厂发生火灾时,必须及时通报火情,及时组织灭火,在保障人身安全的情况下尽力抢救重要物资设备的安全,减少损失。

（2）车厂发生火灾时,车厂调度员担任临时应急处置负责人。

（3）若事发区域为危险品库区,应立即疏散该区域人员,不得擅自组织处理事故,服从事发库区所属部门领导到场指挥。

（4）如火灾发生在接触网高压区,应通知 OCC 电调切断该区域高压供电；如电气设备发生火灾应切断相应的电源。

(5) 如有人员伤亡，应立即拨打120，抢救伤员。

车厂火灾应急处理岗位行动指引　　　表 3.1-19

岗位	行 动 指 引
车厂调度	(1)发现火灾报警或接到火灾报告后，立即到现场确认火情； (2)根据火情动态，组织人员采取正确的方式灭火，视情况拨打119，并安排人员引导消防人员； (3)火势不可控制时，通知车厂生产办公区域人员疏散； (4)如电客车发生火灾，应通知该车降弓，并组织邻线车辆调离
信号楼值班员	发现火灾报警或接到火灾报告后，立即报告车厂调度员； 根据车厂调度员要求及时准备进路，将邻线车辆调至安全位置
车厂派班员	(1)车厂派班员接到信息后，将情况报信息调度、检调和行调，并通知其他相关人员； (2)协助厂调应急处理
工程车司机	(1)必要时，根据厂调的命令做好救援准备； (2)协助厂调应急处理

3.2　行车组织基础

3.2.1　概述

地铁运营单位根据设备功能、设备技术状况、列车运行、设备检修、行车组织原则等情况制定订了《行车组织规则》，作为正式运营管理规则的标准。

《行车组织规则》描述了地铁运营单位开通运营的技术设备、行车组织原则、列车运行等有关规定和安全措施；是地铁运营单位运营管理、行车组织的指导性文本。

下列以某地铁运营单位为例进行说明。

1. 行车总则

(1) 地铁1号线全线运营的运营管理和行车组织工作，以安全运送乘客、满足设备维护的需要，按《运营时刻表》的要求，实现安全、准时、便捷、舒适的运营服务为宗旨。各单位、各部门必须在集中领导、统一指挥的原则下，紧密配合、协调动作，确保行车和乘客安全，完成各项工作任务。

（2）地铁运营的行车组织指挥工作，必须坚持安全生产的方针，贯彻高度集中，统一指挥，逐级负责的原则。

（3）《运营时刻表》是行车组织工作的基础，凡与列车运行有关的各部门都必须根据《运营时刻表》的规定组织本部门的工作。

2. 各类行车法组织原则

（1）移动闭塞法

1）移动闭塞没有固定的闭塞区段，列车运行的移动授权，由前一列车在线路上的运行位置、运行状态等因素决定；

2）移动闭塞法在信号具备 CBTC 模式功能时使用，由 ATS 系统控制列车运行；

3）司机凭车载信号显示以 ATO/ATPM 模式驾驶列车。

（2）进路闭塞法

1）闭塞区段：同一运行方向上相邻两架信号机之间的区域；

2）信号具备 BM 模式功能情况下使用；

3）司机凭地面信号显示以 ATO/ATPM 模式驾驶；

4）一个闭塞区段内原则上只允许一列车运行；区间有信号机时，原则上行调确认前方站台列车出清后方可放行后方站台列车。

（3）区段闭塞法

1）区段闭塞法在信号只具备联锁后备模式的情况下使用。

2）采用区段闭塞法时，各站均为区段站，相关车站确认区段空闲后排列区段进路。一个闭塞区段内原则上只允许一列车运行，区间有信号机时，原则上行调/车站确认前方站台列车出清后方可放行后方站台列车。区段进路划分原则：上下行线均以区段站划分区段进路；其他未列明的区段进路，以信号进路为区段进路。

3）区段闭塞法组织行车时驾驶模式为 NRM 模式，行车凭证为地面信号显示。司机接到行调发布采用区段闭塞法组织行车命令时，若列车前方无信号机，则严禁动车，立即联系行调确认动车条件。

4）区段闭塞法组织行车期间，因特殊情况需组织列车越红灯运行时，需经当值主任调度确认满足发布授权越灯的条件后方可进行。

（4）电话闭塞法

1）电话闭塞法启动条件

1个连锁区信号连锁故障、连锁区全部计轴红光带、连锁站SDH故障时使用电话闭塞法，相邻2个及以上连锁区故障时，故障区域停运。

2）电话闭塞法组织行车原则

① 闭塞区段：每一站间区间及前方站站线为一个闭塞区段。

② 原则上一个闭塞区段内只允许一列车运行（列车救援除外）。

③ 采用电话闭塞法组织行车的区域：故障连锁区车站及两端相邻的车站。

④ 采用电话闭塞法行车的区段，信号机的显示不作为行车凭证，司机按路票行车。

⑤ 电话闭塞法行车区域内原则上不组织小交路运行。

⑥ 车站具备站前折返条件时优先采用站前折返，站后折返按调车方式办理。

⑦ 实行电话闭塞法组织行车区域内终点站的折返道岔需来回转动时，使用钩锁器只挂不锁，其余道岔视情况钩锁至正确位置。能从HMI上确认道岔位置正确并锁定或能够正常排列进路时，可以不到现场钩锁。

⑧ 行调发布取消电话闭塞法命令后，若列车已动车，路票仍视为有效，司机到达前方站交回路票后，根据行调指令运行；若列车未动车，车站需收回路票。

3）电话闭塞法组织行车步骤如下：

行调首先确认故障区域内列车位置，找车完毕通过运行图核对列车上线总数正确后向相关车站发布列车位置。发布完毕后若列车前方无道岔且进路、站台空闲时可先组织进站，列车前方有道岔时待车站人员钩锁后再组织进站。当前方站台有车时则组织站台列车清客进入区间或到前方站（如出站进路有道岔的需先钩锁好道岔），再组织区间列车进站。向相关车站发布采用电话闭塞法组织行车命令时需确认满足以下4个条件：

① 故障区域全部列车已在站台或折返线停稳且与相关车站核对列车位置。

② 故障区域内全部道岔（不含折返站需手摇道岔）已人工钩锁完毕（能在HMI上操作的道岔可不用到现场钩锁）。

③ 信号人员重启设备不成功。

④ 经主任调度同意。

4）相关车站收到按电话闭塞法组织行车命令后，由列车所在站与前方车站共同确认区段空闲后开始办理第一趟列车的发车手续；

5）进路准备：车站人工办理接发进路；

6）接发列车：发车站（厂）接到接车的车站（厂）闭塞承认号后，填发路票并交付司机，司机确认路票正确后凭路票动车。

7）司机凭路票采用RM模式限速25km/h驾驶电客车，运行至前方站司机立岗处交接路票。

（5）正线"按调车方式办理"

1）正线"按调车方式办理"适用情形：当某一道岔需来回转动组织行车，只能人工现场准备进路时；若调车区域非唯一进路，行调发布调度命令时应明确调车进路。

2）采用"按调车方式办理"组织行车时，控制权下放车站，车站人工办理好进路后，向司机发出道岔开通信号或用对讲机通知司机动车，司机应确认道岔位置是否正确。

3. 行车名词

见表3.2-1。

行车名词表

表 3.2-1

序号	词汇	定义
1	ATC	列车自动控制系统
2	ATP	列车自动保护系统
3	ATO	列车自动驾驶系统
4	ATS	列车自动监视系统
5	ATB	列车自动折返模式
6	CCTV	电视监视器(设在站台头端墙、车站控制室、OCC等处)
7	DTI	发车时间显示器(倒计时器)
8	ATB	无人驾驶列车折返运行
9	DCC	车厂控制中心
10	OCC	地铁运营控制中心
11	OTN	开放的传输网
12	PSL	就地控制盘
13	PSC	站台屏蔽门中央控制盘
14	RM	限速(25km/h)人工驾驶模式
15	RTU	远程终端单元
16	NRM	非限制式人工驾驶模式
17	ATPM	ATP保护的人工驾驶模式
18	站台紧急停车按钮(ESB)	设于站台柱墙上和站台监控亭,与站控室内LCP控制盘上的紧急及切除停车报警按钮相连通,当发现行车不安全时,可立即按压控制客车紧急停车
19	屏蔽门	由屏封和门组成,将车站站台与站台轨道间分隔开,使站台成为封闭式,当列车进站开门时,开门上下乘客,列车关门时关门
20	刚性接触网	将传统断面的接触网导线镶嵌在铝合金汇流排上,再悬挂于轨道上方给列车传输电能的架空线路
21	柔性接触网	在轨道上方由接触线、承力索、馈线、架空地线组成并向列车传输电能的架空线路
22	连锁进路行车	按始端、终端进路防护信号机构成的一条进路作为行车控制的分隔实施行车组织
23	关门车	临时发生空气制动机故障,而关闭截断塞门的车辆

续表

序号	词汇	定义
24	头端墙	按列车运行方向,列车停在车站时头部对应的车站端墙
25	尾端墙	按列车运行方向,列车停在车站时尾部对应的车站端墙
26	工程领域	将线路某一区间或车厂某一区域交由维修部门施工,由施工负责人直接控制确保施工领域的安全
27	线路出清	线路巡视员巡查完毕或施工完毕时,施工负责人检查所有人员已携带工具及物料撤离行车或转换轨的某段线路,使该段线路可正常行车
28	辅助线	指在正线上与正线连接的渡线、存车线、折返线、联络线及出入厂线
29	三、二、一车距离	指调车作业时,距离停留车或停车地点的距离
30	施工行车通告	汇总每月的施工及工程列车开行计划,临时修改规章手册的通告等,每月出版一期
31	运营时刻表	列车在车站(车厂)出发、到达(或通过)及折返时刻的集合
32	列车运行图	根据〈运营时刻表〉铺画的运行图
33	推进	在列车尾部驾驶室操纵列车运行,或救援列车在被救援客车尾部推进运行
34	退行	在非正常情况下,列车与原运行方向相反运行为退行,可以推进或牵引运行
35	反向运行	列车运行进路分为上、下行方向运行,如违反常规运行方向的称反方向运行
36	电话闭塞法	因连锁故障,采用电话闭塞法组织行车。列车凭调度命令和车站的发车手信号占用区间,司机以RM模式驾驶列车运行
37	电话闭塞法(路票)	车厂与正线连接站信号故障时,车厂与车站之间行车组织凭电话记录办理闭塞手续,司机凭路票行车,车站或车厂以地面信号(或引导手信号)接车的一种行车方法
38	过线	指因维修作业或运营所需组织本线列车到邻线运行,如:1号线的列车经联络线到一号线运行或组织一号线的列车经联络线到1号线运行
39	连锁	指信号系统中的信号机、道岔和进路之间建立一定的相互制约关系。如进路防护信号机在开放前检查进路空闲、道岔位置正确及敌对进路未建立等。信号机开放后,道岔不能动,这种相互制约的关系称为连锁
40	列车	指在正线上运行的客车、工程车、轨道车、救援列车

续表

序号	词汇	定 义
41	客车	指可载乘客运行的列车,由两组电动车组组成,每组由3节车厢组成
42	机车	指内燃机车用来调车和牵引车辆的机车
43	车辆	指没有自带动力的车辆,如平板车等
44	轨道车	指有内燃机动力,用来在道轨上施工时,载工具施工人员用的车辆
45	使用车	按列车时刻表上线运行的列车
46	备用车	准备上线替换故障列车或需要加开列车时使用的列车
47	运用车	使用车和备用车总称运用车
48	检修车	在车厂内大修、中修、架修各种检修及临修等车辆统称为检修车
49	备用检修率	备用车和检修车占总车数的比值
50	特殊情况	指信号连锁故障人工排进路组织列车运行时,或列车开到区间因故障要退回车站等情况
51	发车(指示)信号	行车有关人员完成一个工作任务,因距离对方较远给对方显示"好了"信号说明任务完成了。或车站行车人员给司机显示发车信号表示车站已具备发车条件,告知司机可以发车了。司机还要根据列车的准备情况是否决定开车,所给的信号均称为(发车)指示信号。工程车在调车作业和在正线上运行时,调车员和车长给司机的信号或行车有关人员发现安全隐患要求司机立即停车的信号等均属命令式的信号,司机必须马上执行。就不能加"指示"两字
52	轨道巡视员	指工建车间专门从事轨道巡视,执行线路出清程序的员工
53	信号防护员	指在线路现场施工,根据需要设置防护信号的员工
54	调车员	车厂调车作业时由两位司机担任,一名任司机驾驶机车,另一名任调车员指挥调车作业
55	车长	工程车开行时,由两位司机担任,一名任司机驾驶列车,另一名任车长,指挥列车运行及监视装载货物的安全,推进运行时负责引导瞭望
56	司机	驾驶列车运行的专职人员,有客车、工程车司机
57	引导员(或添乘监控员)	指客车故障需要司机在尾部驾驶室驾驶时,在客车前端瞭望,监控列车运行速度及运行安全与司机随时保持联系控制列车的运行及停车等。由车站值班员或值班站长担任

续表

序号	词汇	定 义
58	车辆检修调度(DM)	在车厂DCC当值负责组织指挥车辆的检查维修工作及故障处理
59	值班站长	车站当值的负责人,下设行车、客运值班员、站务等
60	车站值班员	车站行车及客运值班员,协助值班站长管理行车及客运工作的人员
61	站务员	负责车站某一部分的工作,包括售票员、站台、站厅服务员
62	主任调度	OCC调度指挥当值负责人,下设行车、电力、环控等调度员
63	行调	负责行车指挥工作的专职人员
64	电调	负责供电系统的管理和调度的专职人员
65	环调	负责环境控制系统的管理和调度的专职人员
66	维调	维修工程部除车辆外的所有设备的维修、检查、施工的组织实施专职人员
67	客调	负责客运指挥工作的专职人员

3.2.2 正线作业规定

1. 司机联控用语

司机正线呼唤应答用语见表3.2-2,正线作业司机与车站的联控用语见表3.2-3。司机与行调的联控用语见表3.2-4。

司机正线呼唤应答用语　　　表3.2-2

地点	呼唤时机	司 机	备 注
站台作业	①列车停稳后,对标准确,司机台气制动红灯亮,确认信号屏显示车门/屏蔽门开启图标红色和车辆屏车门图标开启	"开左/右门"将主控手柄拉至全常制位	列车以CBTC级别运行时,列车对标停稳没有开门前,司机注意确认前方进路是否已开通。前方进路如果没有开通时,司机注意关门前与车站或行调做好联控;在车门与屏蔽门不能实现联动时执行先开屏蔽门再开车门的原则开门后留意站台乘客动态
	②车门/屏蔽门开启后	向下斜45°手指第一个屏蔽门中线的门槽处口呼"车门、屏蔽门开启"	需确认屏蔽门上方指示灯亮,PSL盘"门关闭锁紧"指示灯不亮,车辆屏显示车门打开

3 行车组织 | 243

续表

地点	呼唤时机	司机	备注
站台作业	③关门 ⓐ屏蔽门没有连接轨旁：非CBTC级别下，乘客上下完毕车门完全打开时间不少于10s，进路信号开放后	"绿/黄灯好，(道岔好)，关左/右门"	要求确认信号后再呼唤
	ⓑ屏蔽门连接到轨旁：非CBTC级别下乘客上下完毕且车门完全打开时间不少于10s，进站停稳时出站信号显示红灯	"(道岔好)关左/右门"	进站时出站信号机未开放，司机关门时联系行调："某某站往某某方向前方进路是否准备好"
	ⓒ屏蔽门连接到轨旁：非CBTC级别下乘客上下完毕且车门完全打开时间不少于10s，进站停稳时出站信号开放	"(道岔好)关左/右门"	进站时确认信号开放后再呼唤
	CBTC级别下，确认乘客上下完毕且车门完全打开时间不少于10s，列车到点后，转身确认信号机显示正常(有道岔的车站还要确认道岔位置开通正确)	"CBTC灭灯，(道岔好)，关左/右门"	开门前紧制速度低于40km/h时： (1)如果前方进路未开通，则通知司机："某某站往某某方向司机，请不要关门，前方进路还没有开通"。 (2)待前方进路开通后，车站通知司机："某某站往某某方向司机可以关门"，司机复诵并执行
	④关车门前确认站台安全	"站台安全"	关门前通过站台端墙CCTV确认站台无异常

续表

地点	呼唤时机		司机	备注
站台作业	⑤屏蔽门关好		司机确认屏蔽门状态,关好屏蔽门后呼"屏蔽门关好"	需确认屏蔽门上方指示灯灭、PSL盘"门关闭锁紧"指示灯亮
	⑥进入司机室前确认车门与屏蔽门之间无夹人夹物		手指口呼"无夹人夹物"	确认"空隙"灯正常显示、"空隙"无夹人夹物
	⑦车门关好后		"车门关好"	司机确认显示屏显示车门关闭正常或门全关闭灯亮后呼唤
	⑧动车前	采用NRM、RM模式驾驶时,确认进路防护信号已开放后	手指口呼"绿灯/黄灯好(道岔)"	如果列车在屏蔽门关好后,前方出站信号机仍未开放,呼叫行调:"某某次呼叫行调,请求开放某某站上/下某某信号机"。如果是车站排路时则呼车控室:"某某车控室,请求开放上/下某某信号机信号"。有学员或车站人员跟车时,确认所有人员全部进入司机室后再进行手指口呼
		采用BM级别驾驶时,确认进路防护信号已开放、列车有推荐速度后	先手指信号机口呼"绿灯/黄灯好了",再手指信号屏确认推荐速度有后呼"推荐速度有"	
		采用CBTC级别驾驶时,确认列车有推荐速度后	先手指信号机呼:"CBTC灭灯"有道岔时还需呼:"道岔好",再手指信号屏正确信号级别为CBTC,推荐速度有后呼:"推荐速度某某"	
屏蔽门/车门不联动	⑨屏蔽门故障	ⓐ屏蔽门PSL盘门门关闭锁紧信号指示灯不亮或站台至少有一个屏蔽门门头灯亮	"上/下行站台,现在屏蔽门故障,请确认站台安全后给好了信号"	司机呼唤站台工作人员
		ⓑ站台给"好了"信号后	"'好了'信号有"	站台确认无乘客靠近屏蔽门,故障屏蔽门处无夹人夹物并在打开的屏蔽门处做好防护后向司机显示"好了"信号

续表

地点	呼唤时机		司机	备注
屏蔽门/车门联动	⑨屏蔽门故障	屏蔽门 PSL 盘门关闭锁紧信号指示灯不亮或站台至少有一个屏蔽门门头灯亮	"某某车控室,现有屏蔽门故障,请派人处理"	通知车控室后立即向行调汇报(晚点60s以上才需报行调)
区间	①越过出站信号机、道岔后		司机呼"下一站某某站"	司机点击报站(需要人工报站时)
	②遇信号机的呼唤	采用非 CBTC 级别驾驶时	进路信号机正常开放后呼"绿/黄灯好";进路信号机未开放时呼"红灯停车"(手指口呼)手指口呼"道岔好"	
		采用 CBTC 级别驾驶时	手指口呼"CBTC 灭灯"	司机手指口呼后需留意推荐速度的变化,发现推荐速度下降时,须采取制动措施确保不超速运行
	③有道岔位置时,确认进路正确后		手指口呼"道岔好"	能清晰确认道岔位置时呼唤
	④站名标处		"某某站到,(转 ATPM)进站注意"	(转 ATPM)只在 ATO 转 ATPM 驾驶模式时呼唤
	⑤进站台中部时		"对标停车"(RM、NRM 模式)出站前方进路未开通时手指口呼"红灯停车、对标停车"(BM 或 NRM 模式的情况) 无需呼唤应答(ATO 模式)	
	⑥广播报下一站站名后		"注意报站"	司机/车站人员确认信号屏和车辆屏的列车广播信息一致

正线作业司机与车站的联控用语　　　　表 3.2-3

联控时机	司机	站台岗	备注
在终点站和大客流车站,列车准备关门时	"某某站台(车控室)某某方向列车准备关门"	"某某站台(车控室)某某方向,列车准备关门,收到"	列车进路开放正确,关门时间已到
站台岗接到行值取消扣车的通知时	"某某方向某某次扣车取消,司机确认推荐速度动车,明白"	"某某方向某某次扣车取消,司机确认推荐速度动车"	司机接到取消扣车的通知后,认真确认驾驶模式正确、灭灯、推荐速度有后方可关门动车
终点站清客完毕后	"清客完毕,司机明白"	"清客完毕,司机注意确认好了信号"	司机确认站台好了信号,凭好了信号关屏蔽门
车门/屏蔽门故障时	"某某方向司机,某某车某某车门/屏蔽门没有打开/关闭,司机明白"	"某某方向司机,某某车某某车门/屏蔽门没有打开/关闭"	司机处理完毕后,凭站台好了信号关门动车,如车站来不及贴故障纸及时通知司机和行调,司机出站后将情况报告行调
车门/屏蔽门夹人/夹物时	"某某方向司机,某某车某某车门/屏蔽门夹人/夹物,请重开车门/屏蔽门,司机明白"	"某某方向司机,某某车某某车门/屏蔽门夹人/夹物,请重开车门/屏蔽门"	如列车启动,站台岗立即用对讲机通知司机,司机拉停列车报告行调,根据行调要求处理
终点站进折返线时(站后折返)	"某某方向某某信号机某灯,正确"	"某某方向司机,某某信号机某某灯,请确认"	采用区段进路法组织行车时
站前折返线发车时	"某某信号开放某某灯,正确"	"接班司机,某某信号机开放某某灯,请确认"	采用区段进路法组织行车时
在终点站上/下行关门前	清客好了信号有,关左屏蔽门	站台岗:"下行司机,清客完毕,注意手信号"	采用区段进路法组织行车时
在终点站上/下行关门	应:下行某某信号机某某灯,正确。确认进路、信号开放正确关车门,具备动车"五要素"动车	呼:下行司机,下行某某信号机某某灯,请确认	采用区段进路法组织行车时,站台在给司机清客好了信号后,到下行头端协助确认信号显示情况

续表

联控时机	司机	站台岗	备注
在终点站折返线停稳	呼:车控室某某次在折返线某某道停稳	应:某某次在折返线某某道停稳,车站明白	
在终点站折返线停稳	应:折返线至上/下行线进路准备好,确认安全后动车,司机明白	呼:某某次司机,折返线至上/下行进路准备好,请确认安全后动车	车控室排列进路后,及时通知司机
在终点站上/下行停稳关门前	应:某某信号机某某灯,正确	呼:上/下行司机,某某信号机某某灯,请确认	
中间站信号未开放时	"某某方向某某信号机红灯,明白"	"某某方向司机注意,某某信号机红灯"	采用区段进路法组织行车时

司机与行调的联控用语　　　　　　　　　　表 3.2-4

序列	联控时机		司机联控标准用语	行调联控用语
1	列车转备用完毕时	司机在列车上时	备用车司机呼叫行调,请回话	备用车司机请讲
			备用车在某某站某某道转备用完毕,已做好防溜,司机申请下线路上站台,请回话	备用车司机现在可以下线路上站台/备用车司机原地待令
			备用车司机现在可以下线路上站台/原地待令,司机某某收到,完毕	行调复诵,完毕
		司机到达站台时	备用车司机呼叫行调,请回话	备用车司机请讲
			备用车司机已到达站台,沿途线路已出清,请回话	行调复诵,完毕
			司机某某完毕	
2	开/加开备用车时		准备开备用车司机呼叫行调,请回话	开备用车司机请讲
			司机已做好防护,在某某站上/下行尾/头端墙处待令,请回话	司机现在可以下线路上备用车/司机原地待令,请复诵
			司机复诵行调命令,司机某某完毕	正确,完毕

续表

序列	联控时机	司机联控标准用语	行调联控用语
3	司机申请手动驾驶对标时	某某站台上/下行开往某某方向的某某次司机呼叫行调,请回话	某某次司机请讲
		司机申请 ATPM 进站对标练习/司机申请学员 AT-PM 进站对标练习,请回话	行调某某同意,完毕
		行调某某同意,司机某某收到,完毕	
4	地面下雨申请手动限速驾驶时	某某至某某区间上/下行往某某方向的某某次司机呼叫行调,请回话	某某次司机请讲
		由于下雨,司机申请手动驾驶限速运行	行调某某同意,完毕
		行调某某同意,司机某某完毕	
5	压道车延误较多申请不停站通过时	某某至某某区间上/下行往某某方向的某某次司机呼叫行调,请回话	某某次司机请讲
		由于压道车延误较多,司机申请后续车站不停站通过,请回话	行调某某同意/不同意,完毕
		行调某某同意/不同意,司机某某完毕	
6	发现不影响行车的障碍物时	某某至某某区间上/下行往某某方向的某某次司机呼叫行调,请回话	某某司机请讲
		上/下行某某公里标某某处有某某东西,暂不影响行车,请回话	行调某某复诵,完毕
		司机某某完毕	
7	司机发现危及行车的障碍物时	某某至某某区间上/下行往某某方向的某某次司机呼叫行调,请回话	某某司机请讲
		上/下行某某公里标发现某某障碍物,已危及行车,列车已在障碍物前停稳,司机申请下线路处理,请回话	行调某某同意,完毕

2. 司机站台作业程序

司机站台作业程序见表 3.2-5，学员进行 ATO 加 ATPM 练习时与司机的站台作业程序见图 3.2-1。

司机站台作业程序　　　　　　　表 3.2-5

客车司机站台作业

序号	站台程序	备注
1	列车到站停稳后,确认信号屏显示车门/屏蔽门开启图标红色和车辆屏车门图标开启后将主控手柄拉至全常制位,呼"开左/右门"。 采用人工驾驶模式或开关门为手动时,认真执行"先确认、后呼唤、跨半步、再开门"	列车到站停稳后必须确认信号屏显示车门/屏蔽门开启图标红色以及车辆屏显示所有车门图标开启后方可呼"开左/右门"。手动开门时按"先确认、后呼唤、跨半步、再开门"执行
2	打开司机室侧门到站台司机立岗处立岗,司机确认客室门和屏蔽门全部打开后(司机立岗时确认屏蔽门上方指示灯全部亮,对看不清楚或不能确认的指示灯亮时,及时用 400M 通知车站协助确认),并执行手指口呼:"车门、屏蔽门开启"	(1)"车门、屏蔽门开启",手指口呼一次。 (2)车门、屏蔽门开启时向下 45 度指向第一个车门和屏蔽门
3	呼完"车门、屏蔽门开启"后,密切监视乘客上下车情况	要求开门后至少保持开门 10s 以上
4	转身确认前方信号机显示灭/绿/黄灯呼"CBTC 灭灯、绿/黄灯好,(道岔好)关左/右门"	
5	按压关门按钮关门过程中,保持跨半步的姿势,不间断的留意车门与屏蔽门之间的空隙	(1)按关门按钮时务必伸头进司机室确认正确后再操作。 (2)除侧式站台跨右脚外,其他站都跨左脚关门。 (3)关门后确认站台无异常,并手指口呼"站台安全"
6	保持跨半步的姿势,转身确认 PSL 控制盘上"门关闭锁紧"指示灯亮,呼:"屏蔽门关好"	
7	保持跨半步的姿势,认真确认屏蔽门与客室门之间的空隙情况,确认无滞留乘客、异物、无夹人夹物后,执行手指口呼:"无夹人夹物"	(1)"无夹人夹物"的手指口呼必须是在确认后站立姿势再进行手指口呼

续表

客车司机站台作业

序号	站台程序	备注
7	保持跨半步的姿势,认真确认屏蔽门与客室门之间的空隙情况,确认无滞留乘客、异物、无夹人夹物后,执行手指口呼:"无夹人夹物"	(2)当车门/屏蔽门关闭有延迟,司机再次到站台确认时,在进入司机室前必须再次确认空隙安全。 (3)当车门/屏蔽门不能联动关闭,需要人工操作关闭时,在进入司机室前必须再次确认空隙安全。 备注:确认空隙安全是站台作业的重要作业环节,不论任何原因,进入司机室前必须对空隙安全进行确认
8	关好门后转身确认车辆显示屏确认车门全部关好,呼:"车门关好",再进入司机室	
9	司机进入司机室,关闭司机室侧门,然后司机确认前方信号机显示灭/绿/黄灯呼"CBTC 灭灯、绿/黄灯好、(道岔好)",确认 DMI 显示有推荐速度呼"推荐速度某某",再按压 ATO 启动按钮(必须将两个 ATO 按钮同时按下,待列车头部越过信号机方可松开,如需 ATPM 驾驶则 ATPM 模式动车)	(1)按压 ATO 按钮之前以及站台动车过程中,必须将 400M 音量调到 80% 范围,认真监听(如听到类似夹物、停车、司机等字眼)司机应立即以 ATPM 模式介入停车,联系站台,确认安全后再动车。 (2)动车后加强对信号屏显示的下一站和终点站是否正确(特别是在列车投入不成功或重新进行投入时)。 (3)司机进入到司机室关好侧门后,必须确认列车所有门关闭绿灯亮,确认前方信号机显示灭/绿/黄灯呼"CBTC 灭灯、绿/黄灯好,(道岔好)",确认 DMI 显示有推荐速度呼"推荐速度",再按压 ATO 启动按钮。 (4)当出站前方有道岔,司机能够确认道岔位置正确时呼"道岔好",再按压 ATO 启动按钮。如看不清楚道岔开通的情况,则动车后确认清楚后再呼:"道岔好"

续表

客车司机站台作业		
序号	两个人机班的站台作业程序	备注
1	如列车以 ATO 模式在站台停稳后将主控手柄拉至全常制位,驾驶人员呼:"开左/右门"完毕后,驾驶人员打开司机室侧门到站台立岗,非驾驶人员跟随驾驶操作人员到站台司机立岗处立岗,(司机到司机立岗处立岗时确认屏蔽门上方指示灯全部亮,对看不清楚或不能确认的指示灯亮时,及时用 400M 通知车站协助确认)	
2	如列车以 ATPM 模式在站台停稳后,驾驶人员呼:"开左/右门"完毕后,驾驶人员打开司机室侧门并保持跨半步姿势打开客室门;非驾驶人员在司机室内监控驾驶人员打开客室门后,到站台立岗,(司机到站台司机立岗处立岗时确认屏蔽门上方指示灯全部亮,对看不清楚或不能确认的指示灯亮时,及时用 400M 通知车站协助确认)	
3	驾驶操作人员完成站台作业程序后,非驾驶人员方可跟随驾驶操作人员进入司机室	
4	非驾驶操作人员负责关司机室侧门	
5	两人同时执行呼唤应答制度	盯控人员只用确认站台安全和空隙安全。终点站、折返站、中间站的操作一样

注意事项:

此程序只适用于取得《实习驾驶证》的司机,终点站由司机进行操作,

持有《实习驾驶证》的司机,只能在 ATO+ATPM 练习时间段驾驶列车,其余时间,严禁驾驶列车及进行站台作业。

已取得司机驾驶证但未鉴定/独立的司机可全日参与驾驶列车及进行站台作业。站台作业程序仍然按照以往的作业程序执行。即"谁驾驶,谁到站台操作",跟班或监控司机只在驾驶室内监控操作司机作业,不用出站台。

3. 两人机班的作业程序

两人机班时,由一人作业,一人监控。作业过程中,按照"谁驾驶、谁到站台操作"为原则。即:操作司机到站台作业,监控司机站在司机室侧门处通过 CCTV 观察站台情况,并监控

操作司机的作业,在操作司机关门时,监控司机(学员)探头出司机室与驾驶司机一起确认空隙情况,车门关好后返回司机室,由负责驾驶的司机操作 ATO 按钮动车。

学员(取得"实习驾驶证")	监控司机
对标停稳后,确认气制动施加灯亮,信号屏显示门释放信号,呼:"开左(右)门",到上客端打开车门,到线外立岗确认站台情况后,呼:"车门屏蔽门开启"	确认列车对标停稳后,观察气制动施加灯亮,信号屏显示门释放信号,待学员呼:"开左(右)门"后,进行复诵,并确认学员将上客端车门打开,与学员共同到线外立岗确认站台情况后,待学员呼:"车门屏蔽门开启"后,进行复诵
↓	↓
确认无乘客下车,DTI 显示 12s 以下时呼"并左(右)门",并门(在有信号机的车站,确认站台情况后,呼:"绿灯好了,关左(右)门"后关门)。	确认无乘客下车,DIT 显示 12s 以下,待学员呼:"关左(右)门"时,进行复诵,并站在学员后面确认关门时的空隙情况
↓	↓
关门后,转身确认关门灯亮,呼"车门关好",再保持跨半步的姿势,转身确认 PSL 控制盘上的"屏蔽门关闭切锁紧"指示灯亮,然后呼"屏蔽门关好"。观察空隙无夹人夹物呼"空隙安全"后进入司机室。坐在驾驶座椅上,确认信号、道岔、进路正确后,呼:"绿灯好了、道岔好了"(在有信号机及道岔的车站时)。右手放在主控手柄附近,但不按压警惕按钮。等待司机按压 ATO 按钮动车	待学员确认空隙安全进入司机室后,在司机室与站台间跨半步确认空隙无夹人夹物呼"空隙安全"后进入司机室。关好司机室侧门,确认信号、道岔、进路正确后,呼:"绿灯好了、道岔好了"(在有信号机及道岔的车站时)。按压 ATO 按钮
	↓
	关门后,确认学员转身确认关门灯并呼"车门关好"后,确认 PSL 盘上的"屏蔽门关闭并锁紧"指示灯亮,待学员呼:"屏蔽门关好"后,进行复诵

图 3.2-1 学员进行 ATO 加 ATPM 练习时与司机间的站台作业程序

监控司机(学员)只负责对列车运作情况的监控,运行途中

3 行车组织

的所有操作，包括与行调联系、与站台联控、接收行调命令等均由负责驾驶的司机操作，负责驾驶的司机在接到行调命令时需传达给监控司机（学员）。

4. 送人进入隧道泵房的作业规定

（1）送人进泵房

1）司机在接到行调的命令要求送人进入隧道泵房时，司机必须要明确隧道泵房的位置，上车人数等事项；

2）在作业人员上车前，司机必须要认真确认上车人员身份、人数，记下其员工号码后允许进入司机室，如作业人员超过2人时，司机应要求其他作业人员在客室内待令，司机必须要在完成自身站台作业程序后方可进行配合作业，防止违反站台作业程序，造成对正线运营的影响；

3）司机在确认人员及工具器上车完毕，并与作业人员了解作业地点后，以ATPM模式动车，在接近泵房标时控制好速度，在泵房标之前必须要停车，停车位置离泵房10m左右为好，防止列车越过泵房；

4）司机停车后要做好临时停车广播，确认作业人员及工具器进入泵房安全区域，并确认作业人员的"好了"信号后，司机确认线路安全后马上鸣笛回示，并以ATPM模式动车，列车越过泵房后再转换ATO模式动车。

（2）接人出泵房

1）司机在接到行调的命令要求接人出隧道泵房时，司机必须要明确隧道泵房的位置、上车人数等事项；

2）在泵房所在区间司机以ATPM模式驾驶，在接近泵房标地点时控制好速度，作业人员在泵房标向司机显示停车手信号，司机在泵房标之前必须要停车，停车位置离泵房10m左右为好，防止列车越过泵房；

3）司机停车后要做好临时停车广播，确认作业人员身份、人数，记下其员工号码后允许进入司机室，如作业人员超过2人时，司机应要求其他作业人员在客室内待令，避免对司机的作业造成影响；

4) 司机确认线路安全后马上鸣笛回示并以 ATO 模式动车；

5) 列车到达站台时，司机必须要在完成自身站台作业程序后方可进行配合作业，防止违反站台作业程序，造成对正线运营的影响。

(3) 注意事项

1) 司机必须与行调共同确认进入泵房的人数及身份。

2) 司机必须要掌握隧道内公里标的指示、泵房标及线路特点。

3) 司机在送人进入泵房时，因各种原因造成列车越过泵房区域时，严禁后退。严禁作业人员下车，司机将列车继续开往下一站，并要求作业人员坐车返回上一站，司机将情况报行调。

4) 司机在接人出泵房时，因各种原因造成列车越过泵房区域时，严禁后退。如能与作业人员联系则要求作业人员不要上车，司机确认安全后，将列车继续开往下一站，司机将情况报行调。

5) 作业人员必需要在司机的视线范围内进出泵房。

3.2.3 行车组织基本原则

正常情况下，各岗位在调度中心的统一指挥下，按照《运营时刻表》的要求，开展各项工作，主要以电客车运营前的准备工作，运营过程中的操作与调配，运营结束以后电客车回厂的流程。

1. 行车组织原则

(1) 在 ATC 系统正常情况下，客车以 ATO 模式驾驶，司机需在客车出库或交接班时输入乘务组号。在 ATS 有计划运行图时，客车进入正线运行时自动接收目的地及车次信息；在没有 ATS 计划运行图时，客车在正线运行时，司机或行调需输入目的地码和车次号信息。

(2) 行车时间以北京时间为准，从零时起计算，实行 24h 制。行车日期划分：以零时为界，零时以前办妥的行车手续，零时以后仍视为有效。

(3) 转换轨、出/入车厂线视为区间,属行调管理范围。

(4) 一号线联络线视为区间,属一号线管理范围;按规定办理有关行车手续。

(5) 空客车、调试列车、工程车和救援列车出入联络线或车辆段均按列车办理。

(6) 客车在运行中司机应在前端驾驶,如推进运行时由副司机或引导员在前端驾驶室引导和监控客车运行。

(7) 在车厂范围内指挥列车或车厂调车的信号以地面信号和调车专用电台为主,手信号旗/灯为辅。

(8) 调度电话、站车无线电话用于行车工作联系,须使用标准用语。

(9) 客车司机可使用客车广播系统向乘客进行信息广播。遇信息广播故障时,可使用人工广播,若人工广播也不能使用时,报告行调,按行调的指示办理。

(10) 客车晚点统计方法:按照运营分公司统计方法统计,排队晚点时则按统计的要求进行统计。行调应根据客车晚点情况及时采取措施,调整客车运行。

2. 行车指挥

(1) 地铁行车组织、指挥机构

1) 地铁行车指挥执行层次(图 3.2-2)

2) 运营指挥机构

运营指挥分为高级、中级二个指挥层级;中级服从高级指挥。

高级指挥为:行车、供电、环控、维修和客运调度。

中级指挥为:车站值班站长、车厂调度、DCC 检修调度、维修中心生产调度。

各级指挥要根据各自职责任务独立开展工作,并服从 OCC 主任调度总体协调和指挥。

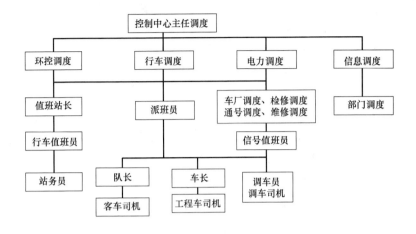

图3.2-2 行车指挥执行层次

3）地铁运营控制中心（OCC）。

① OCC是地铁日常运营、设备维护、行车组织的指挥中心。

② OCC是地铁运营信息收发中心。

③ OCC代表运营分公司副总经理指挥运营工作，代表分公司与外界协调联络地铁运营支援工作。

④ 主任调度是OCC轮值班调度班组长，各调度员由主任调度协调统一指挥。

在处理突发事件、事故时，各调度员有责任向主任调度提供本岗位的协助处理方案，并及时报告相关信息。

⑤ 行车工作由行车调度员（以下简称行调）统一指挥。

⑥ 供电设备运作由电力调度员（以下简称电调）统一指挥。

⑦ 环控和防灾报警设备由环控调度员（以下简称环调）统一指挥。

⑧ 非车辆专业设备的维修组织由维修调度员（以下简称维调）统一指挥。

⑨ 客运工作由客运调度员（以下简称客调）统一指挥。

4）维修组织（轮值）

① 各维修中心设置生产调度。

② 各维修中心生产调度是除车辆设备以外的地铁设备计划性维修和故障维（抢）修的组织中心。分中心间设备维修或抢修配合工作由维调协调。

③ 各维修中心生产调度主要负责维修本专业管理范围内的故障（事故）信息接收、传递、反馈和处理的组织、协调及统计分析工作。

④ 各维修中心生产调度负责本检修作业计划的审核、协调及作业的实施监控等工作。

5）车厂控制中心（DCC）

① DCC是车厂运作管理、车辆维修的中心，DCC设有车辆检修调度、车厂调度员；在终点站和车辆段分别设有DCC。

② DCC负责车厂范围内的行车组织、维修施工管理。

③ DCC负责车辆日常检修、清洁、定修和临修工作控制，为地铁运营及设备维修施工提供质量良好和数量足够的客车或工程车。

6）车厂信号控制室

① 车厂信号控制室是车厂内所有轨道线路的信号连锁设备的集中控制点，隶属车厂调度员管理。

车厂信号控制室负责车厂信号连锁系统的控制及与终点站、入厂车站接口共同组织列车进出车厂。

② 车厂信号控制室设车厂值班员，负责排列车厂内的调车作业和列车进出车厂的运行进路。

7）OCC、DCC及车站的指挥工作关系。

① 车站由值班站长，车厂由车厂调度员统一指挥。

② 列车在区间时，客车由司机负责指挥，工程车由车长负责指挥；列车在车站时，由车站值班站长负责指挥。或由行调用无线电话直接指挥列车司机。

③ 发生行车设备故障，车站值班站长（值班员）应及时报告该设备所属的分中心生产调度和行调；行调跟进维调或 DCC 派人组织抢修处理的情况。

3. 行车指挥原则

行车有关人员必须服从行调指挥，执行行调命令，行调应严格按《运营时刻表》指挥行车。

指挥列车运行的命令和口头指示，只能由行调发布。发布命令前应详细了解现场情况，听取有关人员意见。调度命令的发布规定如下：

（1）发布口头命令的内容有：

1）临时加开或停开列车（包括电客车、工程车及救援列车）；

2）电客车推进运行、退行，工程车退行；

3）停站电客车临时变通过；

4）改变列车驾驶模式；

5）组织列车清客、救援；

6）变更列车运行进路；

7）改变行车组织模式；

8）授权列车越过禁止信号。

（2）发布书面命令的内容有（可先用口头命令，事后补发书面）：

1）发布线路限速或取消限速；

2）封锁开通线路时；

3）行调认为有必要记录的命令。

（3）行调发布命令时，在车厂由派班员负责传达，在正线由车站值班站长（行车值班员）负责传达，传达给司机或其他有关人员的书面命令应盖有车站（车厂）行车专用章。

（4）同时向几个单位或部门发布调度命令时，行调应指定其中一人复诵，其他人核对，确保无误。书面命令填写《调度命令登记簿》。

(5) 行调应掌握工程车的运行,了解装卸作业进度,检查工程车进出工程领域的情况,确保安全。

4. 列车车次及编组的规定

(1) 列车车次的规定

1) 客车车次:6位数,左边两位为目的地码,中间两位为服务号,右边两位为序列号。个位偶数为上行,奇数为下行,顺序编号。

2) 调试车车次比照客车车次,使用服务号区分。

3) 客车、专列和调试车的服务号(表3.2-6)。

4) 工程车、救援列车的车次规定(表3.2-7)。

客车、专列和调试车的服务号　　　表3.2-6

服务号	使用号段	代表含义
101~199 (图定停站与不停站)	101~199	图定列车(即运行图计划内的停站与不停站的列车)
910~970 (图外停站列车)	910~940	一般列车
	941~950	调试列车
	961~970	专列
971~999 (图外不停站列车)	971~980	一般列车
	981~990	调试列车
	991~999	专列

工程车、救援列车的车次规定　　　表3.2-7

列车类别	车次号	备注
工程车	951~960	含网轨检测车、打磨车
救援列车	901~909	含客车、工程车

(2) 客车标志规定

1) 地铁徽记，客车服务号及标志灯等。

2) 列车编组，在列车中的机车和车辆的制动机，应全部加入列车的制动系统。具体规定如下：

① 客车：客车始发不准编挂空气制动系统故障的车辆，在运行途中发生制动系统临时故障时，允许切除一辆，到达终点站后退出服务或按规定要求处理；

② 客车应按规定的编挂条件进行编组。下列车辆禁止编入列车：

  a. 车体倾斜超过规定限度的；

  b. 曾经发生脱轨或冲撞事故，未经检查确认的；

  c. 装载超出限界、长轨或集重货物时，不符合《作业通用安全守则》的；

  d. 平板车装载货物违反装载和加固技术条件的；

  e. 平板车未关闭侧板的；

  f. 制动系统故障的车辆；

  g. 未按规定维护保养或清洁的客车。

3) 连锁设备管理

① 车厂采用微机连锁，由信号楼操作控制。

② 车厂与车站的信号接口，设有相互照查进路电路。即列车从车厂进入入厂车站进入车厂时，确认照查电路表示灯不亮才能开放进出车厂的信号。出车厂线具有追踪功能，根据行车组织需要和有关规定进行使用。

4) 正线连锁区的划分。

联络线与1号线正线间的信号接口：设有相互照查电路，互相交换连锁信息，当排列经联络线进路时，须先确认联络线上有关信标空闲，方可设置进路。

5) 在正线上司机凭车载信号显示或行调命令行车，按《运营时刻表》和观看DTI时分掌握停站时间及运行。

6) 客车无人驾驶折返运行（ATB）操作

客车到达折返站折返时，司机要确认ATB折返按钮灯亮、

DMI折返图标闪绿后，关闭司机台，按压ATB折返按钮，确认ATB折返灯亮，DMI折返图标黄色，关闭驾驶室门，再按压在站台头端墙的折返按钮。

5. 列车运行

(1) 列车运行模式

1号线起点站-终点站采用双线单方向运行。客车由起点站经上行线至终点站，经折返线到下行线，再由终点站经下行线到起点站下行站台，经折返线到上行线，如此循环运行。

(2) 客车运行的准备和条件

1) 运营前50min，行调检查各车站和车厂运营前的准备工作。各车站值班站长（值班员），车厂调度员应及时向行调汇报以下内容：

① 运营线路空闲、施工结束、线路出清、车站供电及环控系统正常；

② 行车设备、备品齐全完好；

③ 道岔功能正常，站台无异物侵入限界，屏蔽门开关正常；

④ 当日使用客车、备用客车安排及司机配备情况。

2) 每日运营结束、客车进车厂后，司机向车厂调度员汇报客车运行情况和技术状态，车厂调度员与DM进行交接。DCC应于次日运行前50min，按《运营时刻表》的计划提供当日合格上线运行的客车车组号（包括备用车）。

(3) 客车出入车厂的组织

1) 客车从车辆段开出，经车站下行站台换端后，沿下行线空车运行到起点站，折返后投入运营服务；客车从车辆段开出后，如该车不载客时，可直接在上行站台运行到终点站，也可以在上行站台开始投入运营服务，载客运行到终点站。

2) 运营结束后，到达起点站的尾班车清客，空车经上行正线到入厂车站上行站台，换向后经入车厂线或出车厂线回车辆段。

3）运营时间需组织客车从车厂进入车站上行时，原则上从出厂线出厂，行调必须组织把上行客车扣在新港东站上行站台后，方可把列车接入车站上行站台。

4）运营时间需组织客车从车站上行（或下行）站台进入车厂时，行调必须组织把上行客车扣在新港东站上行站台（或把下行列车扣在赤岗站下行站台）后，方可组织客车从车站上行（或下行）站台开往车厂。

（4）列车接发作业规定

1）接发列车线路的使用由行调决定。车厂线路的使用由车厂调度员决定。

2）列车以规定速度进站，车站不显示接车信号。

3）车站原则上不办理接发列车作业，遇特殊情况须接发列车时，车站接发列车人员应严格执行接发列车作业程序。

4）站台岗人员随时注意站台乘客动态，当客车进站时应原则上于站台扶梯口靠近紧急停车按钮附近站岗，防止乘客在关门时冲上车夹伤，负责维护站台秩序，监督司机按规范动作关门。

5）发车时，站台岗（司机）发现站台或屏蔽门异常，立即用对讲机通知司机（站台岗）并及时处理。

（5）正线遇"特殊情况"，须接发列车时

1）接车时应按照《运营时刻表》及行调命令，做好接车工作。

2）当追踪自排不能排列进路时，车站行车值班员在ATS-MMI工作站上排列列车进路。

3）特殊情况下接发列车时显示手信号的时机和地点：

① 停车信号：在看见列车头部灯开始显示，待列车停车后方可收回。显示地点为列车停车位置头端。

② 好了信号：应待列车动车后方可收回。显示地点为站台司机能够看到的位置。

③ 引导手信号：待列车头部越过信号显示地点后方可收回。显示地点为进站端墙。

④ 道岔开通信号：道岔位置正确后，向司机显示道岔开通信号，必须在司机鸣笛回示后方可收回，显示地点为道岔现场旁安全避让点。

(6) 客车运行中的操作

1) 司机在本线的车厂与车厂调度员办理客车接车手续，并按规定于客车出库前 30min 进行整备作业。

2) 具体规定。

① 客车从车辆段出发时，司机凭出车厂开放的信号，采用 RM 模式驾驶，到转换轨转换驾驶模式，凭出厂信号机的显示进入出/入车厂线路运行，以 ATO 模式驾驶进入车站。

② 客车入车厂前，司机按《运营时刻表》的规定或行调的命令，在终点站广播通知乘客全部下车后关好车门，以 ATO 模式驾驶客车进入入车厂（或出车厂）线，在转换轨人工转换 RM 模式，凭入车厂信号机的显示驾驶进入车厂。

③ 客车司机在运行中要掌握好各种速度，尤其是客车在 1 号线运行速度。

(7) 客车在有屏蔽门车站的操作规定

1) 屏蔽门与车门联动功能实现的情况下

① 客车配一名司机，负责驾驶客车和操作相关设备，监视屏蔽门和客车车门的开关状态。

② 客车到站停车后自动开车门和屏蔽门，司机迅速打开驾驶室门，跨出半步，观察乘客上下车情况并准确关车门（一般 DTI 显示 12s 时开始关车门）。当屏蔽门、车门关闭好后，司机迅速瞭望屏蔽门与车门的间缝是否有人、物品滞留，确认安全后进入驾驶室开车。

2) 客车进站停车，当未到停车标停车时，司机确认运行前方无异常后，迅速以 RM 模式动车对位；当越过停车标 5m 以下时，司机先切除 ATP 然后后退对位，此时，司机应立即对车厢广播安抚乘客，并使用无线电话通知车站维持好站台秩序列车在该站开出前恢复 ATP。司机随后报告行调。

3）客车进站停车超越屏蔽门 5m 及以上时，报告行调或由车站转报行调，按行调的指示执行，车站应及时对站台广播，作好乘客服务。如客车不开门继续运行到前方站时，行调应通知前方站。

4）《运营时刻表》中没有规定通过车站或无行调命令，司机不得驾驶客车通过车站。但当客车通过车站时，司机应及时广播通知乘客。

5）运营时间内，司机在没有得到行调批准，禁止使用 NRM 模式驾驶；但在 ATP 车载设备故障后，只能用 NRM 模式驾驶，并按规定程序及速度运行。

6）当行车组无线电话不能使用时，司机应报告车站，车站报告行调，通知前方站借用行车组无线电手机代替。

7）尾班车进站停车超越屏蔽门或停车标 5m 及以上时，原则上组织后退对标上下乘客。

3.2.4 非正常情况下的行车组织

1. 当发生事件或事故紧急扣车的规定

（1）如信号系统具备扣车功能，当行调需扣车时，在 MMI 上操作，并通知司机和车站，或由行调通知车站在 HMI 上操作。

（2）如信号系统不具备扣车功能，当行调需扣车时，可通知司机或由车站转达司机执行；

1）行调应使用无线调度电话通知司机扣车待令，司机接到行调呼叫时须迅速接听；

2）行调使用有线调度电话通知车站扣停列车时，车站接到指令后，须立即使用无线电台、口头通知或显示紧急停车手信号等方式要求司机扣车。如车站扣车不成功，必须立即报告行调。

（3）当车站需要扣车时，如信号系统具备扣车功能，由相关连锁站在 HMI 上操作扣车；如信号系统不具备扣车功能，车站使用无线电台、口头通知或显示紧急停车手信号等方式要求司机扣车，再报告行调。

(4) 扣车后原则上是"谁扣谁放"。ATS 故障时,对原 MMI 扣停的列车,经行调授权后由相关车站放行。

2. 发生 ATC 信号系统故障的处理

(1) ATS 设备故障时(无显示)

1) 行调应授权给连锁站控制。

2) ATS 设备故障时,行调通知司机在显示屏上输入当时车次号,到换向运行时,输入新的目的地码和车次号,直至行调通知停止输入为止。

3) 报点站向行调报告各次列车的到开点,至行调收回控制权时止。

4) 行调以报点站为单位铺画客车运行图,至 ATS 设备恢复正常,收回控制权时止。

5) 当车站在 ATS-MMI 工作站上取消不了运营停车点时,应立即报告行调,由行调转告司机,用 RM 模式驾驶客车出站,直至转换为 ATO 模式;当车站取消运营停车点而客车目标速度仍为零,且超过 30s 时,车站值班员应报告行调,由行调指示司机开车。ATO 驾驶恢复正常时,应向行调报告。

6) 当 ATS 的自动排进路或连锁系统的追踪进路不能自动排列时,应由人工介入,在 MMI 上或在 ATS-MMI 工作站上人工排列进路。

7) 当 ATS 设备发生故障时,行调使用 CATS-MMI 监督全线列车运行状态。

(2) ATP 设备故障时

1) 客车在区间运行发生紧急制动,若司机明确发生紧急制动原因时,在确认前方进路安全的情况下,先转换 RM 模式驾驶运行,再向行调报告。当 RM 模式运行未能在规定的范围内恢复 ATPM 或 ATO 时,应继续以 RM 模式运行到前方车站。若不明发生紧急制动的原因,应向行调报告,按行调指示执行。

2) 当 ATP 轨旁设备发生故障,行调通知有关司机,客车接收不到目标速度时,司机应以 RM 模式驾驶运行。经过两个信标还未恢复 ATO 模式时，司机报告行调，行调指示司机以 RM 模式驾驶至前方车站或终点站。

3）当 ATP 车载设备故障时：

① 行调命令司机以 NRM 模式（限速 40km/h）驾驶列车至前方站。

② 列车到达前方站（或在车站发生故障）还不能修复时，由行调命令司机和车站，并由车站值班员（或值班站长）上驾驶室添乘（员工车除外）沿途协助司机瞭望，行调命令司机以 NRM 模式继续（1 号线最高限速 65km/h；原线路限速在 60km/h 或 65km/h 以下的，按原限速运行）驾驶列车至前方终点站退出服务。

③ 此时，NRM 监控员须协助司机瞭望，监控速度表，列车按规定速度运行，不准超速；在有屏蔽门的车站，须协助司机开关屏蔽门。如遇到超速时，提醒司机控制速度，必要时，立即按压紧急停车按钮。

4）车站值班员（或值班站长）进驾驶室添乘监控的程序：

① 接受行调的命令；

② 携带行调无线对讲机；

③ 向司机报告说：NRM 监控（并报命令号）；

④ 司机在听到车站值班员（或值班站长）的报告时，确认其身份和命令号后，记下其员工号，允许其进驾驶室监控，并开车；

⑤ 列车到达前方终点站退出服务后，监控人员要向行调汇报沿途运行情况再返回车站。

5）行调应随时注意 ATP 车载设备故障的列车运行情况，严格控制确保列车与列车之间的最小间隔在一个区间及以上，遇到两列车进入同一个区间时，应采取紧急措施扣停后面的列车。

6）列车在运行中因道岔显示故障造成紧急停车（停在岔区）时，车站报告行调，通知信号检修人员，并及时安排站台站务带钩锁器到现场将道岔锁定后，行调通知司机限速 15km/h 离开岔区。

7) 客车在站台发车前收不到 ATP 码时，司机报告行调，在得到行调同意后方可使用 RM 模式动车。

(3) 无人自动折返（ATB）故障的处理

1) 客车在两端终点站折返时，当司机操作 ATB 按钮后，客车不能自动运行进入折返线时，到达司机通知接车司机立即拉下后端 Tc 车一车门紧急解锁手柄，然后进入驾驶室，并以有人折返的方式折返，同时通知接班司机配合，并报告行调。

2) 行调接报后，通知维调处理故障。

(4) 信号与防淹门接口故障的处理

1) 车站在接到防淹门请求关闭信号时，须立即报告行调，并同时派人确认防淹门是否需要关闭，确需关闭时，按防淹门紧急关闭的程序执行。

2) 如确认为信号与防淹门接口故障，受影响的区域进路不能排列，行调通知司机以 RM 模式运行，收到 ATP 速度码后转为 ATO 模式驾驶。

3) 维调接到故障报告后，立即组织信号和电机维修人员前往抢修。

(5) 信号与屏蔽门接口故障的处理

1) 客车在进入车站站台区前或在站台区收不到速度码的处理规定如下：

① 电客车在站台区前停车时，立即报告行调，行调与车站确认站台区无异常后指令司机以 RM 模式进站对标。

② 当电客车在车站关好屏蔽门、车门后，收不到速度码时，司机立即报告行调，由行调指令车站派人在 PSL 上打"屏蔽门互锁解除"开关，收到速度码后以 ATO 模式动车，如收不到速度码按行调命令以 RM 模式动车。

2) 车站接到行调通知，司机在进站前或在站台区收不到速度码时，立即检查站台区和屏蔽门的状态，发现异常立即报告行调，做好打"屏蔽门互锁解除"的准备。

3) 维调接到故障报告后,立即组织维修人员前往抢修。

(6) 车门与屏蔽门不能联动时

1) 车载 ATO 故障,车门与屏蔽门不能联动时,当客车离前方终点站 5 个站及以上时,行调通知下一车站派站务人员上驾驶室,协助司机开关屏蔽门。

2) 屏蔽门与车门联动功能故障的情况下:

① 客车配一名司机和一名屏蔽门操作员,司机负责驾驶客车和操作客车相关设备;屏蔽门操作员负责操作屏蔽门的开关,协助司机瞭望进路,监督客车司机按规定速度运行。

② 客车在投入客运服务前,须把开门状态开关打到手动位;客车在车站停稳后,应迅速打开驾驶室门,先由屏蔽门操作员操作打开屏蔽门,后由司机打开客室门;当距开车时间 15~12s 时,先关闭屏蔽门,再关闭客室门,并确认无夹人夹物时,进入驾驶室开车。

(7) 取消发车进路的规定

行调或行车值班员应正确掌握开放(显示)信号时机。当取消发车信号时,应先通知司机,在列车尚未启动时,收回行车凭证,再取消发车进路。

(8) 客车故障处理

1) 客车车门故障的处理

① 电客车在车站发生车门故障时,司机再次打开屏蔽门和车门,并前往故障门处进行处理。

② 故障门处理完后,先关屏蔽门,后关客室门,确认正常后动车。

③ 行调及时组织本站或下一站车站人员在故障车门处张贴故障纸。

2) 客车故障被迫停车的处理。

① 电客车在隧道内停车时,如果停车超过 2min,行调口头通知环调送风。

② 电客车故障情况下行调负责行车组织,司机负责故障的

判断和处理，必要时司机向检修调度请求技术支援，司机离开驾驶室处理故障前须报告行调。行调接到司机的故障报告后通知检修调度。

③ 电客车故障5min无法动车时（单个车门或司机已报告可排除的故障除外），行调通知救援列车、在站台区域故障列车清客，通知相关车站做好配合。电客车的故障处理时间原则上为8min，如仍不能动车时，由主任调度决定救援。

④ 请求救援电客车在站台需要清客时，行调通知司机和车站，车站及时组织清客，清客时间原则上不得超过3min。司机除引导乘客下车外，还必须做好电客车的防护及协助救援工作。

（9）救援列车的开行

1）行调接到司机的救援请求或主任调度决定实施救援后，向有关车站发布开行救援列车的命令。行调优先组织就近电客车担任救援，原则上不组织载客列车担任救援。故障工程车在区间时，需要发布封锁站间线路的命令，行调组织就近工程车担任救援。

2）已申请救援的列车不准动车，司机应打开被救援列车两端的标志灯作为防护信号，并注意与救援列车的联系，连挂之前还可继续排除故障，但不能启动列车，如故障排除则报告行调取消救援。

3）救援列车凭行调命令进入救援区间，在距被救援列车15m外一度停车，距被救援列车1m处停车，听从救援负责人（被救援列车司机）的指挥进行连挂。

4）救援列车与故障列车连挂后，原则上以NRM模式限速30km/h运行。

5）若使用工程车救援电客车时，工程车应采用双机重联的方式，需要发布封锁站间线路的命令，行调组织就近工程车担任救援，并执行相关限速要求及规定。

6）向封锁线路发出救援列车时，不办理行车闭塞手续，以行调命令作为进入该封锁线路的许可。但救援列车司机仍需确认前方进路与道岔情况。

7）在未接到开通封锁线路的调度命令前，不得将救援列车以外的其他列车开往该线路。

（10）屏蔽门故障的处理原则

1）发生屏蔽门故障时，要按照"先通车后恢复"的原则进行处理，车站人员要尽快处理，及时向司机显示"好了"信号，司机在确保安全的情况下按运营时刻表的要求运行。

2）当运营中屏蔽门发生故障时，司机、车站要及时做好广播，引导乘客上下车。

3）屏蔽门故障的应急处理办法，按规定程序执行。

4）故障屏蔽门修复后，需对相应侧的屏蔽门进行一次开关门试验。

（11）特殊情况下的列车运行

1）反方向运行

① 在具有反方向 ATP 区段反方向运行；

a. 列车反方向运行前必须得到行调的命令，行调需通知司机和车站，必要时行调安排车站人员协助司机开/关屏蔽门；

b. 电客车反向运行驾驶模式为 ATPM，行车凭证为车载信号。

②在反方向 ATP 故障的情况下，除降级运营时组织单线双方向运行或开行救援列车外，载客列车原则上不组织反方向运行；客车反向运行在各站不能通过，自动停车，没有跳停功能，停站时分由司机掌握。

③ 工程列车需在明确行车计划和进路排列好的情况下方可反方向运行。

2）列车退行

① 列车因故在区间停车需要退行回车站时，司机必须报告行调；

② 行调必须确认退行路径上的道岔已锁定（进路锁定或单锁），退行列车停车位置需退行至车站站线及其后方区间没有列

车占用，并在后方站设置扣车，或后方区间虽已有列车进入但已命令停车且已与车站确认停车位置到前方站台仍有足够安全防护距离后，方可同意列车退行；

③ 如退行列车已全部出清站台区，原则上行调通知司机换端退行；如退行列车仍有部分车厢停在站台区，行调通知车站后可指令司机不换端退行，以 RM 模式后退时最大距离不超过 5m，退行距离超过 5m 时以 NRM 模式退行；

④ 只有当列车已全部出清站台区，因故需退回车站时车站才显示引导信号；

⑤ 列车退行进入车站时，车站接车人员应于进站端墙处显示引导信号。列车在进站端墙外确认引导信号正确后方可进站，在站停稳后司机报告行调。

3) 客车推进运行

① 电客车推进运行，必须得到行调的调度命令；推进运行时，必须有符合资格的司机在客车前端驾驶室引导，无人引导时，禁止推进运行；

② 当难以辨认信号时，禁止列车推进运行；

③ 在 30‰ 及以上的下坡道推进运行时，禁止在该坡道上停车作业，并注意列车的运行安全。

4) 客车越站

① 不影响后续列车正点运行或折返后能够正点始发的晚点列车，不组织越站；

② 末班车或乘客无返乘条件的列车，不组织越站；

③ 原则上不准两列及以上客运列车在同一车站连续越站；

④ 电客车在站越站时，应及时通知司机和相关车站；

⑤ 电客车在换乘站越站时，应及时通知邻线行调。

5) 客车临时清客

① 原则上不能连续安排两列同方向的客车在同一个车站临时清客。

② 接载前方被清下来乘客的后续客车，原则上不能安排

清客。

③ 使用信号 ATC 运行的客车停站对标时，当列车头部越过红灯的信号机时，司机必须先报告行调，再按行调的要求动车。

6）恶劣天气下的行车组织原则

在恶劣天气（如暴雨、台风、洪水、高温和地震等）条件下的行车组织原则，以确保行车安全为原则，采取降低运行速度、严格控制一个站间区间只准同方向一列车占用的办法组织行车。

3. 非正常情况的行车组织程序

（1）电话闭塞法

1）运行中注意：

① 广播：列车在站启动出站后进行人工点击报站广播，报站广播结束后立即进行人工点击限速广播。

② 在采用电话闭塞法组织行车时，列车以 RM 模式限速 25km/h 运行，运行中无须确认进路防护信号，但必须严格确认道岔开通位置、状态正确，发现异常立即停车。

③ 在区间运行时发现前方有车或有人时，必须立即停车报行调。

2）若故障区段包括折返线时，列车进出折返线/存车线：

司机接到行调采用"电话闭塞法组织行车"的调度命令，凭车站人员显示的"道岔开通好了"信号（白色灯光作圆形转动）进出折返线/存车线，运行中注意限速 15km/h，严格确认道岔开通状态，发现异常立即停车，报告车站和行调。

（2）采用电话闭塞法运行时

调度书面命令（表 3.2-8）。

1）采用电话闭塞法行车的范围

连锁站连锁区故障时，采用站间电话闭塞行车法：连锁站/车厂~车辆段/车站。

2）使用时机

当车站与车厂之间发生信号连锁故障时，由行调发布命令采用电话闭塞法组织行车，命令由车站/车厂或行调传达给司机。

3 行车组织

调度书面命令　　　　　表 3.2-8

表号：	____年___月___日___时___分	
受令处所	命令号码	行调姓名
命令内容		

行车专用章_____车站值班站长

注：规格 110mm×160mm

3）行车凭证

① 行调发布"采用电话闭塞法组织行车"的调度命令；

② 路票；

③ 发车信号。

4）采用电话闭塞法时，司机须注意：

① 关门时机

在车站接到车站值班员或值班站长的路票，司机向车站值班员或值班站长复诵并确认正确后，确认清客完毕关车门、屏蔽门。

② 动车凭证

确认采用站间电话闭塞行车法组织行车的调度命令，确认路票，（回厂）发车信号动车/（出厂）发车手信号。

路票是占用出/入车厂线和转换轨的凭证。司机入厂时在车站至转换轨可凭路票和发车信号行车；司机出厂时在转换轨至车站，凭路票和发车手信号行车。但转换轨至车厂线路必须凭车厂信号楼开放的地面信号或命令动车。

③ 驾驶模式

司机以 RM 模式驾驶，限速 25km/h 运行。

④ 运行中注意

采用电话闭塞法行车，一个闭塞区段（车厂-车站、车站全程）只允许一列车占用，列车全程采用 RM 驾驶。运行途中严格确认道岔状态，发现异常立即停车并报告行调和车站。

列车在车厂范围内运行必须按地面信号或手信号显示行车。

车厂故障时：出厂列车在进站信号机前一度停车，凭进站的黄灯或车站的引导信号进入车站（引导信号包括信号机显示的黄灯＋红灯或手信号-展开黄旗或黄灯高举头顶进站方向左右摇动）。

车站故障时：回厂列车在转换轨一度停车，凭入厂信号机的黄灯或引导信号进入车厂。

（3）按调车方式办理实施细则

1）总则

① 按调车方式办理的办法只适用于具备折返功能的车站。

② 终点站出现道岔故障时，优先采用变更折返进路，事故处理主任（车站值班站长担任）组织维修人员进行抢修，抢修期间各次列车需经过故障道岔则按调车方式办理，列车出清后在来车方向的轨道中央设置红闪灯防护（抢修地点前不少于 5m），维修人员继续抢修。

2）按调车办理时，行车组织方式：

① 地面信号不能开放，现场人工排列进路，事故处理主任（值班站长）现场指挥动车；

② 地面信号能开放，事故处理主任（值班站长）现场指挥动车。

3）行车凭证（以下内容缺一不可）：

① 行调发布按调车方式组织列车折返的调度命令；

② 现场事故处理主任（值班站长）的动车指令：

a. 当地面信号不能开放时："某某至某某的进路已排好，某某司机可以凭'道岔开通好了信号'动车。"

b. 当地面信号可以开放时："某某至某某的进路已排好，某某司机可以凭'地面信号'动车。"

4）信号显示

① 当地面信号不能开放时：折返线内车站人员显示道岔开通好了信号。

② 当地面信号可以开放时：地面信号已开放。

5）列车动车条件

司机确认行车凭证满足、道岔开通位置正确、进路某某站方向红闪灯撤除，无人员及工器具侵入线路，方可鸣笛动车。

6）司机动车前与事故处理主任的联控用语

① 地面信号不能开放，司机凭事故处理主任的动车指令及折返线内车站人员的"道岔开通好了"信号动车，联控用语按表3.2-9：

联控用语表（一） 表 3.2-9

呼唤时机	事故处理主任	司机
办理好进折返线的进路后	某某站某某站方向/某某方向站台司机,某某站方向/某某方向站台至折返线某某道进路好了,凭"道岔开通好了"信号动车	某某站某某站方向/某某方向站台至折返线某某道进路好了,凭"道岔开通好了"信号动车,某某次司机明白
办理好出折返线的进路	折返线某某道司机,折返线某某道至某某站方向/某某方向站台进路好了,凭"好了"信号动车;	折返线某某道至某某站方向/某某方向站台进路好了,凭"好了"信号动车,某某次司机明白

② 地面信号可以开放，司机凭事故处理主任的动车指令及地面信号显示动车，联控用语按表3.2-10。

联控用语表（二） 表 3.2-10

呼唤时机	事故处理主任	司机
办理好进折返线的进路	某某站某某站方向/某某方向站台司机,某某站方向/某某方向站台至折返线某某道进路好了,凭地面信号显示动车	某某站某某站方向/某某方向站台至折返线某某道进路好了,凭地面信号显示动车,某某次司机明白

续表

呼唤时机	事故处理主任	司机
办理好出折返线的进路	折返线某某道司机,折返线某某道至某某站方向/某某方向站台进路好了,凭地面信号动车	折返线某某道至某某站方向/某某方向站台进路好了,凭地面信号动车,某某次司机明白

注:司机认真确认事故处理主任的动车指示内容,对照清楚是凭"地面信号动车",还是凭"道岔开通"好了"信号"动车。

一般情况下,按调车办理时,不会出现进、出折返线时地面信号都可开放的情况(故障已修复但行调仍命令采用调车方式办理除外);可能出现进入折返线凭"道岔开通好了信号",出折返线凭地面信号显示。

7)安全注意事项

① 行调向司机发布折返站按调车方式办理的命令后,列车进站台时,以ATPM模式限速25km/h鸣笛进站,留意列车推荐速度,出现自动停车时马上采取制动。自动停车后与行调联系,按指示执行。

② 行调向司机发布折返站按调车方式办理的命令后,列车进出折返线时,无论是凭地面信号,还是凭道岔开通好了信号,均要得到事故处理主任的指示才能动车。

③ 进出折返线时,以ATPM模式限速15km/h,司机严格确认道岔、进路状态,发现异常立即停车,报告事故处理主任处理。

④ 司机加强与车站现场人员的联系,留意监听对讲机,凭现场事故处理主任的指挥动车,发现危及行车安全或听到停车呼叫时,立即制动停车;再次动车必须得到现场事故处理主任的同意。

⑤ 采用调车方式进出折返线时,接车司机需到往折返线方向司机室进行添乘,与到达司机共同确认现场情况(有班组长在场的情况下不需要),当列车头部越过往折返线方向的所有道岔后,接车司机进站方向换端。换端后确认行车凭证满足后,才通

知后端司机关主控钥匙。注意需等待30s后,才能激活运行端司机台。

3.2.5 信号显示

车厂信号显示方式:

(1) 入车厂信号机为高柱三显示,显示方式(表3.2-11)。

入车厂信号显示方式　　　表3.2-11

序号	信号灯显示	行车指示	备注
1	黄灯	允许进车厂	
2	红灯	停止(禁止越过)	
3	黄/红灯	引导信号进车	

(2) 出车厂信号机为矮柱三显示,显示方式(表3.2-12)

出车厂信号显示方式　　　表3.2-12

序号	信号灯显示	行车指示	备注
1	黄灯	允许出车厂	司机要注意限速
2	红灯	停止(禁止越过)	
3	月白灯	允许调车	

停车库内调车信号机为红色、白色灯光显示,其他信号机为蓝色、白色灯光显示。红色、蓝色灯光表示禁止越过,白色灯光表示允许调车。

(3) 正线信号系统的显示(表3.2-13)

正线信号系统进路防护信号的显示　　　表3.2-13

序号	信号灯显示	行车指示	备注
1	绿灯	允许信号,前方道岔开通直股	
2	黄灯	允许信号,前方道岔开通侧股	
3	黄灯+红灯	引导信号,允许越过该信号机	
4	红灯	禁止信号,不允许越过该信号机	
5	灭灯及其他显示	不允许非CBTC列车越过信号机	

(4) 手信号

1)特殊情况下,列车运行时有关人员应遵守下列手信号的显示(表3.2-14)。

手信号的显示 表3.2-14

序号	手信号类别	显示方式 昼间	夜间
1	停车信号:要求列车停车	展开的红色信号旗,无红色信号旗时,两臂高举头上,向两侧急剧摇动	红色灯光,无红色灯光时,用白色灯光上、下急剧摇动
2	紧急停车信号:要求司机紧急停车	展开红旗下压数次,无信号旗时,两臂高举头上,向两侧急剧摇动	红色灯光下压数次,无红色灯光时,用白色灯上下急剧摇动
3	减速信号:要求列车降低速度运行	展开的黄色信号旗,无黄色信号旗时,用绿色信号旗下压数次	黄色信号灯光,无黄色灯光时,用白色或绿色灯光下压数次
4	发车(指示)信号:要求司机发车	展开的绿色信号旗上弧线向列车方面作圆形转动	绿色灯光上弧线向列车方面作圆形转动
5	通过手信号:准许列车由车站通过	展开的绿色信号旗	绿色灯光
6	引导信号:准许列车进入车站或车厂	展开黄色信号旗高举头上左右摇动	黄色灯光高举头上左右摇动
7	降弓信号	左臂垂直高举,右臂前伸并左右水平重复摇动	白色灯光上下左右重复摇动
8	升弓信号	左臂垂直高举,右臂前伸上下重复摇动	白色灯光作圆形转动
9	好了信号:进路开通、某项作业完成的显示	用拢起信号旗作圆形转动	白色灯光作圆形转动

2)调车手信号(表3.2-15)。

调车手信号 表3.2-15

序号	调车手信号类别	显示方式 昼间	夜间
1	停车信号	展开的红色信号旗	红色灯光
2	减速信号	展开的绿色信号旗下压数次	绿色灯光下压数次

续表

序号	调车手信号 类别	显示方式 昼间	夜间
3	指挥列车或车辆向显示人方向来的信号	展开的绿色信号旗在下方左右摇动	绿色灯光在下方左右摇动
4	指挥列车或车辆向显示人反方向去的信号	展开的绿色信号旗上、下摇动	绿色灯光上、下摇动
5	指挥列车或车辆向显示人方向稍行移动的信号(包括连挂)	左手拢起红色信号旗直立平举,右手展开的绿色信号旗在下方左右小摆动	绿色灯光下压数次后,再左右小动
6	指挥列车或车辆向显示人反方向稍行移动的信号(包括连挂)	左手拢起红色信号旗直立平举,右手展开的绿色信号旗在下方上、下小动	绿色灯光平举上、下小动
7	三、二、一车距离信号	右手展开的绿色信号旗下压三、二、一次	绿色灯光平举下压三、二、一次
8	连挂作业	两臂高举头上,拢起的手信号旗杆成水平末端相接	红、绿色灯光(无绿色灯用白色灯光代替)交互显示数次
9	试拉信号(连挂好后试拉)	按本表第5或第6项的信号显示,当列车启动后立即显示停车信号	
10	取消信号:通知前发信号取消	拢起的手信号旗,两臂于前下方交叉后,左右摇动数次	红色灯光作圆形转动后,上下摇动

3) 试验列车自动制动机的手信号显示方式如下:

① 制动:

昼间:用拢起信号旗高举头上。

夜间:白色灯高举。

② 缓解:

昼间:用拢起信号旗在下部左右摇动。

夜间:白色灯光在下部左右摇动。

③ 试验完了(或其他作业完成的显示):

昼间:用拢起信号旗作圆形转动。

夜间:白色灯光作圆形转动。

④ 音响信号

a. 音响信号,长声为2s,短声为0、5s,间隔为1s。重复鸣示时,须间隔5s以上。

b. 客车、车组、工程车、轨道车等列车的鸣示方式(表3.2-16)

客车、车组、工程车、轨道车等列车的鸣示方式

表3.2-16

序号	名称	鸣示方式	使用时机
1	启动注意信号	一长声 —	(1)调试列车在正线或工程车启动及机车车辆前进时。 (2)客车接近没有屏蔽门的车站、工程车及调试列车接近车站,工程车进出隧道口前、施工地点,列车看到黄色手信号、引导手信号时,天气不良时。 (3)客车在检修及整备中,准备降下或升起集电弓
2	退行信号	二长声 — —	客车、机车车辆、单机开始退行
3	召集信号	三长声 — — —	要求防护人员撤回时
4	警报信号	一长三短声 — ···	(1)发现线路有危及行车安全的不良处所时。 (2)列车发生重大、大事故及其他需要救援情况时
5	试验自动制动机复示信号	一短声 ·	(1)试验制动机开始减压时。 (2)接到试验制动结束的手信号,回答试风人员时。 (3)调车作业中,表示已接受调车员所发出的信号时
6	缓解信号	二短声 ··	试验制动机缓解时
7	紧急停车信号	连续短声 ····	司机发现邻线发生障碍,向邻线上运行的列车发出紧急停车信号时,邻线列车司机听到后,应立即紧急停车

⑤ 口笛鸣示方式(表3.2-17)。

口笛鸣示方式　　　　　表 3.2-17

序号	工作项目	鸣示方式	
1	发车、指示机车向显示人反方向移动	一长声	— —
2	指示机车向显示人方向移动	一短一长声	• — —
3	指示发车	一长一短声	— — •
4	制动机减压	一短声	•
5	制动机缓解	二短声	• •
6	一道	一短声	•
7	二道	二短声	• •
8	三道	三道声	• • •
9	四道	四短声	• • • •
10	五道	五短声	• • • • •
11	六道	一长一短声	— — •
12	取消	二长一短声	— — — — •
13	再显示	二长二短声	— — — — • •
14	列车接近通报信号 上行 下行	二长声 一长声	— — — — — —
15	停车信号	连续短声	• • • • • •

⑥ 在日常车务运作中,调车员或管理人员及行车有关人员检查工作或遇列车救援、发生紧急情况,没有携带信号灯或信号旗时,可用下列徒手信号显示,(表 3.2-18)。

徒手信号显示　　　　　表 3.2-18

序号	徒手信号类别	显示方式
1	紧急停车信号(含停车信号)	两手臂高举头上,向两侧急剧摇动
2	三、二、一车信号	单臂平伸后,小臂竖直向外压直,反复三次为三车、二次为二车、一次为一车
3	连挂信号	紧握两拳头高举头上,拳心向里,两拳相碰数次
4	试拉信号	如本表第 5 或第 6 项,当列车刚启动马上给停车信号(第 1 项)

续表

序号	徒手信号类别	显示方式
5	向显示人方向稍行移动	左手高举直伸,右手平伸小臂左右摇动
6	向显示人反方向稍行移动	左手高举直伸,右手向下斜伸,小臂上下摇动
7	发车(指示)信号(好了信号)	单臂向列车运行方向上弧圈做圆形转动

3.2.6 列车调试作业程序

1. 动调、试验准备

(1) 动调、试验：指有关部门对新系统、新设备开通启用测试及国产化、科研技改设备上线测试和原系统、设备新功能启用测试，使设备达到运营服务的标准，为设备投入运营服务所作的准备工作。

(2) 动调、试验内容涉及行车相关的，必须遵守行车相关的规章。即动态动调、试验的动车需求是建立在行调命令及动调负责人的指令为基础，两者发生矛盾时以行调命令为主，拒绝动调负责人的违章指挥，因此，动调与行车密不可分，只有在确保行车安全的基础上才能完成动调任务。

(3) 车辆正线动调司机，必须接受过电客车操作培训。列车整备要求严格按照调车整备作业流程规定进行。列车动车的条件：一是动调负责人到位；二是凭动调负责人指令动车。动调司机正线出勤时间比照计划提前30分钟出勤；车辆段出勤时间比照计划提前1h出勤。向派班员了解动调目的、内容、作业要求及安全注意事项等；注意核对确认调度命令日期、作业区域、行车凭证等内容。

2. 工作职责

(1) 动调司机工作职责

1) 动调司机须与添乘司机共同认真确认调度命令与动调任务书的动调内容一致，并共同签名确认报行调同意后方可进行动调；

2) 司机必须根据行调命令按照动调负责人（规章规定的范围内）的要求安全操纵电客车；

3) 车辆段凡是需要动车前,须得到动调负责人同意并确认行车凭证正确后方可动车,确认动车"三要素"(进路、信号、道岔);

4) 动调司机在动调期间接到行调命令,必须双司机共同核对确认。

(2) 添乘司机工作职责

1) 出勤时,添乘司机须与动调司机共同确认动调目的、内容、作业要求及安全注意事项等(电话出勤时严格按电话出勤的相关规定执行);

2) 动调前充分休息,班中集中精神,动调前认真学习并掌握动调、试验方案的要求及注意事项;

3) 当动调司机接到调度命令后共同确认调度命令内容,发现有疑问时及时报行调/车厂调度;

4) 负责动调列车的运作安全及人员的人身安全;

5) 加强与派班员、行调及动调负责人联系;

6) 动调、试验负责人提出动调要求超出计划内容时,应及时向行调(在车辆段则报车厂调度)汇报;

7) 添乘人员遇到下列情况时应给予坚决制止,严禁动车:

① 动调、试验指令违反相关安全规定或规章时;

② 危及行车安全(如有物品侵入限界、道岔位置不对等情况)时;

③ 不具备动车条件(如电客车上的设备未恢复正常位置、未进行制动试验等情况)时。

④ 无动调、试验负责人在场(只有外方人员的情况)时;

⑤ 作业计划不清或计划与实际有出入时;

⑥ 要求动调高速,但不够制动距离时。

3. 车辆动调、试验安全控制措施

(1) 车辆动调、试验的主要内容

车辆动调一般包括:型式试验、200km动调、高速动调、重载试验、功能性动调、噪声测试等。

(2) 动调乘务人员的安排

安排持有地铁公司颁发的司机上岗证（电客车司机岗位），且需要双司机情况下，其中一人为具备驾驶电客车资格的人员（中级司机及以上）担任动调列车的驾驶任务，另外一名司机做好监控；特殊情况下安排客车队长及以上乘务人员担任动调的添乘以及驾驶任务。

根据车辆动调内容制定相应的动调细化控制措施

（3）电客车型式试验

线路首批列车现场进行的试验如下，正线型式试验计划需时待定（其中1个工作日以14个小时进行计算），包括的内容有：干扰试验、故障诊断系统试验、曲线和坡道的多变线路的运行试验、列车故障运行能力试验、运行阻力试验等。

电客车型式动调、试验注意事项：

1）动调过程中出现的车辆问题由动调负责人或车辆专业人员进行处理，如需要动车时必须得到动调负责人的动车指令。

2）在进行"曲线和坡道的多变线路的运行试验、列车故障运行能力试验、运行阻力试验"等试验时，一般需要选定特殊的区段（弯道/坡道），中心相关管理人员认真审核动调的区段是否满足动调要求，并根据动调现场制定相应的防范措施。

3）司机必须按照动调的速度要求及规定的驾驶模式操作列车，出现在上坡道不能启动列车时及时拉停列车，防止列车出现后溜。

4）当出现列车在采取常用制动后无制动力时，拍紧停，再不行施加停车制动。

5）司机在驾驶过程中注意操作技巧，制动时做到早拉少拉；在大坡道上（20‰以上）启动时主控手柄推牵引须以至少50%的牵引力启动。

6）在弯道运行时降低速度，需要推进运行时必须有人在前端引导，无人引导时，严禁推进运行。

7）在动调过程中遇动调负责人提出的要求超出动调内容时，司机应立即报行调或车厂调度，得到同意方可执行。

（4）电客车正线行车动调

电客车在正线进行行车动调时，一般在正线封锁若干区段进行；一般由行调发布相关线路的封锁命令，司机在拿到封锁的书面命令后与行调进行核对。

客车正线行车动调注意事项：

1）司机注意确认调度命令内容，明确运行区间、运行方式、线路是封锁还是凭地面信号显示行车、每站是否停车、是否开关车门、有具体每趟车的车次时，是否为足够、其他有不清楚的事项时等；

2）明确动调的具体内容，如需要进行哪些功能方面的试验、速度的要求、运行模式（一般为 NRM）、动调的区段。

3）第一趟进行压道，压道时速度不能高于 15km/h，过侧向道岔速度不得高于 15km/h，严格执行线路速度限制要求，严禁超速驾驶。

4）通过道岔时注意适当降低运行速度，认真确认道岔开通位置。

5）严格按动调的相关规定在封锁区段内运行，未得到行调允许严禁进入封锁区段以外的线路。

（5）电客车正线高速动调

高速动调指列车运行速度高于 60km/h 的动态动调，主要测试列车在高速运行时车辆的相关性能是否满足要求。

高速动调的注意事项：

1）确认封锁区域是否满足动调的需要，如不满足条件则拒绝该项测试。

2）动调时开始试验的第一趟或停止试验超过 2h 需重新进行试验时，先进行制动测试，再限速 15km/h 压道（特殊情况要求低于 15km/h 的，按要求执行）。

3）列车在进行高速动调前必须测试列车的牵引及制动系统是否良好。

4）在正线进行 60km/h 及以上的高速试验时，两端须各有一个区间作为防护并须从封锁区段起点站开始，且进站速度严格按《线路行车组织规则》执行。

（6）电客车重载试验

列车模拟在正线载客时的列车运行性能,一般采用在客室内装载沙袋的方式来模拟正线各种载荷,用来测试列车牵引及制动等性能是否符合要求。

重载试验时的注意事项:

1)电客车重载试验时,在20‰及以上的上坡道启动时,须以至少50%的牵引力启动;

2)进行牵引、制动试验时,注意重载与空载时达到同样的速度时,所需的牵引距离和制动距离均大于空载所需的距离,需预留足够的牵引及制动距离;

3)司机换端时,在客室行走,注意脚下状况,防止摔倒、扭伤(AW2、AW3情况下,沙包较多)。

（7）电客车功能性动调

电客车功能性动调一般安排在车辆段试车线进行,主要包括有旁路开关功能测试、警惕按钮测试等列车功能性试验。

功能性动调时的注意事项:

1)旁路测试时须做好预想,确认安全后才做,发现异常及时采取措施。特别是进行停放制动及常用制动旁路测试时,避免造成抱闸走车。

2)测试完某个旁路功能后,监督动调负责人是否已将该旁路开关恢复。如没有恢复,及时提出建议要求恢复。

3)进行警惕按钮测试时,速度不能高于25km/h,必须保证有足够的制动距离及安全距离,在试车线百米标后严禁进行警惕按钮测试;松开警惕按钮后超过规定时间(一般为3~5s)列车仍没有产生紧急制动时,司机马上人工介入拉停列车。

4. 信号动调注意事项

CBTC及BM信号动调注意事项:

（1）动调作业前,动调司机及添乘人员须先向动调负责人确认动调内容是CBTC(信号机灭灯)还是BM(信号机显示正确)。

（2）当进行CBTC/BM信号动调时,每次动车前,司机须与动调负责人了解动调进路的安排，按动调负责人的指令、司机确认具备行车条件后凭信号机显示和推荐速度动车（CBTC凭推荐速度动车）。

（3）动车前司机要认真确认信号机的显示（CBTC信号动调时，信号机灭灯）及道岔位置是否正确，不正确时司机严禁动车。

（4）列车在区间运行时，司机要认真确认进路及道岔的位置（特别是区间信号机及道岔），看不清时，要降低列车速度确保列车在道岔前停稳。发现异常时要及时采取紧急停车措施。

（5）当CBTC信号动调时，如司机发现信号机突然有异常显示须立即紧急停车，与行调重新确认进路的情况，经行调同意及动调负责人的指令动车。

（6）当BM信号动调时，如需越过红灯或灭灯的信号机时，须得到动调负责人授权后方可越过。动调司机记录好允许越过信号机的编号、时间、动调负责人的签名。

5. 车辆段试车线动调注意事项

（1）电客车在进入试车线前，司机应报信号楼值班员确认试车线接触网供电情况。

（2）在试车线进行动调作业需上下车时，注意抓牢踩实，防止摔倒。

（3）电客车动调时开始试验的第一趟或停止试验超过2h需重新进行试验时，先进行制动测试，再限速15km/h压道（特殊情况要求低于15km/h的，按要求执行）。

（4）电客车NRM模式驾驶时只能在试车线两端的"100m标"区段内运行。特殊情况需要越过"100m标"时，必须由动调负责人同意后，限速10km/h进入前方轨道并在停车标前停车；ATPM/RM动调需进入"100m标"内时限速10km/h并在停车标前停车；ATO动调时司机需密切关注列车速度及目标距离，确保电客车在停车标前停车。

（5）遇恶劣天气（如雨雪、霜冻、大雾等），难以瞭望线路、道岔、信号等情况时，车厂调度员应停止车辆段内的动调、调车作业，并及时通知相关部门负责人。

（6）当电客车在试车线运行中出现"空转/滑行"时，司机及时停车报告车厂调度员，车厂调度员应停止该项动调作业，查实情况并落实措施后方可继续进行。雨天严禁进行全常用制动、紧急制动试验。

（7）电客车以 ATO/ATPM 模式动调原则上最高运行速度为 60km/h，NRM 模式限速 40km/h，夜间动调最高运行速度为 40km/h（包括进行 ATO 动调）。

（8）进行 ATO 模式驾驶信号动调，在接近停车点出现速度异常或在运行过程中实际速度高于正常制动距离的速度时，司机必须立即采取紧停措施停车。

（9）电客车进行高速（指进行 40km/h 及以上）试验时，电客车必须在试车线两端"停车标"前停稳后，再进行高速试验，在电客车到达 60km/h 时做好准备制动措施，到达"60km/h"限速标时，司机必须采取措施将速度控制在 60km/h 以内，并将手柄置于制动位，做好随时停车准备。若到达"60km/h"限速标前速度仍未达到 60km/h，则严禁再提速到 60km/h 及以上的动调，先停止本趟高速试验。

（10）司机要严格按照试车线信号标志要求，严格控制速度运行。试车线速度限速（表 3.2-19）。

试车线各标示牌运行限制速度表 表 3.2-19

地点或时机	白天		夜间	
	NRM/RM	ATO/ATPM	NRM/RM	ATO/ATPM
60km/h 制动标	60/25	按设定正常速度/60	40/25	40/40
第一往返	15（低速压道，进入"100m"标限速 10km/h）			
300m 标	40/25	按设定正常速度/40	40/25	40/40
200m 标	20/20	按设定正常速度/20	20/20	20/20
100m 标	特殊情况应限速 10km/h 进入	按设定正常速度/10	特殊情况应限速 10km/h 进入	
停车标	接近两端停车标时严格按照"三、二、一车"的限制速度（即 8km/h、5km/h、3km/h）			

6. 动调、试验作业安全规定

正线进行 NRM 模式动调和信号动调时，应安排中级司机及以上乘务人员担任添乘司机，负责监控动调司机操作，确保动调列车运行安全。

电客车动调、试验作业的行车工作由司机负责，在动调、试验电客车运行过程中，禁止动调、试验人员（含外方人员）擅自动用与行车安全有关的设备设施。需要进行一些影响行车的试验操作（如进行紧急制动试验）需向司机交代清楚并经同意后方可进行，司机在同意前需落实好行车安全的事宜。

电客车进行任何动调、试验，须由动调负责人统一指挥，司机必须根据动调负责人的要求操纵。凡是需要越过动调封锁区域时，需要与行调联系落实运行进路的安全并得到其同意后，再确认，行车"三要素"（进路、信号、道岔）符合行车条件方可动车。

正线司机按照动调计划的安排按行调的命令听从动调负责人指挥，明确动调程序及其安全事项，在指定的区域进行动调。

严格按照规定的速度或按行调限速命令运行，列车通过曲率半径小于 400 米的线路或限速区段，司机应提前降低速度，严禁超速驾驶。列车进入道岔侧股时速度控制在 25km/h 以下。

电客车在动车出车辆段前，司机必须正确理解调度命令内容，明确动调负责人，与其确认动调内容及安全注意事项，清楚并明确动调程序。司机需检查电客车制动试验、线路限界、进路信号的显示、动调人员及设备到位等情况具备行车安全条件，如有异常及时报告车辆段调度员，并禁止动车。

以 NRM 模式动调列车要求通过车站时，在始发站司机必须与动调负责人共同确认到终点站的进路是否正确。

在动调、试验作业过程中出现车辆故障时，电客车司机应及时向动调负责人汇报，由其进行处理，视其需要给予协助。禁止未经动调负责人同意擅自动用车载设备或进行任何试验操作。

遇较难确认信号的车站或区间，司机应适当降低速度直至能清楚确认信号显示后按规定的速度运行。

列车在站台、区间临时停车时要将主控手柄拉到全常用制动位，如发生前后溜时应按压停放制动施加按钮。列车在站台、区间计划停车超过 20min 时，司机将方向手柄置零位。

列车在两端终点站或在运行中途站需要折返，换端后司机认真确认进路信号机的显示、道岔位置（无进路信号机、道岔的车站时凭动调负责人）正确并凭动调负责人的指令动车。

动调列车在区间停车时，严禁车上动调人员下车，司机做好监督。如有需要下车则报行调批准后，方可同意动调人员下车。

动调、试验作业严禁电客车学员操纵列车，司机应严格执行规章制度、控制好速度，加强瞭望和呼唤应答，认真操作，密切注意、观察设备仪表的状态，遇信号异常或危及行车安全时，应立即采取紧急停车措施，并及时汇报动调负责人及行调或车厂调度，听从其指示，确保动调安全。作业途中停止时，没有动调负责人的指示，严禁擅自动车。

7. 有下列情况时，须限速动调、试验

（1）电客车有一节或两节车的牵引、制动系统故障或切除时，限速 40km/h 以下的动调、试验。

（2）遇恶劣天气（如雨雪、霜冻、大雾等），难以瞭望线路、道岔、信号等情况时，车厂调度应停止车辆段内的动调作业，并及时通知相关部门负责人。

（3）因警惕按钮故障被旁路时，NRM 模式下限速 25km/h 及以下的动调、试验。

（4）晚上试车线需在 NRM 模式下进行动调、试验时，限速 40km/h 以下的动调、试验。

（5）电客车在动调、试验期间司机需服从动调负责人的指挥，但遇动调负责人提出动调要求超出计划内容时，司机应及时向行调（在车辆段则报车厂调度）汇报。下列情况则司机应给予坚决制止，严禁动车，并将情况报告行调（在车辆段则报车厂调度）处理。动调人员（含外方人员）不听劝阻者，司机有权停止作业。

8. 相应的动调、试验方案不清楚或与实际有出入时

(1) 电客车有三节车及以上的牵引故障时；

(2) 电客车有三节车及以上制动故障时或切除 5 个及以上 B05 时；

(3) 动调、试验电客车限速未设好时；

(4) 由于动调、试验所需设置在车体外的线或其他设备未固定好时；

(5) 当发现设备（车辆、线路、接触网等）有异常，危及行车或人身安全时；

(6) 动调、试验项目负责人不在现场时；

(7) 试、试验指令违反相关安全规定或规章时；

(8) 其他影响动调、试验安全时。

9. 确认调度命令

接到行调命令后，须与交接人面对面复诵交接，共同确认调度命令正确；

车次按动调时刻表；若无时刻表时，封锁区域内的动调电客车各给一个车次；不封锁区域的动调，先联络动调负责人，确定跑几个往返后编定车次；

车站（车辆段）交予司机的行调命令格式。

3.2.7 终点站的折返程序

1. 要求

(1) 两端终点站换乘时，交接班司机均必须严格执行交接班制度。

(2) 交班司机做到"两不一要"方可交班（两不：无接车司机上车不能交班，接班司机无复诵交班内容不能交班。一要：交班司机要明确接班司机安全后方可下车）。

(3) 折返站使用司机室对讲进行交接（接车司机待清客广播做完后激活司机室对讲进行交接）若遇司机室对讲故障则改用对讲机交接班。

(4)接班司机要在所接列车到达车站前,于站台的尾端墙立岗接车。立岗接车时,需要认真监视列车进站状态,发现诸如异响、异味、火花、冒烟之类的异常,应立即报告驾驶司机采取措施和报告行调处理,并协助处理。

(5)列车在终点站停稳开门后,接车司机从客室通道门进入司机室与到达司机进行交接班,跟随列车进行折返。

(6)司机进入驾驶室后需要检查司机室内设备及备品情况(有问题报告行调或正线轮值队长),特别留意开关门模式选择的状态。

(7)列车采用 ATPM、RM、NRM 模式进入折返线或存车线时,离尽头"停车标"严格按照"三、二、一车"的限制速度控制好列车运行。

2. 终点站折返程序

见表 3.2-20、表 3.2-21。

终点站站后折返程序 表 3.2-20

	有人 ATO 折返作业	
	到达司机	备注
1	列车到终点站停稳后,主控手柄置于全常用制动位,确认信号屏显示车门/屏蔽门开启图标和车辆屏车门开启图标后呼"开左/右门"	列车到站停稳后必须确认信号屏显示车门/屏蔽门开启图标以及车辆屏显示所有车门图标开启后方可呼"开左/右门"
2	打开司机室侧门到站台司机立岗处立岗,司机确认客室门和屏蔽门全部打开后(司机立岗时确认屏蔽门上方指示灯全部亮,对看不清楚或不能确认的指示灯亮时,及时用 400M 通知车站协助确认),手指向下 45°指向第一个车门和屏蔽门,手指口呼:"车门、屏蔽门开启",然后上车进行人工清客广播	
3	播完清客广播后,接通司机室对讲询问接车司机是否上车,收到接车司机用司机室对讲报"接某次司机已上车"后立即与接车司机交接班	司机室对讲故障时用 400M 交接,交接时要确认《客车状态记录卡》记录情况

续表

	到达司机	备注
3	播完清客广播后,接通司机室对讲询问接车司机是否上车,收到接车司机用司机室对讲报"接某某次司机已上车"后立即与接车司机交接班	交接内容: (1)车次; (2)车况(有故障则交接故障内容,无故障则说"某某次车况良好"); (3)运行情况(运行异常则交接异常情况,没有则说"运行正常"); (4)行调命令(行调命令均需交接,没有则说"无行调命令"); (5)交接完毕后要说:"交接完毕"
		到达司机接到行调发布调整车次或行车组织等行调命令时并于接车司机交接后,接车司机必须再次与行调核实命令内容
		如是出厂列车则与接车司机说明此列车刚出厂请注意各开关的位置
4	交接完毕后,出司机室确认站台岗的"清客好了"信号和信号机灭灯(道岔好),呼:"'好了'信号有,CBTC灭灯,(道岔好)关左/右门"后立即保持跨半步的姿势关车门	(1)按关门按钮时务必伸头进司机室确认正确后再操作; (2)除侧式站台跨右脚外,其他站都跨左脚关门; (3)关门前通过站台立岗处CCTV确认站台人员无异常,并手指口呼"站台安全"
5	保持跨半步的姿势,认真确认屏蔽门与客室门之间的空隙情况,确认无滞留乘客、异物、无夹人夹物后,执行手指口呼:"无夹人夹物",再进入司机室	(1)"无夹人夹物"的手指口呼必须是在确认后站立姿势再进行手指口呼; (2)空隙安全的手指明确如下:肘关节弯曲90度角后再水平位指向空隙; (3)当车门/屏蔽门关闭有延迟,司机再次到站台确认时,在进入司机室前必须再次确认空隙安全; (4)当车门/屏蔽门不能联动关闭,需要人工操作关闭时,在进入司机室前必须再次确认空隙安全。 备注:确认空隙安全是站台作业的重要作业环节,不论任何原因,进入司机室前必须对空隙安全进行确认

续表

	到达司机	备注
6	进入司机室,关闭司机室侧门,然后司机确认前方信号机显示灭/绿/黄灯呼"CBTC 灭灯或绿/黄灯好,(道岔好)",确认 DMI 显示有推荐速度呼"推荐速度多少",再按压 ATO 启动按钮(必须将两个 ATO 按钮同时按下,待列车头部越过信号机方可松开,如需 ATPM 驾驶则 ATPM 模式动车)	(1)司机关司机室侧门的同时,通过 CCTV 确认站台安全,并呼:"站台安全"; (2)司机进入到司机室关好侧门后,必须确认列车所有门关闭绿灯亮; (3)当出站前方有道岔,司机能够确认道岔位置正确时呼"道岔好"。如看不清楚道岔开通的情况,则动车后确认清楚后再呼:"道岔好"; (4)按压 ATO 按钮之前以及站台动车过程中,必须将 400M 音量调到 80% 范围,认真监听(如听到类似夹物、停车、司机等字眼)
7	列车自动进入折返线对标停稳以后,到达司机关主控钥匙,用司机室对讲对接车司机说"已关钥匙",接车司机复诵	
8	接车司机开主控,方向手柄打向前,按压 ATO 按钮,列车自动从折返线出来到站台对标停稳,车门/屏蔽门自动联动打开	
9	到达司机锁闭司机室侧门,关闭司机室灯离开司机室并关闭通道门	关好通道门后必须反推确认通道门锁闭良好

续表

	到达司机	备注
10	回厂列车或不在终点站投入载客服务的列车,接车司机与到达司机必须共同确认两端"开关门模式选择"开关在"手动"位,司机带齐行车备品,锁闭两侧司机室侧门	待列车到站台停稳后(司机室侧门对好左/右侧停车标),打开司机室侧门,带齐行车备品下车,用400M及时通知接车司机:"某某次到达司机已下车,通道门已锁好"

	接车司机	备注
1	提前确认所接列车车次及到点并提前2min在站台尾部接车	出厂列车,在站台打开司机室侧门上司机室;回厂列车,必须与到达司机共同确认两端"开关门模式选择"置"手动"位
2	进入司机室,关闭通道门,收到到达司机用司机室对讲询问接车司机是否上车后,用司机室对讲回复到达司机:"接某某次司机已上车"	
3	用司机室对讲与到达司机交接	司机室对讲故障时用400M交接,交接时要确认《客车状态记录卡》记录情况。《客车状态记录卡》统一放在左侧的司机台上,方便交接班
4	确认CCTV监控屏状态正常,司机室继电器柜各开关及旁路状态正常,位置正确	接车司机按上述要求检查并与《客车状态记录卡》上记录的信息进行核对,将未记录的情况进行登记
5	列车自动进入折返线对标停稳以后,到达司机关主控钥匙,用司机室对讲对接车司机说"已关钥匙",接车司机复诵、激活主控,方向手柄打向前按压ATO按钮	
6	列车自动从折返线出来到站台对标停稳,车门/屏蔽门自动联动打开	

续表

	接车司机	备注
7	打开司机室侧门到站台司机立岗处立岗,司机确认客室门和屏蔽门全部打开后(司机立岗时确认屏蔽门上方指示灯全部亮,对看不清楚或不能确认的指示灯亮时,及时用400M通知车站协助确认),手指向下45°指向第一个车门和屏蔽门,手指口呼:"车门、屏蔽门开启"	
8	确认广播、开车时间	
9	转身确认前方信号机显示灭/绿/黄灯呼"CBTC 灭灯或绿/黄灯好,(道岔好)关左/右门"。保持跨半步的姿势,认真确认屏蔽门与客室门之间的空隙情况,确认无滞留乘客、异物、无夹人夹物后,执行手指口呼:"无夹人夹物",再进入司机室	(1)按压关门按钮关门过程中,保持跨半步的姿势,不间断的留意车门与屏蔽门之间的空隙。 (2)保持跨半步的姿势,转身确认 PSL 控制盘上"门关闭锁紧"指示灯亮,呼:"屏蔽门关好"
10	进入司机室,关闭司机室侧门,然后司机确认前方信号机显示灭/绿/黄灯呼"CBTC 灭灯或绿/黄灯好,(道岔好)",确认 DMI 显示有推荐速度呼"推荐速度多少",再按压 ATO 启动按钮(必须将两个 ATO 按钮同时按下,待列车头部越过信号机方可松开,如需 ATPM 驾驶则 ATPM 模式动车)	(1)按压 ATO 按钮之前以及站台动车过程中,必须将 400M 音量调到 80%范围,认真监听(如听到类似夹物、停车、司机等字眼)司机应立即以 ATPM 模式介入停车,联系站台,确认安全后再动车。 (2)动车后加强对信号屏显示的下一站和终点站是否正确(特别是在列车投入不成功或重新进行投入时)。 (3)司机进入到司机室关好侧门后,必须确认列车所有门关闭绿灯亮,确认前方信号机显示灭/绿/黄灯呼"CBTC 灭灯或绿/黄灯好,(道岔好)",确认 DMI 显示有推荐速度呼"推荐速度多少",再按压 ATO 启动按钮

备注:回厂列车或不在终点站投入服务的列车,在终点站时接车司机与到达司机共同确认开关门模式选择位置在"手动"位

续表

	到达司机	备注
1	列车到终点站停稳后,主控手柄置于全常用制动位,确认信号屏显示车门/屏蔽门开启图标和车辆屏车门开启图标后呼"开左/右门"	列车到站停稳后必须确认信号屏显示车门/屏蔽门开启图标红色以及车辆屏显示所有车门图标开启后方可呼"开左/右门"
2	打开司机室侧门到站台司机立岗处立岗,司机确认客室门和屏蔽门全部打开后(司机立岗时确认屏蔽门上方指示灯全部亮,对看不清楚或不能确认的指示灯亮时,及时用400M通知车站协助确认),手指向下45°指向第一个车门和屏蔽门,手指口呼:"车门、屏蔽门开启",然后上车进行人工清客广播	
3	播完清客广播后,接通司机室对讲询问接车司机是否上车,收到接车司机用司机室对讲报"接某某次司机已上车"后立即与接车司机交接班	司机室对讲故障时用400M交接,交接时要确认《客车状态记录卡》记录情况
		交接内容: (1)车次; (2)车况(有故障则交接故障内容,无故障则说"某某次车况良好"); (3)运行情况(运行异常则交接异常情况,没有则说"运行正常"); (4)行调命令(行调命令均需交接,没有则说"无行调命令"); (5)交接完毕后要说:"交接完毕"
		到达司机接到行调发布调整车次或行车组织等行调命令时并于接车司机交接后,接车司机必须再次与行调核实命令内容
		如是出厂列车则与接车司机说明此列车刚出厂请注意各开关的位置,并采用ATO模式折返,禁止采用无人自动折返

续表

		到达司机	备注
4		交接完毕后,出司机室确认站台岗的"清客好了"信号和信号机开放灭灯(道岔好),呼:"好了"信号有,CBTC灭灯,(道岔好)关左/右门后立即保持跨半步的姿势关车门	(1)按关门按钮时务必伸头进司机室确认正确后再操作; (2)除侧式站台跨右脚外,其他站都跨左脚关门; (3)关门前通过站台立岗处CCTC确认站台人员无异常,并手指口呼"站台安全"
5		保持跨半步的姿势,认真确认屏蔽门与客室门之间的空隙情况,确认无滞留乘客、异物、无夹人夹物后,执行手指口呼:"无夹人夹物",再进入司机室	(1)"无夹人夹物"的手指口呼必须是在确认后站立姿势再进行手指口呼; (2)空隙安全的手指明确如下:肘关节弯曲90°角后再水平位指向空隙; (3)当车门/屏蔽门关闭有延迟,司机再次到站台确认时,在进入司机室前必须再次确认空隙安全; (4)当车门/屏蔽门不能联动关闭,需要人工操作关闭时,在进入司机室前必须再次确认空隙安全; 备注:确认空隙安全是站台作业的重要作业环节,不论任何原因,进入司机室前必须对空隙安全进行确认
6		进入司机室,主控、方向手柄回"0"位,关闭主控钥匙,确认ATB按钮黄灯亮,执行手指口呼按压ATB自动折返按钮,信号屏黄色折返图标,当ATO按钮绿灯亮后,带齐行车备品下车	司机关闭主控钥匙后,DMI会点亮,列车重新有激活端
7		司机离开司机室并用钥匙锁好司机室侧门	在站台通过司机室车窗确认"列车所有门关好"绿灯亮

续表

	到达司机	备注
8	在站台操作 ATB 按/旋钮	(1)当完成站台无人折返按/旋钮操作后且列车头灯点亮 10min,列车仍无法动车,则再次操作站台无人折返按钮。若列车仍不能动车则判定为无人折返失败,此时到达司机用 400M 通知接车司机激活司机台或解锁就近的客室门,待到达司机收到接车司机已破坏折返的命令后,再用钥匙开启侧门进入司机室,并通知接车司机关闭驾驶台或恢复车门解锁,待接到恢复的通知后,按照折返失败流程处理; (2)列车在折返站停稳,激活 ATB 自动折返程序后,若此时任意一端端司机室司机台被激活,列车产生"EB(紧急制动)",自动退出"ATB 模式"; (3)列车在折返站停稳,列车进入"ATB 模式"后,若需取消自动折返模式,只能通过激活其中一端的主控钥匙来取消自动折返模式
9	列车自动进入折返线	列车采用自动折返模式,如果在折返线中,出现"EB(紧急制动)"等其他故障导致列车无法动车或自动折返失败时,司机报行调,按行调命令执行
10	列车自动从折返线出来到站台对标停稳,车门/屏蔽门自动联动打开	
11	锁闭司机室侧门,关闭司机室灯离开司机室并关闭通道门	关好通道门后必须反推确认通道门锁闭良好
12	列车到站台对标停稳后,下车用 400M 通知接车司机:"某某次到达司机已下车,通道门已锁好"	

续表

	接车司机	备注
1	提前确认所接列车车次及到点并提前2min在站台尾部部接车	出厂列车,在站台打开司机室侧门上司机室;回厂列车,必须与到达司机共同确认两端"开关门模式选择"置"手动"位
2	进入司机室,关闭通道门,收到到达司机用司机室对讲询问接车司机是否上车后,用司机室对讲回复到达司机:"接某某次司机已上车"	
3	用司机室对讲与到达司机交接	司机室对讲故障时用400M交接,交接时要确认《客车状态记录卡》记录情况。《客车状态记录卡》统一放在左侧的司机台上,方便交接班
4	确认CCTV监控屏状态正常、司机室继电器柜开关及旁路状态。列车自动从折返线出来到站台对标停稳,车门/屏蔽门自动联动打开	
5	打开司机室侧门到站台司机立岗处立岗,司机确认客室门和屏蔽门全部打开后(司机立岗时确认屏蔽门上方指示灯全部亮,对看不清楚或不能确认的指示灯亮时,及时用400M通知车站协助确认),手指向下45°指向第一个车门和屏蔽门,手指口呼:"车门、屏蔽门开启"	备注:接车司机按上述要求检查并与《客车状态记录卡》上的记录信息进行核对,将未记录的情况进行登记并报正线队长/轮值 列车自动折返出站台对标准确后,车门/屏蔽门将自动打开,5s后自动折返程序将自动取消。如果任一安全开门的前提条件不满足,自动折返程序将马上取消。此时,司机如需开门,司机必须开主控钥匙,按照行调命令转换ATPM或RM模式按规定开门
6	激活主控钥匙	(1)列车自动折返出来后在站台停稳,司机需确认信号屏ATB黄色图标消失、ATB黄色按钮熄灭方可激活主控钥匙; (2)开钥匙后如出现车辆屏黑屏,则重新开关主控钥匙一次
7	确认开车时间、广播	手指口呼确认设置广播正确
8	按照站台作业执行	

备注:回厂列车或不在终点站投入服务的列车,在终点站时接车司机与到达司机共同确认开关门模式选择位置在"手动"位

终点站站前折返程序　　　　　　　表 3.2-21

	到达司机	备注
1	列车到终点站停稳后，主控手柄置于全常用制动位，确认信号屏显示车门/屏蔽门开启图标和车辆屏门开启图标后呼"开左/右门"	出现车门不能打开，司机及时按车门不能打开处理流程处理，当屏蔽门不能联动打开时，司机手动操作 PSL 盘打开屏蔽门
		注意：当屏蔽门联动打开后，需手动操作 PSL 盘开/关屏蔽门时，将 PSL 盘"就地控制"钥匙拧到"就地"位，方可手动开/关屏蔽门
2	打开司机室侧门到站台司机立岗处立岗，司机确认客室门和屏蔽门全部打开后（司机立岗时确认屏蔽门上方指示灯全部亮，对看不清楚或不能确认的指示灯亮时，及时用 400M 通知车站协助确认），手指向下 45 度指向第一个车门和屏蔽门，手指口呼："车门、屏蔽门开启"	注意：当屏蔽门出现不能联动打开时，及时通知接车司机手动操作 PSL 盘开启屏蔽门
3	回到司机室，主控、方向手柄回零，关钥匙，后通知接车司机"已关钥匙"	接车司机不用复诵"已关钥匙"
4	听到"接某某次司机已上车"后方可与接车司机交接	司机室对讲故障时用 400M 交接，交接时要确认《客车状态记录卡》记录情况。《客车状态记录卡》统一放在左侧的司机台上，方便交接班
		司机室对讲故障时用 400M 交接，交接时要确认《客车状态记录卡》记录情况
		交接内容： (1)车次； (2)车况（有故障则交接故障内容，无故障则说"某某次车况良好"）； (3)运行情况（运行异常则交接异常情况，没有则说"运行正常"）； (4)行调命令（行调命令均需交接，没有则说"无行调命令"）； (5)交接完毕后要说："交接完毕"
		到达司机接到行调发布调整车次或行车组织等行调命令时并于接车司机交接后，接车司机必须再次与行调核实命令内容

续表

	到达司机	备注
5	锁闭司机室侧门,方可离开	下车前注意确认通道门锁闭良好
6	准备好 PSL 盘钥匙,做好关"屏蔽门"的准备	到达司机在 PSL 盘旁看到客室门关闭但屏蔽门未动作,到达司机立即用钥匙操作 PSL 盘手动关屏蔽门,确认 PSL 盘关门绿灯亮,呼:"屏蔽门关好"待列车出站后到达司机方可离开。(若 PSL 盘关门绿灯不亮时,立即用 400M 或手持台通知接车司机与站台)

备注:当列车启动后,到达司机方可开端墙门离开

	接车司机	备注
1	提前确认所接列车车次及到点并提前 2min 在站台头部接车,并确认好相应列车的开点	
2	确认车门/屏蔽门打开后,方可打开司机室侧门进入司机室	确认车门/屏蔽门开启
3	听到到达司机:"已关钥匙"后激活司机台	接车司机收到"已关钥匙"后不用复诵

备注:接车司机接车前确认好所接车次、所接车次到点以及所开车次开点

4	确认《客车状态记录卡》记录及列车状态后按压司机室对讲通知到达司机:"接某某次司机已上车"并交接	
5	确认时刻表列车开点、广播	
6	到站台立岗,确认前方信号机灭灯和确认推荐速度有,确认 DTI,信号屏进路准备好图标,呼"CBTC 灭灯,(道岔好)关左门"	
7	关闭车门/屏蔽门	确认站台乘客上下客完毕后,司机操作关门按钮前通过站台 CCTV 确认站台无异常再关门,确认车门/屏蔽门关好,所有屏蔽门上方滑动指示灯灭,呼"屏蔽门关好","站台安全",确认空隙安全,手指口呼:"无夹人夹物",进入司机室前,呼:"车门关好"

续表

接车司机	备注
8	进入司机室,关闭司机室侧门,然后司机确认前方信号机显示灭/绿/黄灯呼"CBTC 灭灯、绿/黄灯好,(道岔好)",确认 DMI 显示有推荐速度呼"推荐速度多少",再按压 ATO 启动按钮(必须将两个 ATO 按钮同时按下,待列车头部越过信号机方可松开,如需 ATPM 驾驶则 ATPM 模式动车)	(1)司机进入到司机室关好侧门后,必须确认列车所有门关闭绿灯亮。 (2)当出站前方有道岔,司机能够确认道岔位置正确时呼"道岔好"。如看不清楚道岔开通的情况,则动车后确认清楚后再呼:"道岔好"。 (3)按压 ATO 按钮之前以及站台动车过程中,必须将 400M 音量调到 80%范围,认真监听(如听到类似夹物、停车、司机等字眼)

备注:回厂列车或不在终点站投入服务的列车,在终点站时接车司机与到达司机共同确认开关门模式选择位置在"手动"位

3.2.8 转备用程序

列车到达两端终点站如退出服务或转备用要做清客广播:"终点站某某站/某某到了,请所有乘客下车。"

非正常退出服务及转备用:

列车因故须在中间站退出服务后进入就近车站/终点站存车线或入厂时,司机按行调的指示做好退出服务相关工作,对标停稳,按规定开门后做好清客广播,确认清客完毕、站台岗给了"清客好了信号"后按规定关门。司机向行调明确运行前方车站站名后,凭行调命令及进路信号、车载信号驾驶列车进入存车线或入厂,在进入存车线折返或入厂折返前需检查客室情况,防止将乘客带到存车线或车厂。

退出服务列车使用 ATO 模式折返前需将开关门模式选择开关打到手动位,防止列车折返到另一站台时车门屏蔽门自动打开;进入折返线或到达折返车站停稳换端后,以及备用车准备从存车线开车前,司机必须确认进路防护信号绿/黄灯亮后方可开主控钥匙、推方向手柄,RM 模式动车前必须要得到行调的同意,严禁臆测行车,避免列车冒进信号。

司机在进出存车线或折返线前，必须要和车站及行调联系，确保人身安全（按规定穿荧光服）。

退出服务列车进入正线存车线/折返线转备用或临时停放时，司机必须将方向手柄、主控手柄回零位，分主断、照明、空调，并施加停放制动。

如列车在折返线对标停车后突然发生故障无法动车时，在行调决定开行备用车时，折返司机应开钥匙破坏自动折返（人工折返时将方向手柄、主控手柄回零位），分主断、照明、空调，并施加停放制动。关闭主控钥匙后备用车，按行调指示动车。

各站转备用程序见表3.2-22。

各站转备用程序　　　　　表3.2-22

序号	项目	内容
1	列车在中间站转备用的作业程序	(1)列车进入车站过程中，告知车站人员列车转备用信息。 (2)进入车站对标停稳，确认列车车门、屏蔽门打开，做好清客广播。 (3)确认站台清客好了信号、信号机、道岔开放正确后关好车门、屏蔽门，启动列车进入存车线。 (4)确认列车在存车线对标停稳。 (5)列车在存车线对标停稳后，关闭客室灯、空调、分主断、施加停放制动，关闭司机台联系行调申请上站台。 (6)得到行调同意后，穿好荧光衣，拿齐备品车下车确认安全后联系车控室、行调。 (7)与行调联系的联系用语标准化
2	列车在终点站站转备用的作业程序	(1)列车进入车站过程中，告知接车司机及站台列车转备用信息。 (2)进入终点站对标停稳，确认列车、车门、屏蔽门打开，做好清客广播。 (3)确认站台清客好了信号、信号机、道岔开放正确后关好车门、屏蔽门，启动列车进入折返线。 (4)列车在存车线对标停稳后，关闭客室灯、空调、分主断、施加停放制动，关闭司机台联系行调申请上站台。 (5)得到行调同意后，穿好荧光衣，拿齐备品车下车确认安全后联系车控室、行调
3	列车中间站退出服务	(1)接行调命令在车站清客退出服务的命令后，联系车站并做好清客广播。 (2)列车公园前站清客时应打开侧式站台的车门屏蔽门清客。 (3)确认列车清客完毕，凭站台清客好了信号关好车门、屏蔽门

3.3 正线应急处理

3.3.1 概述

1. 应急工作原则

(1) 以人为本,科学决策

发生突发事件,贯彻"安全第一,生命至上"的要求,积极采取措施最大限度地减少人员伤亡和财产损失。运用先进技术,充分发挥专家作用,实行科学民主决策,提高救援效率,避免次生、伴生灾害发生。

(2) 统一指挥,分级负责

参与应急救援的单位在应急指挥机构的统一指挥下,逐级负责,做到各司其职、分级负责。

(3) 各负其责,分工协作

突发事件发生后,事发部门积极进行自救,及时通报,运营分公司各有关单位要主动配合、密切协作、信息共享、形成合力,保证突发事件信息的及时准确传递,突发事件的处置快速有效,实现运营分公司与政府部门、总公司之间的协调联动。

(4) 常备不懈,有效应对

运营分公司各单位对地铁突发事件要有充分的思想准备,把应对突发事件落实在日常工作中,加强基础工作,增强预警分析,提高防范意识,做好预案演练,建立应对突发事件的有效机制,做到常备不懈,力争早发现、早报告、早控制、早解决,将突发事件所造成的损失减少到最低程度。应急机制建设和资源准备要坚持平战结合,降低运行成本。

(5) 差异化管理,职责清晰

运营分公司突发事件主要分为:运营业务类突发事件、新线建设类突发事件、资源物流类突发事件。运营分公司是运营业务类突发事件的应急处置责任主体,施工单位是新线建设类突发事件的应急处置责任主体,资源经营场所承租单位是资源经营类突发事件的应急处置责任主体（地铁运营区域内的资源经营场所发生的突发事件，按运营业务类突发事件处置）。

2. 应急处理方法分类

（1）设备发生故障或地铁出现事件、事故时，各调应按"先通后复"的原则处理，必要时，可组织小交路运行或向线网指挥中心申请启动应急公交接驳预案。

（2）如故障、事件、事故伴有火情或出现危及员工、乘客的生命安全时（含在处理过程中出现），各调度立即按相应的处理程序执行，实施先救人，救人与处理事故同步进行的原则。

3. 应急指挥机构

地铁保卫应急指挥机构包括领导小组和工作小组。领导小组由运营分公司总经理任组长，分管保卫工作的总部领导任副组长，成员为各职能部、各中心分管保卫工作的领导。工作小组由安全质量部总经理任组长，综治内保经理任副组长，组员为安全质量部综治内保部、各职能部、各中心相关人员组成。地铁一旦发生保卫应急事件，应急指挥机构自然形成。

4. 应急指挥机构职责

（1）组织做好现场控制和防护，疏散、疏导围观群众和乘客工作。

（2）组织做好事故现场抢险救灾工作。

（3）组织做好向上级应急机构的应急情况报告，准确报告现场信息。

（4）组织做好信息发布工作。

（5）组织做好善后处理工作。

5. 应急联络方式

（1）火警电话：119。

（2）医疗急救电话：120。

（3）地铁公安分局指挥：110。

（4）运营分公司相关人员联络电话：参阅办公室定期下发的通信录及综治网络联系人通信录。

3.3.2 安全应急处理程序

1. 发生毒气事件的处理原则

(1) 贯彻"救人第一"的原则,积极施救。

(2) 把握事故初起阶段,做好两项工作,一是尽快抢救,防止扩散;二是及时报警;

(3) 发生事故后现场人员按信息汇报流程进行报告。

2. 列车遇毒气袭击的处理

(1) 当车内发生毒气袭击时,应立即报告行调。同时广播稳定乘客情绪;

(2) 列车进站过程中报告车站,停车后,迅速开门(在站内发现车内有毒气时,保持车门/屏蔽门打开);

(3) 按行调命令疏散乘客,退出服务。

3. 接触网有异物的处理原则

发现接触网有异物后,原则上以车站处理为主、专业人员处理优先,即由车站组织进行现场处理,如供电专业或机电专业人员到达现场的,在事故处理主任的指挥下,由供电专业或机电专业人员具体负责处理。

4. 接触网附近有异物司机的处理

(1) 车站区域接触网附近有异物的应急处理程序

1) 列车在进站时发现前方进路上接触网有异物的,判明不影响行车的,马上采取措施减速停车;无法判明或影响行车的,立即拍压紧急停车按钮。

2) 若列车在异物前停车的,报告行调及车站,听从事故处理主任的指挥;

3) 若列车未能在异物前停车的,(判断前端受电弓已越过异物),且网压显示正常的,降单弓限速 5km/h 对标停车并注意听有无异响,停车后,听从事故处理主任和行调的指挥;

4) 若列车未能在异物前停车,受电弓已越过异物,网压显示不正常的或者其他异常情况的,停车后听从事故处理主任和行调的指挥。

（2）区间接触网附近有异物司机的应急处理程序

1）司机在区间发现接触网有异物立即拉快制停车，并报告行调；

2）若能在异物前停车的，司机将情况报行调；

3）若不能在异物前停车的，且网压正常的，降下后端受电弓限速5km/h通过，并监控好列车；

4）若不能在异物前停车的，且网压不正常或发生其他异常情况的，马上停车，按事故处理主任或行调的指示执行；

5）若列车不能在异物前停车的（前端受电弓越过异物），且网压显示正常的，

行调通知司机，降下后端的受电弓，限速5km/h通过，并密切监控列车状态。行调通知专业人员到现场确认和处理。

5. 火灾的应急处理

火灾的应急处理的原则及火灾发生10min内的灭火具体要求

1）贯彻"救人第一，救人与灭火同步进行"原则，积极施救。

2）火灾发生的5min内是关键时期，灭火要把握好这个关键时期，做好两项

工作：一是使用灭火器材灭火和疏散人员，二是同时报火警。

3）做好个人防护，及时穿戴防烟面具、荧光服等防护用品。

4）火灾发生后，车站行车值班员或司机应立即报告行调，公安，车站视情况报

"119"、"110"、"120"，报告时语言应简明、扼要。

（1）车站站厅、站台发生火灾的处理

1）做好乘客广播；将（开关门模式选择）打到手动位，按行调指示不停车通过该车站；

2）如果行调指示司机接运站台乘客时司机立即将（开关门模式选择）打到手动位，在开门前广播告知车上乘客由于站厅/

站台火灾,请乘客们不要下车,列车马上启动,然后司机确认站台上客完毕后立即关门动车。

(2) 列车到达车站或在车站时列车发生火灾的处理

1) 立即开门,降下受电弓,施加停放制动;

2) 广播通知乘客疏散并通知站务人员使用灭火器灭火;报行调现场情况;(广播内容"各位乘客请注意,由于列车发生火情,请全部乘客下车,谢谢合作")

3) 车门(屏蔽门)正常打开后,司机到现场疏散乘客,确认火灾情况,协助灭火;

4) 无法打开车门(屏蔽门)时,广播引导乘客通过紧急解锁手柄打开车门并通知车站协助;仍无法打开时,立即引导使用灭火器砸开车窗或车门(屏蔽门)疏散乘客。

5) 加强与行调或事故处理主任联系,并按其指示执行。

(3) 列车刚启动时,列车发生火灾的处理

1) 立即拉停列车,报告车站;

2) 停车后确认停车位置,并后退对标停车;

3) 迅速开门,降弓,施加停放制动报行调,广播疏散乘客;(广播内容"各位乘客请注意,由于列车发生火情,请全部乘客下车,谢谢合作")

(4) 列车在区间运行中发生火灾(能维持进站的)的处理

1) 维持列车进站,引导乘客使用车上灭火器灭火。(广播内容"各位乘客请注意,由于车厢内发生火情,请保持镇静,取出座位底下的灭火器扑灭火源,不要触动车上的其他设备")

2) 通过通道门上的"猫眼"(有装PIDS的列车可通过司机室录像查看车厢情况)判明火情,报行调或就近车站;

3) 列车进站后则按站台上列车发生火灾的处理程序处理。

(5) 列车在区间发生火灾被迫停车的处理

1) 列车发生火灾在区间被迫停车,司机判明火情,报行调;

2) 降下受电弓;施加停放制动

3) 点击广播引导乘客使用灭火器自救,并组织乘客从疏散

平台疏散；

4) 司机随即前往客室灭火；

5) 若火势过大浓烟滚滚时发生在车厢中部时，司机报告行调同意通知后端引导员打开后端疏散门并广播乘客引导乘客从列车两端同时进行疏散（有后端引导员的情况下），进行前后两端同时疏散乘客。

(6) 隧道发生火灾，拉快速制动后，列车能在火灾地点前停下的处理

1) 确认火灾地点不会危及列车安全；

2) 如火势危及行车安全，司机立即后退到安全位置，再报行调；

3) 播临时停车广播，报行调，申请退回站台。

(7) 隧道发生火灾，拉快速制动后，列车不能在火灾地点前停下的处理

1) 确认火灾地点的线路安全后，立即快速通过火灾地点，到达前方车站；

2) 如线路有断轨或危急行车安全的状况，司机立即拍紧急停车按钮；

3) 停车后报行调申请后退或后端疏散。

(8) 客车在区间发生火灾需要疏散的作业程序

1) 列车在区间产生紧急制动，而且不能动车时，司机要马上按压显示屏上的临时停车信息广播安抚乘客。

2) 司机应迅速判明紧急制动的原因，如因乘客拉下车门紧急解锁手柄（关门指示灯不亮）且车辆显示屏出现浅蓝色的火警图标在闪烁，司机必须马上通过司机室门上的猫眼观察车厢内乘客及火警情况。如为发生火情，立即报告行调并降受电弓，同时使用人工广播引导乘客进行灭火。

3) 引导乘客进行灭火的广播词为："各位乘客请注意，车厢内发生火情，请保持镇定，取出座位底下的灭火器扑灭火源，不要触动列车上的其他设备。"

4) 在确认火势较大无法扑灭时,立即组织乘客疏散平台疏散(打开疏散平台侧整侧车门,使用语音广播引导乘客疏散平台疏散并明确疏散方向)。

注:如无法与行调取得联系,则立即通知车站扣停后续列车,并要求车站派人前来协助处理和接应疏散乘客。

5) 司机做好广播之后,按规定穿戴防护用品,组织乘客疏散后随即前往客室灭火。

6) 列车灭火、乘客疏散完毕后,接到行调救援命令时,做好被救援的准备工作。如列车灭火、乘客疏散完毕后经处理,列车可以自身行驶时,立即报告行调并按其指示执行,同时需与行调落实运行前方进路出清情况和速度要求。

6. 乘客按动车厢内乘客报警按钮的处理

(1) 在区间

1) 维持列车进站;

2) 广播安抚乘客;

3) 报告行调;

4) 进站开门后报告车站;

5) 车站接报后,立即安排员工到现场了解乘客按压报警按钮的原因,并进行相应的处理;

6) 司机确认站台岗的"好了"信号,动车后报告行调。

(2) 在站台

1) 保持车门打开;

2) 司机报车站处理,并报行调;

3) 司机播放广播安抚乘客;

4) 车站接报后,立即安排员工到现场了解乘客按压报警按钮(PVCU)的原因,并进行相应的处理;

5) 司机确认站台岗"好了"信号,动车后报告行调。

7. 列车前/后溜的处理

(1) 列车停车后需待气制动施加灯亮后方可到站台作业,若开门前出现列车前/后溜现象,司机立即拉快制停车,如仍继续后溜,则立即施加停放制动。列车停下后确认气制动施加灯亮后,缓解停放制动再对标停车,开屏蔽门、车门,报告行调。

(2) 若开门后出现列车前/后溜现象,司机立即上车,施加停放制动,通知车站,确认车门与屏蔽门之间无人或物,关屏蔽门、车门,动车前报告行调。

(3) 车站维持好站台秩序,确认站台安全时给司机"好了"信号。

8. 车门故障的处理

客车单个车门故障,不能开或关,处理步骤见表3.3-1。若切除后车门无法完全关闭或关闭后机械锁不死时,向行调申请清客退出服务,如行调决定继续服务时,车站派人进入车厢,疏散故障车门附近的乘客,并在故障门处设置隔离带,并跟车防护。(跟车防护人员须携带对讲机并注意个人安全:抓好扶手,严禁

单个车门故障的处理步骤 表 3.3-1

顺序	司 机	车 站
1	司机发现某车门故障不能正常开启或关闭时,再次开关车门一次;如故障仍然存在,司机通过车辆显示屏确认故障车门的位置,并记录	车站接到司机的呼叫后,迅速派人到站台协助司机处理
2	报告行调及车控室(站台岗),再次打开车门(屏蔽门),并做好广播安抚乘客	准备好两张车门故障纸
3	到达故障车门处确认门槽内无异物,将故障车门切除,关好故障车门后,与车站工作人员共同确认切除车门锁闭良好,确认车站人员张贴两张故障纸	确认故障车门关闭后,反推故障车门,确认故障车门关好后,贴上车门故障纸
4	从其他车门下车返回司机室关闭车门(屏蔽门)	维持好站台乘客的秩序
5	确认车站工作人员显示"好了"信号及行车条件后动车	确认车门(屏蔽门)关闭无异常情况及站台安全后向司机显示"好了"信号
6	动车后报告行调	

倚靠车门，确认安全后通知司机）车门切除后原则上在故障切除车站贴车门故障纸；因各种原因导致车门故障纸无法在故障车站张贴时，车站与司机共同确认故障车门锁闭良好后，可到下一站张贴车门故障纸，车站要及时通知下一站做好准备。

切除单个车门的步骤：

司机到达故障车门时第一时间先检查故障车门下的门槽内无异物后，将故障车门切除。步骤如下：

（1）打开车门紧急解锁手柄上的盖板拉下紧急解锁手柄再复位紧急解锁手柄尝试使车门自动关闭；

（2）若复位紧急解锁手柄车门无法自动关闭则手动用力将车门的两门页推至完全关闭状态，两门页之间无缝隙；

（3）用方空钥匙将车门切除开关逆时针转动 90°打到切除位，车门盖板上的车门切除指示红灯亮；

（4）用力反方向推门，车门打不开，切除指示灯红灯亮；

（5）恢复车门紧急解锁手柄上的板盖，到司机室确认故障车门已切除。

9. 屏蔽门故障处理

总体原则："先通后复"的原则，列车在车站发生屏蔽门故障，站台岗处理确认安全后均需向司机显示"好了"信号。处理后屏蔽门联锁灯仍不亮时，司机确认安全经行调授权 RM 模式出站（信号与屏蔽门联锁后）。

（1）客车清客（客车在站台清客原则）

1）司机及车站接到清客的命令后，车站及司机共同做好乘客的清客工作，司机做好清客广播，车站必须派人进入客室引导乘客下车。

2）若列车车门无法打开时，车站要迅速打开在站台侧的车门，或在司机打开车门/屏蔽门后车站工作人员要迅速进入客室协助司机拉开车门，引导乘客下车。

3）先手动打开屏蔽门；

4）有屏蔽门的车站，若列车能对标停车，司机应用钥匙手动打开屏蔽门；若列车不能能对标停车，但在站台区的车门能对上屏蔽门时，车站工作人员需将列车对应的站台屏蔽门打到切除位，并保持常开状态；若列车车门无法对着屏蔽门时，车站工作人员需用屏蔽门钥匙打开就近屏蔽门之间的应急门来疏散乘客。清客完毕后协助司机恢复解锁的车门手柄，离开列车后向司机显示"好了"信号关门。关门后按照行调或事故处理主任的指令动车。

（2）客车车门夹人的处理

1）车门开门时夹人的处理

① 司机在发现或接到列车车门开门夹人的信息后，保持车门（屏蔽门）打开状态；

② 司机带上屏蔽门端门及方孔钥匙到夹人车门处，将车门切除开关打到切除位，再适度移动车门拿出被夹的手；

③ 司机恢复车门，返回司机室，将乘客事务交车站处理。

④ 确认满足行车条件后关门动车。

2）车门关门时夹人、物的处理

① 车站发现后应立即通知司机，若司机无任何回应（无重开车门），按压站台紧急停车按钮并报告行车值班员；

② 若仍无法联系司机时，行车值班员报告行调，由行调通知司机，夹人不能启动，重新打开车门；

③ 司机在关门过程中发现站台侧的关门指示灯延时较长时，确认人员及物品处于安全区域后重新关车门，乘客事务交由车站处理。

（3）接触网供电系统故障

1）当客车在运行中发生牵引供电中断时，司机应：

① 维持列车进站；

② 马上报告行调；

③ 广播安抚乘客；

④ 列车进站停稳后，打开车门；

⑤ 施加停放制动、降弓；

⑥ 报告行调按行调的指示执行。若停电时间超过 30min 建议清客，在车站待令。

2）如果客车一部分停在站内或停在隧道内，司机应：

① 马上报告行调；

② 施加停放制动、广播安抚乘客；

③ 降弓；

④ 报告行调按行调的指示执行；

⑤ 若停电时间超过 30min 建议清客（引导乘客拉开已在站台上的车门/屏蔽门或按照区间被迫停车疏散程序处理），司机留在驾驶室待令。

（4）列车在区间疏散的处理

原则：列车因停电等原因导致在区间停车需要紧急疏散时，原则上采用疏散平台疏散；列车在区间因火灾被迫停车，视着火的位置及火势确定疏散模式（列车中部火灾采用两端疏散，前端火灾采用后部疏散，后端火灾采用前端疏散）

（5）车厂因机车车辆冒进信号或其他原因造成挤岔时

1）司机在车辆运行过程中发现走行部有异响或值班员电台呼叫"停车"后，立即采取紧急措施停车，停车后下车确认道岔，已确定挤岔后立即报告车厂调度员，不能判别是否挤岔的，通知车厂调度员到现场确认；

2）确认已挤岔后，严禁动车后退；，否则会造成脱轨。听从事故处理负责人的指挥，严格按照负责人指示的运行方向、规定速度和运行距离进行动车，并密切监视机车车辆动态，发现异常及时采取措施；

3）当机车车辆移出事故地点，机车车辆具备运行条件时，按照车厂调度的计划将机车车辆开到指定地点停车。

（6）员工或乘客在站台被劫持的处理

1）即将到达该车站列车的司机，收到行调"该车站发生员工或乘客被劫持"事件的通知后，立即紧急停车；

2）不开门并做好乘客广播；

3)按行调命令行车。

(7)员工或乘客在站厅被劫持的处理

1)即将到达该车站列车的司机,在接收到行调"该车站发生车站员工或乘客被劫持"事件的通知后,立即做好乘客广播,请乘客不要在该站下车;

2)在发生该事件后,各次到达本站列车的司机在确定站台已经没有乘客时,不开门继续运行,并做好乘客广播;

3)在接到行调的命令在该站不停车通过的司机,把开关门模式选择打手动位,做好乘客广播,请乘客在其他车站下车。

(8)乘客在列车上被劫持的处理

1)接到员工或乘客报告的信息后,立即报OCC行调和前方车站;

2)列车进站停稳后,打开车门,报站台;

3)按事故处理主任和行调的指示执行。

(9)运营期间发现隧道内有人的处理

1)发现隧道有人,司机立即施加紧急制动;

2)播放临时停车广播;

3)初步判断列车与人的情况(是否撞上或越过等),并向行调报告有关情况;

4)若列车头部撞上,听从事故处理主任的指挥执行;

5)若列车头部未撞人,则按行调的指示,确认人员已处于不侵限位置,限速(15km/h)运行到前方车站。

3.3.3 应急处理程序

1. 电客车脱钩的防范措施及应急处理

(1)技术防范措施

1)司机整备列车时加强对车钩、风阀、制动系统、手闸、风管等状态的检查,发现异常及时报检修人员处理。

2)工程车连挂客车在坡道上运行时注意控制速度,监控好列车状态。

(2)组织防范措施

1) 被连挂车在连挂前必须做好防溜措施。

2) 客车连挂好动车前司机认真确认车钩状态，防止未连挂好动车，下面两点可供参考：

① 确认解钩按钮灯亮（灯亮表示两车的电路连接好，不能说明全自动车钩机械部分连挂好）

② 列车连挂好后必须进行试拉，确认车钩机械部分完全连挂好。

3) 解钩前两名司机要加强联系，被连挂车作好防溜措施后才能解钩，客车须施加停放制动和至少恢复一节车的气制动（恢复一节车的 B05），

4) 两列车连挂运行时，司机要集中注意力，控制列车运行速度，监控列车运行情况，防止误按解钩按钮。

5) 车厂内连挂作业，车厂调度按《车厂运作手册》及《行规》有关的规定，向司机布置连挂时运行模式和运行速度，司机严格按要求执行。

2. 应急处理

(1) 电客车脱钩的应急处理措施

1) 被连挂客车上须留有司机监控。客车连挂运行时，原则上被连挂客车蓄电池处于开通状态。

2) 当被连挂客车采用切除 B05 缓解制动时，司机发现客车脱钩时要立即施加停放制动（客车风压须在 0.45MPa 以上）如不能施加停放制动，则先恢复最近一节车 B05 开关后，再恢复其他车的 B05 开关。

3) 被连挂客车采用牵引手柄缓解制动时，司机发现客车脱钩，要应立即按压紧急停车按钮，并将牵引手柄拉回制动位，再施加停放制动。

4) 车辆脱钩后发生溜逸的应急处理措施。

5) 发生车钩脱钩列车溜逸事件后，现场人员及时采取措施防止事态扩大，同时将情况上报车厂信号楼，车厂信号楼值班员及时通知车厂调度。

6)车厂调度接到信息后立即赶赴现场指挥处理,并提醒司机采取应急措施,设法使列车停下或降低运行速度。

7)信号值班员根据现场实际情况,在条件允许的情况下,将溜逸列车的运行前方进路上的道岔开通空线或牵出线。

(2)车厂内客车进入无电区

1)客车进入无电区的现象:

① 客车前半列进入无电区;

② 客车电机声音明显出现沉闷声音,客车上部出现明显响声

③ 车司机室内受电弓升、降弓灯不亮

④ 客车牵引力减少,随之客车运行速度降低

⑤ 客车浏览屏出现半列车 VVVF 红点

2)整列车进入无电区后,显示屏显示网压为 0,客车停稳后列车可缓解但无牵引力,整列车 VVVF 红点

3)客车进入无电区的处理措施:立即拉停列车,降下两受电弓,报告车厂调度。

(3)开门时乘客手被夹(手被带进车门间隙)的处理

1)在车门屏蔽门打开后,发现乘客手被夹或接到乘客或车站通知。

2)司机马上报告行调和车站,做好乘客广播工作。

3)带方孔钥匙到夹手车门处,将车门切除。

4)手动缓慢移动车门页,小心将手拉出。

5)处理完毕后恢复车门后由站台回司机室关闭车门。

6)继续投入服务,向行调报告处理情况。

(4)打开及关闭疏散门操作程序

1)打开疏散门操作程序:

① 将司机室前窗中部的盖板下部的两个红色手柄,将左侧手柄转动 90°,右侧手柄转动 90°,接着再将此盖板移到司机室的左侧过道处。

② 将司机室的前窗中部的红色的手柄,将其转动 90°;

③ 左手拉出逃生门的部分传送带,右手用力推前窗直至完全打开;

④ 将中部固定梯子的红色手柄,向上转动 180°,接着取出梯子,并将其展开;

⑤ 将梯子上部固定在前端出口的横梁上,使梯子的下部立于两轨道之间和两枕木之间,并确定梯子安装的牢靠性。

2) 关闭疏散门操作程序:

① 疏散完毕后将疏散门取出并将梯子折叠好,放回梯子存放处,将中部固定梯子的红色手柄,向下转动 180°,扣紧梯子;

② 用力拉司机室中部的传动皮带关闭疏散门,将司机室的前窗中部的红色的手柄,转动 90°(阀柄成水平位置);锁闭疏散门;

③ 将司机室的左侧过道处的盖板放回司机室前窗中部,把盖板下部的两个红色手柄,转动 90°(阀柄成水平位置);锁闭盖板。

(5) 突发情况的处理

1) 运营中发现隧道有人处理程序:

① 司机发现隧道有人,立即施加紧急制动。

② 对乘客进行广播。

③ 初步判断情况(列车在人之前停车,列车头部已越过,列车头部撞上人),并向 OCC 报告有关情况。

④ 若列车头部撞上人,听从事故处理主任的指挥执行。

⑤ 若列车头部未撞人,则按行调的指示,确认人员已处于不侵限位置,限速(15km/h)运行到前方车站。

2) 列车在区间或站内压人时:

① 司机发现区间或站内轨道上有人时,立即施加紧急制动,播放临时停车广播安抚乘客

② 报告行调发生的情况。(列车在站内时,按行调或事故处理主任的指示清客)

③ 事故处理主任到达后,关闭司机台并取出钥匙,听从事

故处理主任的指挥。

④ 当需移动列车时，司机确认所有工作人员在安全区域，升弓、合主断，以限速 3km/h 的速度移动列车，并做好随时停车的准备。

⑤ 当线路出清后，事故处理主任和行调的指示，确认所有人员处于不侵限的位置，限速 15km/h 的速度运行到前方站退出服务。

(6) 正线出现列车车载电台和手持台均无信号的应急措施

1) 在车站时：

使用对讲机联系车站，通过车站向行调汇报行车情况，听从车站指挥，确认信号及进路行车。

2) 在区间时（包括折返线）：

① 确认信号及进路维持列车进站停车，使用对讲机联系车站处理。

② 列车在区间（包括折返线）被迫停车时，使用手机打行调外线电话联系行调。

③ 在停车超过 2min 后，如电话不通或其他原因联系不上行调及车站时，确认道岔、进路正确后限速 25km/h 运行至车站联系行调。

④ 严禁同一区间有两列车进入，如司机在发现同一区间前方线路有列车，立即采取有效停车措施，防止列车冲突，停车后再次尝试联系行调和车站。

(7) 列车爆炸（火灾）细化方案

1) 注意事项

列车在隧道发生火灾的处理：

① 收到火警信息后，点击显示屏"火警"图标，使列车不再鸣笛（注：如司机未收到火警信息，只收到乘客报警时，司机只需使用"报警系统"广播："报警的乘客请注意，报警系统已启动，请不要触动车上设备，不要靠近车门，保持镇静，列车马上进站，将有工作人员协助处理。"）；

② 广播安抚乘客,广播内容为:"各位乘客请注意,车厢内发生火情,请保持镇静,取出座位底下的灭火器扑灭火源,不要触动车上的其他设备。"并同时联系行调;

③ 同时通过 PIDS 观察车厢情况(未安装 PIDS 的列车可通过通道门上"猫眼"观察客室情况),了解起火位置、火势情况,迅速向行调、就近车站报告;

④ 保持列车运行至前方车站。

⑤ 若列车可以维持进站时:

列车到站后开启车门,引导乘客疏散。

⑥ 若列车在隧道内不能前行,则应根据情况打开靠近疏散平台侧的车门,引导乘客往就近车站方向疏散。司机需注意:

a. 列车在隧道内产生紧急制动时,如确定不是"紧急解锁手柄"引起的,司机则进行简单处理,尽量使列车维持运行进站。

b. 引导乘客疏散时,降弓、施加停放制动,播放前端(后端)语音广播。

c. 按行调命令执行。

⑦ 若列车在进站过程中出现停车不能前行,已进入站台的客室门对应着屏蔽门:

a. 司机马上解锁对应屏蔽门的客室门,并手动打开屏蔽门引导乘客下车,同时联系站台协助处理。

b. 清客完毕后施加停放制动,降弓,报告行调。

c. 穿戴好防护用品(防毒面具、荧光衣),拿起灭火器到起火处协助灭火。

d. 按行调命令执行。

⑧ 如已进入站台的客室门不能对应着屏蔽门:

a. 司机马上打开驾驶室门,再手动解锁对应驾驶室门的屏蔽门,广播引导乘客疏散,同时,通知车站协助到客室打开对应着应急门的客室门引导乘客下车。

b. 清客完毕后施加停放制动,降弓,报告行调。

c. 穿戴好防护用品（防毒面具、荧光衣），拿起灭火器到起火处协助灭火。

d. 按行调命令执行。

3.3.4　屏蔽门故障应急处理

1. 屏蔽门故障下的应急处理

（1）屏蔽门故障处理

应急处理程序按地铁运营单位屏蔽门故障处理程序执行。

（2）列车进站前发生屏蔽门故障的规定

1）列车以 ATO/ATPM 模式驾驶进入车站前，若有屏蔽门打开或故障时，列车应在进站前一个区段安全停下或产生紧急制动。司机立即报告行调，在确认前方运行进路安全、与站台岗确认无异常的情况下，得到行调同意后以 RM 模式进站对标停车。

2）列车以 ATO/ATPM 模式驾驶进入站台区时，若出现屏蔽门打开或故障，列车应产生紧急制动。司机立即报告行调，并告知车站"上/下行列车产生紧急制动，需要再次启动，请维持站台次序不让乘客靠近屏蔽门"，并得其回复"上/下行列车司机，站台安全，可以动车"后，确认前方运行进路安全、站台无异常，以 RM 模式对标停车。

（3）列车停站后，屏蔽门不能跟车门正常联动打开

1）列车进站对标（停车位±50cm）停稳后，车门打开但整列屏蔽门不能联动打开时：司机立即再次按压"开门"按钮，如果还是不能正常打开屏蔽门则在 PSL 盘上用钥匙操作打开屏蔽门，并报告车站。乘客上下完毕后，按规定先关屏蔽门再关车门。如屏蔽门关好后将屏蔽门钥匙拧到 OFF 位后屏蔽门自动打开或 PSL 盘"屏蔽门关闭且锁紧"锁闭指示灯不亮时，司机应报告车站并向行调申请 RM 出站，确认站台安全后凭车站的"好了"信号动车。若在下站再次出现此故障，按照规定手动开门。

2）在 PSL 盘操作后仍不能打开屏蔽门时：司机立即报告车站，并做好广播引导乘客自行打开屏蔽门下车。乘客上下完毕

后，司机按规定关闭屏蔽门、车门，确认屏蔽门和车门关闭良好、"屏蔽门关闭且锁紧"锁闭指示灯亮、"空隙"安全后按正常动车，动车后报行调；如果屏蔽门不能正常关闭或"屏蔽门关闭且锁紧"指示灯不亮，凭站台岗显示了"好了"手信号后，按规定申请 RM 动车。

3）列车进站对位（停车位±50cm）停稳后，车门打开后有个别屏蔽门不能自动打开时：司机广播引导乘客从正常打开的屏蔽门下车，并报告车站。乘客上下完毕后，司机按规定按压列车"关门"按钮关屏蔽门、车门，确认屏蔽门和车门关闭良好、"屏蔽门关闭且锁紧"锁闭指示灯亮、"空隙"安全后按正常动车，动车后报行调；如果屏蔽门不能正常关闭或"屏蔽门关闭且锁紧"指示灯不亮，凭站台岗显示了"好了"手信号后，按规定申请 RM 动车。

（4）按压车门"关门"按钮后，车门能关上但屏蔽门不能关上

1）关车门时，司机按压"关门"按钮，如果车门已动作但整列屏蔽门不能自动关闭时，司机应立即再次按压"关门"按钮或重新开关门一次，确认正常后按规定动车。否则：司机立即用对讲机呼站台岗："上行/下行站台，现屏蔽门需要手动关闭，请维持好站台秩序"。之后持 PSL 操作钥匙至 PSL 盘处重新打开屏蔽门后再关闭屏蔽门，确认屏蔽门和车门关闭良好、"屏蔽门关闭且锁紧"指示灯亮，观察无异常后按规定呼唤动车，列车出站后报告行调。若在下站再次出现此故障，按照规定手动关门。

2）司机按压"关门"按钮或操作 PSL 盘后，有 1~2 个屏蔽门不能关上时：司机立即用对讲机呼站台岗："上行/下行站台，请确认故障屏蔽门并隔离，确认安全后给信号动车"。站台岗确认站台安全后向司机显示"好了"手信号，司机确认车门关闭良好、"空隙"安全和站台岗显示了"好了"手信号后，按规定动车后报行调。

3）司机按压"关门"按钮或操作 PSL 盘后，至少 3 个屏蔽

门不能关上或所有屏蔽门上方的指示灯全部熄灭，但PSL盘"屏蔽门关闭且锁紧"指示灯不亮时：司机立即用对讲机呼站台岗："上行/下行站台，现屏蔽门不能手动关闭，需要旁路屏蔽门"，并报告行调。站台岗确认站台安全后向司机显示"好了"手信号，司机确认车门关闭良好、"空隙"安全和站台岗显示了"好了"手信号后，按规定申请RM动车。

（5）列车在折返作业时，出现屏蔽门故障的规定

1）在折返站折返时：列车在折返站进行无人折返，司机操作DTRO后，列车不能正常启动，司机确认PSL盘"屏蔽门关闭且锁紧"指示灯不亮后立即通知站台岗确认屏蔽门关闭情况，并确认"空隙"安全后凭车站的"好了"信号旁路屏蔽门以实现自动折返。若仍不能动车则通知接车司机折返失败，按折返失败程序操作。

2）列车在折返站进行有人折返（ATO、ATPM模式折返），司机确认动车5要素后，列车不能正常启动，司机确认PSL盘"屏蔽门关闭且锁紧"指示灯不亮后立即汇报车站、行调，车站确认安全后旁路屏蔽门，并显示"好了"信号指示司机开车；司机确认车站显示"好了"信号后，尝试ATO或ATPM模式动车。如果能启动，则正常行车，并报告行调，如果仍不能ATO或ATPM模式动车时，则司机向行调申请以RM模式动车，得到行调批准后按RM模式驾驶相关规定执行。

3）列车在折返站RM模式折返时，司机确认PSL盘"屏蔽门关闭且锁紧"指示灯不亮，报告行调、车站，按折返失败操作程序操作，确认站台安全、进路正确后凭车站"好了"信号RM动车。

4）进出车厂列车在某某站不开门折返时：在某某站折返换端后，列车不能启动，司机确认为屏蔽门故障引起时，立即通知站务人员旁路屏蔽门，列车以ATO/ATPM模式离开车站，动车后报行调；如果列车仍不能以ATO或ATPM模式动车时，司机向行调申请以RM模式动车，得到行调批准后按RM模式驾驶相关规定执行。

4 故障处理

4.1 概述

1. 车辆故障时司机处理流程

车厂内车辆故障处理流程如图 4.1-1 所示。

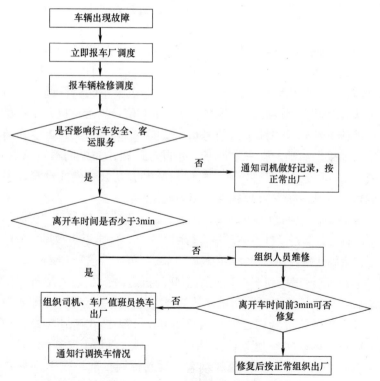

图 4.1-1 车厂内车辆故障处理流程

2. 处理故障的原则

（1）故障发生时：第一时间浏览个人视线范围之内的所有设备和指示灯、故障信息及压力表显示。

（2）对列车的架构有清晰的了解，两 Tc 车的车载 ATP 系统、牵引控制系统和制动控制系统及旁路开关分别独立开来，在本端操作无效后，可以尝试换端操作，在换端前的预想是关键：

1）行调的授权。

2）是否需要清客和车站协助。

3）清客时怎么开车门和屏蔽门。

4）动车前是否需要人员引导。

5）驾驶模式和速度等。

（3）故障处理架构：从列车的气压显示上来看：

保压制动气压：220kPa。

快速制动气压：340kPa。

紧急制动气压：360kPa。

说明：有部分列车的气压可能有出入，发现气压异常时，建议报告行调或车厂调度。

1）列车气压之间的转换如图 4.1-2 所示。

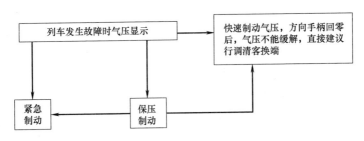

图 4.1-2 列车气压之间的转换

2）紧急大致分为车辆和信号触发两大类，车辆本身触发紧急制动时，车辆屏内会出现红色手掌，信号屏触发紧急制动时，信号屏内有红色手掌出现。

大部分人认为列车产生紧急制动后跟车载 ATP 有关，在

RM缓解之后还是紧急制动气压时，便对ATP进行复位操作（车载ATP故障本身触发的除外）

其实不可取，关键要看按压了RM按钮后，红色手掌是否可以消失，可以消失那么没有必要对ATP进行复位操作，建议检查后端设备柜内的有否得电，不得电时，建议派人协助按压该继电器动车或换端操作或救援。

3. 故障处理思路

列车故障的处理主要流程：本端→换激活端→换操作端。即，当列车出现故障后，首先从司机室的指示灯、车辆屏内的显示和气压表的气制动气压来判断故障。当列车出现故障且有紧急制动时，首先检查紧制是否能缓解。绝大部分故障都是可以处理的，处理时的思路：出现故障可否利用四个旁路，旁路不行切ATP行不行，切ATP不行紧急牵引行不行，紧急牵引不行换激活端行不行，换激活端不行换操作端行不行，换操作端不行才救援。当然，换端操作时，要确保推进有人引导，无人引导时换端牵引要有地方去，如都不能满足时可以直接救援，无须换端。也有些故障需要换激活端或换操作端处理，但是不影响两驾驶室的操作。如换端要考虑客室客流，客流大可从隧道过去。

4. 故障时气压的判断

列车气压判断：

（1）先将方向手柄回零后再向前，向前后是紧急制动，就再将方向手柄向后确认还是否紧急制动。

（2）先将方向手柄回零后再向前，向前后不是紧急制动，就将主控手柄拉快制位，确认是保压制动还是快速制动。

5. 列车启动条件

列车牵引指令的发出，需经过四个连锁：列车主风缸压力需大于0.6MPa，所有列车的停放制动均已缓解，所有列车车门已关好，列车无牵引封锁。只有当四个条件均已满足时，列车牵引指令才可发出。另外，出于对列车的保护，在列车启动后，列车牵引控制系统将对列车气制动压力进行监测，如气制动不能缓解，列车同样无法启动，并设有所有气制动缓解的旁路开关。故列车牵引条件共有5个牵引封锁关系。

6. 列车旁路开关

见表4.1-1。

旁路开关　　　　　　　　　　　　　　　表4.1-1

序号	名称	作用	使用时机	使用条件	备注
1	紧急牵引	此旁路激活后，列车牵引主回来都是硬线控制	当列车网络故障，可以尝试操作，激活后，推牵引只有一个挡位，制动只有一个挡位	当网络（牵引参考值输入、输出故障）	
2	警惕旁路	此旁路启激活后，列车保护控制设备不再检测由安全回路所引起的紧急制动等故障	当主控手柄警惕功能失效	当主控手柄警惕按钮作用不良	操作此旁路后，不用按压警惕按钮，列车也不会产生紧急制动
3	停放缓解旁路	此旁路激活后，列车保护控制设备不再检测所有停放制动状态，停放制动缓解灯将常亮	当某节车停放制动不能缓解或停放制动检测电路故障列车启动时产生牵引封锁	操作此旁路前必须确认所有停放制动已全部缓解，不能缓解时必须人工缓解	打停车制动旁路开关后，做溜动实验，若无制动施加，则不限速；若明显感觉有制动施加，即人工限速60km/h运行至最近的存车线（列车自身不会进行限速）
4	所有制动缓解旁路	此旁路激活后，列车控制设备不再检测空气制动压力（容易造成抱闸走车）	当列车的空气制动检测电路故障时，确认车辆屏所有制动缓解方可操作	操作此旁路前确认相应自动开关无跳闸或复位无效，确认空气制动全部缓解，不能缓解时需要去客室切除相应车B05	切除B05限速，以及盖好盖板

续表

序号	名称	作用	使用时机	使用条件	备注
5	允许升弓旁路	此旁路启激活后,列车高压箱内隔离开关故障后受电弓也能升起	当列车在正线运行停车后速度为零时列车两端受电弓自动降下操作此旁路升起受电弓	只能在正线停车后速度为零时列车两端受电弓自动降下操作此旁路,其他时候严禁操作此旁路	一个受电弓工作情况下列车可以牵引运行,但故障单元车无动力,列车将限速50km/h。(位于MP车电器柜内)
6	总风压力可用旁路	此旁路激活后,列车保护控制设备不再检测主风缸的气压值	气压低于0.7MPa 超过10min以上,当车速度为零时列车牵引封锁空压机无打气	操作此旁路前必须确认列车空压机故障且自动开关无跳闸及复位无效	在主风缸压力小于0.5MPa列车,空压机无法继续打风立即申请救援。操作此旁路后,必须限速60km/h
7	主辅复位	当牵引与辅助逆变器故障时方可按压MVB复位按钮,即可对牵引与辅助设备重启	牵引与辅助逆变器故障操作,给予辅助设备、牵引设备重新启动	当牵引与辅助逆变器故障时方可按压,无效则去相应车检查断路器	此按钮为自复位按钮
8	车钩监控旁路	此旁路激活后,列车车钩监控回路设备不再检测车钩监控回路	当列车车钩监控回路故障时操作此旁路	当两单元车检测未连接,列车产生紧急制动,现场查看无异常后,方可操作	若列车在运行的过程中,突然降弓、激活掉电并产生紧制(仅存在紧急照明),尝试重新激活列车,若成功继续运营到前方终点站退出服务;若不成功则可能为车钩监控回路故障

续表

序号	名称	作用	使用时机	使用条件	备注
9	网络硬线开关门	此旁路启激活至网络位后,列车给出的开门信号路径由网络改为硬线控制	当整列车门无法打开或关门时整列车门无法关闭时操作此旁路	列车停稳对标精度准确且具有开门信号,备用开门按钮无效时操作	
10	门零速旁路	此旁路激活后,列车零速继电器不再参与对列车速度是否为零的检测	操作此旁路后待站台作业完毕,确认所有车门关好,将此旁路置"分"位动车	当列车停稳,未能检测到门零速信号时操作此旁路	
11	门关好旁路	在全部车门及侧门关闭良好的情况下,但检测电路故障,操作此旁路可以旁路车门及侧门的所有的检测回路	当车门故障处理后仍无法关好或车门检测电路故障(包括司机室侧门),列车启动时产生牵引封锁	操作此旁路前必须确认所有车门关闭良好(包括两端司机室侧门)当有车门经处理无法关闭时	操作此旁路运行到下一站后,应先恢复"车门旁路",待站台作业完毕后,确认所有车门关好,再将此旁路置"合"位动车

7. 应急运行模式的注意事项及使用

(1) 应急运行模式的注意事项

应急运行模式。从电路上来看应急运行模式下要满足:列车主风缸大于 0.6MPa、停放制动缓解、所有车门及疏散门关好和列车无牵引封锁下使用才有效。即应急运行模式不是旁路,如快制或紧制不能缓解,则不能使用应急运行模式。

(2) 应急运行模式的使用

1) 当 CAN 出现故障,两单元车通信中断,造成列车不能牵引时,可以使用应急运行模式。

2) 当其中一端 VCU 出现严重故障,列车不能牵引时,可以使用应急运行模式。(注：个别故障可以通过切除故障端 VCU 或关闭故障车的某个电源开关运行。)

3) 当车辆出现故障，导致列车不能牵引时，可以使用应急运行模式。

4) 当车间供气检测电路出现故障，导致列车不能牵引时，可以使用应急运行模式。

8. 列车救援程序及时间要求

列车救援程序及时间，见表 4.1-2，列车故障救援作业程序见表 4.1-3，工程车救援电客车作业程序见表 4.1-4。

列车救援程序及时间表　　表 4.1-2

时间 (min)	救援程序及时间要求		
	行调	故障车司机	救援车司机
00	接报故障	将故障简要报告行调，广播安抚乘客	后续列车运行到后方车站停车待令，播临时停车广播
01			
02	通知后续列车到后方车站扣车	进行故障处理	
03			
04	通知后续列车清客、向救援车预发命令		接收救援命令，清客，做好动车准备
05			
06	向故障车发救援命令	清客，接收行调命令	
07	通知后续列车担任救援任务		动车
08		做好连挂准备	驾驶列车距故障车 1m 处停车
09			
10			
11			
12			确认做好防溜，连挂、试拉
13		确认制动缓解、进路安全	
14			确认故障车制动缓解
15		指挥动车	动车后立即报行调

列车故障救援作业程序

表 4.1-3

步骤	故障列车司机	行调	步骤	载客救援列车司机	空车救援列车司机	行调	备注
(1)广播、清客	(1)当行调发布救援命令时,报告行调故障车的停留位置(区间、公里标、百米标或站名)和需要协助的内容,并根据行调命令将两端ATC信号切除开关置"合";(2)在区间广播安抚乘客,清客,协助乘客的准备工作。(3)将手持台调至"应急抢险组"(注：行调发布救援命令时,明确救援方式及救援目的地)	(1)列车故障超过5min能动车时,行调发令:某某车在某站上/下行清客;(2)列车在车站时,指令车站协助司机清客	(1)清客、确认命令	(1)接到救援任务后,向行调明确救援方式来车次等救援事项;(2)在区间接到行调救援命令时,到达指定车站清客	同左:(1)	(1)前方列车故障不能动车超过5min时,行调发令:某某车在某站上/下行清客;(2)列车在车站时,指令车站协助司机清客。(3)将手持台调至"应急抢险组"	在连挂之前司可继续运行故障车,能动车、故障排除后报告行调

续表

步骤	故障列车司机	行调	步骤	载客救援列车司机	空车救援列车司机	行调	备注
(2)防溜、防护	(1)如故障仍不能排除，施加停放制动，关闭操纵台，切除B05（保留连挂端的B05）；(2)打开两端门双号，方向来车（救援列车）方向司机台设置红闪灯防护，连挂前撤除红闪灯防护】	(1)组织三方通话。(2)列车故障不能动车达到8min或者司机申请救援时，行调发令：某车做故救援准备/立即执行救援程/停，救援车来方向为某某站上/下行。(3)同意转换NRM模式。	(2)三次停车，确认命令	(1)司机广播安抚乘客："各位乘客请注意，因车厢内发生乘客事务，请保持镇静，请勿触动停车上设备，待列车进站停稳后有序离开现场，并注意您随身物品安全，保管好随身物品。"；以ATO模式运行至目标距离为"零"时切ATC转NRM模式，推荐速度25km/h前往救援地点；(2)距故障车前15m一度停车，限速5km/h运行至1m处停车，将运行开关"打至合位	(1)以ATO模式运行至目标距离，推荐速度为"零"时停车待命；(2)按行调命令切除ATC以NRM模式限速25km/h前往救援地点	(1)行调组织救援列车到达障车待令。ATO模式到离车处停车待令。(2)列车不能行驶达到8min或者司机申请救援时，行调命令某车改开某次，(以NRM/NRM模式越过前方信号机红灯) 救援某站上/下行某站上/下行 公里标K00+000处）故障车，连挂完毕后报行调	(1)故障列车厢内有乘客时，司机注意锁好B05盖板；(2)列车在连挂区间故障将连挂机室的方向手柄打到"向前"位，照灯置"远光"位，等救援列车在15m处一度停车，方向手柄再转回"零"位

续表

步骤	故障列车司机	行调	载客救援列车司机	步骤	载客救援列车司机	空车救援列车司机	行调	备注
(3)指挥连挂	救援车在1m外一度停车后，用400M（或800M）通知救援车司机故障车的状态，指挥救援车司机连挂进行试拉；（标准用语：故障车已做好防溜，可以连挂）		(1)了解故障列车状态（重点是防溜措施）。(2)确认连挂指令的复通（故障车已做好防溜，司机收到），复通后限速3km/h进行连挂	(3)限速连挂		同左:(1)(2)		如400M（或800M）故障，无法与救援车取得联系时，在连挂端司机室向救援列车司机显示连挂手信号
(4)制动试验、撤除防溜	(1)连挂后，确认解钩灯亮配合救援解钩进行试拉；(2)切除操纵台B05；(3)激活操纵台，缓解停放制动后，确认所有气制动缓解灯亮，通知救援车司机，已缓解放制动。(4)与救援方式及对救援车核		(1)确认解钩灯试拉（方向手柄向后位，注意控制好速度），试拉完毕后呼唤："试拉成功"；(2)恢复慢行位开关，将拖动模式开关打至"合"位。(3)将故障救援司机，以NRM模式运行。（标准用语：笙地面信号，将故障车推进至某目的地。）（若牵引运行则立即换端，以NRM模式运行）	(4)试验		同左:(1)(2)(3)		(1)牵引和推进救援运行时的驾驶模式为：NRM模式。(2)需推33%及以上牵引力保持5s及以上，确认表钩车未脱拉成功。(3)操作拖动模式开关要注意合HSCB(4)若操作拖动模式后急制动红灯亮则恢复拖动模式

续表

步骤	故障列车司机	行调	步骤	载客救援列车司机	空车救援列车司机	行调	备注
(5)联系动车	(1)推进运行时,确认进路、道岔正确,信号已开放,确认列车手柄向"前"位,确认解后救援车司机可以推进。故障列车所有制动已缓解,行标准用语:故障列车所有制动已缓解,黄灯好,道岔安全,可以推进。(2)运行中不间断瞭望,加强与救援司机联系,发现异常立即通知救援车司机并采取停车措施。(3)动车前与救援车核对命令,动车后立即报行调		(5)联系动车	(1)得到故障列车司机动车指令,复诵并以NRM模式30km/h推进运行;(2)列车运行途中加强与故障列车司机联系,发现异常立即紧急停车措施	同左:(1)(2);	连挂好动车,行调发令:某某次(运行至某某站清客)清客完毕后运行至某某站折返车线(经某某线回厂)解钩,解钩完毕后报行调	推进运行速度30km/h,牵引运行速度30km/h。(如回车厂时,可以先与信号楼联系开放入厂信号后,在转换轨可以不用停车直接返厂,推进运行时,在站名标处限速25km/h运行)

续表

步骤	故障列车司机	行调	步骤	载客救援列车司机	空车救援列车司机	行调	备注
(6)对位清客、关门动车	(1)推进运行时,列车需在站临时停车,需要救援车司机对标停车,开启屏蔽门,车门指挥救援车司机上车,如需退出服务,救援车司机播"各位乘客请注意,本列车因故障需退出服务,请您带来不便,感谢您谅解的设备,请您不要触动的诱解的配合,救援列车与配合,救援列车与清客完毕,自行对标停车后关闭屏蔽门、车门清客完毕后,通知故障列车司机对标清客后继续运行 (3)故障车清客完毕后,指挥救援车司机通知行调,待救援车引运行完毕时,指挥故障列车司机对标清客后继续运行		(6)对位清客、关门动车	(1)列车需在站清客,推进运行时,按指令故障车指令故障车司机上有乘客,提醒故障车上有乘客,门清客,开车门,清客,开车门,清客:"各位乘客请注意,本次列车因故障退出服务,请您给乘客下车,给您带来不便,接客完毕,接到可以动车信号后,自行对标停车后,清客。(2)车引救援车清客完毕后,自行对标停车后关门动车,接到可以动车指令后按故障列车指令开门清客,提醒故障列车司机开门清客。(3)清客完毕后标清客后继续运行	同左;(3):(由于列车为空车、列车到站不需要清客)		(1)接近停车位置三、二、一车距离时,按5km/h,限速8km/h,3km/h运行,距离要求:三车66m,二车44m,一车22m。(2)在站清客必须确认站台后"好了"信号后再关屏蔽门、车门。(3)推进救援标准用语:故障列车清客完毕、所有制动灯亮、道岔良好、可以牵引进,前方路安全,可以推进。救援列车标准用语:客引完毕、所有制动已缓解,救援车司机可以动车

4 故障处理

续表

步骤	故障列车司机	行调	步骤	载客救援列车司机	空车救援列车司机	行调	备注
（7）对位、施加制动、解钩	（1）接近目的地时，执行"三、二、一车"的限速运行（8km/h,5km/h,3km/h）。 （2）对准停车标后，施加停放制动，恢复就近端的B05。 （3）通知救援车司机解钩（标准用语：故障列车已做好防溜措施，可以解钩，离钩）。 （4）解钩、离钩后恢复行调/厂调，报告行调/厂调，按其指示执行		（7）对位、离钩	（1）接近目的地时，执行"三、二、一车"的限速运行（8km/h,5km/h,3km/h）。 （2）确认故障列车已做好防护，恢复拖动模式开关，接到解钩指令并复通后解钩。 （3）确认两列车已解钩，离钩退行约30cm后停车，通知故障车司机已解。 （4）报行调/厂调，按其指示执行	同左：（1）（2）（3）（4）		如果按压不能解钩按钮时，则通知故障车司机做好防溜措施，压钩后重新解钩，不行则报行调，下车进行人工解钩

表 4.1-4 工程车救援电客车作业程序

步骤	岗位	故障列车司机 内容	行调 内容	岗位 步骤	工程车司机 内容	行调 内容
（1）广播、清客		（1）当行调发布救援命令时，报告救援列车的停留位置（区间、公里、百米标或站名；在区间）和需要协助的内容等事项；在区间广播安抚乘客； （2）在车站时，协助车站清客，做好救援的准备工作，（此时司机仍可继续排除故障，但不能动车）	协助司机处理车辆故障	（1）确认命令	（1）工程车司机接到行调开行救援列车的通知后，按车厂到达指定地点的通知复诵一次，行调同意后按车厂开行到指定地点； （2）按调度命令内容要求驾驶工程车出厂，到达指定的封闭区间行进入区间的封闭锁命令	组织工程车到达故障电客车地点，行调发令：准某某站上/下行某某站（车厂）～某某站上/下行加开某某车
（2）防溜、防护		（1）如故障列车仍不能排除，施加停放制动，关闭操纵台； （2）切除连挂端的B05； （3）打开列车两端的标志灯状态为防护【若故障列车需无电状态时，做好防溜措施后两端下受电弓，在两端司机台放置红闪灯作为防护，动车前撤除防护】	（1）组织三方通话。 （2）行调发令：救援、行调做救援准备，某某车做来车方向为某某站上/下行	（2）两次停车	凭封锁命令驾驶工程车到被救数援车15m前一度停车，用电台向客车司机呼唤"工程车司机已经在15m外一度停车"，被救援列车司机收到后呼唤"被救援列车司机收到"，工程车到被救援列车约1m处停车	
（3）连挂		救援通知工程车司机故障列车连挂的状态，指挥工程车司机连挂（标准用语：故障列车已做好防溜措施，可以连挂）		（3）限速连挂	（1）车长了解被救援列车的状态（重点是防溜措施）； （2）车长用调车电台连挂（客车处于向坡度及弯道时，控制连挂速度反对好钩位）	同意连挂，行调发令：同意某某车连挂某某车，连挂某某站上/下行的某某车

4 故障处理 | 339

续表

岗位\步骤	故障列车司机 内容	行调 内容	岗位\步骤	工程车司机 内容	行调 内容
(4) 撤除防溜	连挂后,进行试拉,确认车钩已经完全连挂好并开操纵台缓解制动,立即切除剩余的两个B05;如推进则需要换端		(4) 试验	(1)检查车钩的对中线是否成一直线并进行试拉,确认连挂妥当; (2)进行制动试验,推进时,车长到客车前端引导; (3)报告行调	
(5) 联系动车	(1)向工程车司机明确救援命令内容等救援事项; (2)确认进路,道岔正确,信号已开放,所有制动缓解,指挥工程车司机动车(标准用语:故障列车所有制动已缓解,可以动车); (3)运行中加强瞭望和工程车司机联系,发现异常立即通知救援司机并采取停车措施	连挂好动车,行调发令:同意某某站上/下行的某某次,牵引至某某地点,司机凭地面信号动车	(5) 联系动车	(1)接到行调的动车指令通知故障列车司机命令内容,列车运行方向等数据注意事项,得到故障列车司机允许动车指令并复通后动车(推进运行时35km/h,牵引运行45km/h); (2)加强与故障列车司机联系,发现异常立即采取紧急停车措施(前方进路确认,牵引运行时由工程车和司机负责,推进运行时由车长负责,客车司机配合)	连挂好动车,行调发令:同意某某站上/下行的某某次,推进至某某地点,司机凭地面信号动车

续表

步骤\岗位	故障列车司机		行调	步骤\岗位	工程车司机		行调
	内容		内容		内容		内容
（6）对位、清客、关门、动车	（1）需要在车站清客时，指挥工程车司机对标停车； （2）开启屏蔽门，车门清客； （3）清客完毕，确认站台"好了"信号关屏蔽门、车门，指挥救援列车司机动车			（6）对位、清客、动车	（1）故障列车需在邻站清客时，按故障列车司机指令对标停车； （2）通知故障列车司机开门清客； （3）得到故障列车司机允许动车的指令后，继续运行		
（7）对位、施加制动、解钩	（1）接近目的地时，执行"三、二、一"的限速要求运行； （2）对准停车标后，施加停放制动，恢复就近端的B05.1和B05.2； （3）司机解钩后，通知工程车司机离钩； （4）恢复剩余车的B05.1和B05.2，报告行调			（7）对位、离钩	（1）接近目的地时，执行"三、二、一"的限速要求运行； （2）确认客车停放在信号机内方做好防溜，解钩完毕后，报告行调，按其指示执行		

4.2 车辆故障及处理

1. 概述

(1) 列车有自动限速功能,车辆方面能根据当时的列车制动系统状态、驾驶模式等实行最高速度限制,允许的最高速度在MMI上可以很直观地看到。如切除2个B05后,即使采用NRM、ATPM或ATO模式驾驶,车辆同样会把原先的最高80km/h时速限制到60km/h时速。当车辆速度到达最高允许速度时,车辆则只能接收惰行命令或根据制动命令来制动。

(2) 车门采用的是电动门,车门具有障碍物探测和防夹保护功能,当车门监测到有障碍物后,该车门会自动在障碍物触发点的基础上,门页打开20cm距离,然后再缓慢关上,因此,不需要为防夹而人为重开门;另外由于有屏蔽门联动需求,车载信号和车辆之间有一个延时来确认状态,当在自动开门档位下,司机按下开或关门按钮后,2.5s后车门才动作。而车门从开始动作到动作到位用时约2.5s,如果司机在车门关门动作后按开门,则车门到再次开门动作时,门的实际状态已经基本处于关闭好的状态了。因此,无论从技术上还是从实际效果来看,人为重开门来实现防夹都是不必要的和没有效果的,所以不建议人为开门来实现防夹功能。

(3) 当正线列车频繁出现空转/滑行信息时,请在列车出站后速度达到45~65km/h的时候,先将驾驶模式转为ATPM,然后将牵引手柄回零位,使列车处于惰行状态15~20s,此时列车将会自动校正一次轮径参数,即可避免列车自身引起的空转/滑行。

2. 车厂故障处理

遇到故障,立即报告车厂调度,根据车厂调度的命令执行。

列车进行自检的条件及注意事项:

(1) 列车在下列情况下,需要进行制动自检:

列车在距上次制动自检 24h 之后，第一次合列车激活，HMI 显示屏事件栏出现"牵引封锁"；

(2) 列车自检的条件：

1) 列车在"升弓"状态；
2) 主断在"分"位；
3) 停放制动在"缓解"状态；
4) 主风缸压力大于"0.72MPa"；
5) 方向手柄在"向前"位；
6) 主控手柄在全常用制动位。

(3) 注意事项

制动自检需要时间大约为 3min，在自检过程车辆显示屏会显示"制动系统自检测试启动"的字样，及伴随有排气声。在自检过程中严禁按压车上的按钮及推方向手柄、主控手柄。若在自检过程中（即："自检测试成功"的字样绿底）将方向手柄回"零位"造成自检失败，司机可以重新再做一次自检。

4.3 车辆设备故障应急处理

1. 开门时乘客手被夹（手被带进车门间隙）的处理

(1) 在车门屏蔽门打开后，发现乘客手被夹或接到乘客或车站通知；
(2) 司机马上报告行调和车站，做好乘客广播工作。
(3) 带方孔钥匙到夹手车门处，将车门切除。
(4) 手动缓慢移动车门页，小心将手拉出。
(5) 处理完毕后恢复车门后由站台回司机室关闭车门。
(6) 继续投入服务，向行调报告处理情况。

2. 应急升弓程序

(1) 列车无法正常激活且主风缸风压≤460kPa 时（无电无气），升弓前需得到检修调度的同意方可操作：

1) 报调度，将 2 车升弓柜内受电弓 U09 阀门的手柄打至垂直位置，脚踩脚踏泵给升弓汽缸充气，通过升弓压力开关观测压力表 U13 读数超过 460kPa，此时受电弓应该升起，再通过从车门处观察确认受电弓升起并且与接触网接触。

2）将 1 车设备柜 MVB 面板上操作充电机应急启动旋钮，让紧急启动单元启动辅助逆变器充电机（这时候可以听到此 1 车辅助逆变器风机启动，即此辅助逆变器已启动）。

3）辅助逆变器充电机开始工作并对蓄电池进行快速充电，此时观察司机室蓄电池电压上升超过 84V 后，且电压稳定。

4）激活列车及司机室后，按升弓按钮后，确认升弓按钮灯亮和 HMI 显示屏上受电弓状态正确、网压显示正常。等待空压机打气完毕（主风缸气压升至 900kPa）。

5）两受电弓升起后，确认升弓指示绿灯亮、HMI 显示屏上受电弓状正常及网压正常、DC/DC 和 DC/AC 工作正常、蓄电池电压稳定上升。

6）复位 U09 阀门的手柄打至横向位，关闭设备柜。

（原则上报车厂调度，有检修人员前来处理）

(2) 当蓄电池电源电压 ≥ 96V，主风缸风压 ≤ 460kPa 时（有电无气），升弓前需得到检修调度的同意方可操作：

1）确认主风缸压力低于 460kPa，将 Mp1 车设备柜内"本弓隔离"打至合位。

2）到达司机室启动列车，开主控，按压升弓按钮，观察 HMI 屏上 Mp2 车受电弓升起状态。

3）受电弓升起，主风管风压到达 850kPa 时，将 Mp1 车"本弓隔离"打回分位。

4）按压降弓将受电弓降下然后再按压升弓按钮升弓，在 HMI 上确认两受电弓升起。

(3) 列车无法正常激活，主风缸风压 ≥ 460kPa 时（有气无电），升弓前需得到检修调度的同意方可操作：

1）报调度，将 2/5 车设备柜内受电弓 U09 阀门的手柄打至垂直位置，将受电弓升弓储风缸空气连接到升弓风缸，由于储风缸气压足够，所以受电弓自动升起，再通过从车门处观察确认受电弓升起并且与接触网接触好。

2) 将 1/6 车设备柜 MCB 面板上充电机应急启动按钮按下 3s，让紧急启动单元启动辅助逆变器充电机（这时候可以听到此 1 车辅助逆变器风机启动，即此车辅助逆变器已启动）。

3) 辅助逆变器开始工作并对蓄电池进行快速充电，此时观察司机室蓄电池电压上升超过 84V 后，且电压稳定，复位 U09 阀顶的旋钮至横向位。

4) 激活列车及司机室，按升弓按钮后，确认升弓指示绿灯亮、HMI 显示屏上受电弓状态正确及网压正常、DC/DC 和 DC/AC 工作正常、蓄电池电压稳定上升。

3. 列车无线调度电话故障的处理

（1）车载无线电台故障时，客车进站停稳后，利用对讲机通知车站，由车站转告行调，并向车站借用行调组的临时无线电台与行调联系。

（2）当出现 OTN 网故障影响列车调度电话系统使用时，司机不能与行调联系，在车站时通过车站向行调汇报行车信息，听从车站指挥。列车在区间时停车超过 2min，仍联系不上行调或车站时，确认道岔、进路正确后限速 25km/h 运行至车站联系行调。严禁同一区间有两列车进入，如司机在发现同一区间前方线路有列车，立即采取有效停车措施，防止列车冲突，停车后再次尝试联系行调和车站。

4. 自动广播系统故障

（1）司机首先要以人工手动广播方式向乘客报站，并报告行调。

（2）如人工手动广播同时故障，可使用司机室对客室广播进行报站，如司机室对客室广播也故障时，报告行调，按其指示执行。

5. 供电系统故障

（1）牵引供电中断的原因：①列车本身故障；②牵引变电所

或接触网故障。

（2）客车在运行中发生牵引供电中断的故障时，司机必须：

1）报告行调，维持客车惰行，尽可能进站对标停车，停车后降弓；

2）按行调指示执行；

（3）如果客车一部分停在站内或停在隧道内，司机应：

1）立即报告行调；

2）人工打开靠站台区的车门、屏蔽门，组织乘客下车清客；

3）按照行调的指示执行。

（4）在正线出现跳主断时，司机在未得到检修调度的同意时严禁再次合主断。

6. 信号系统故障

当进路防护信号机显示停车信号（包括显示不清、显示不正确及无显示）时司机应：

（1）立即停车；

（2）把发生的时间和信号机号码报告行调或车站值班员；

（3）按行调指示执行；

（4）根据车站开放的引导信号或引导手信号进站。

7. 当客车在隧道内停车需要紧急疏散乘客时（非火灾的情况），司机的处理：

（1）当需要疏散乘客时，司机应向行调报告客车的具体位置、车上乘客的大约数量。执行行调的疏散指令，确认疏散方向。

（2）原则上解锁靠近疏散侧的第一个可解锁车门，等待车站人员到达后组织乘客疏散平台疏散；

（3）用广播告知乘客疏散路线，并安抚乘客以避免发生混乱；

（4）与行调保持密切的联系，加强与车站引导员配合，确保疏散乘客有序、安全地进行疏散。

（5）客车因故障未完全进（或出站）站时如果客车只有一部

分停在站台内,不能向前移动对标时,按照下列程序处理:

1)报告车站,执行行调的清客命令;
2)用广播通知乘客;
3)司机进入客室手动打开已靠站台侧的车门、屏蔽门;
4)由车站人员协助清客;
5)清客后手动关闭打开的车门、屏蔽门,按行调的指示执行。

(6)紧急疏散程序

1)根据行调的指示按车站派人来引导的方向做好打开疏散门的准备。
2)广播通知乘客按顺序从疏散门离开客车;
3)司机引导乘客从疏散门下车,指引乘客沿隧道往前方车站跑;
4)确认所有乘客已经离开客车,恢复疏散设备,确认无设备侵入限界、列车恢复正常状态;
5)报告行调,做好救援前的准备工作和防护工作,继续进行故障排除,确认列车可以继续运行则报告行调,按行调指令执行。

8. 客车救援

相关人员的作业要求:

推进运行救援时,故障列车司机在前端引导,负责指挥全列救援车的运行,并且不间断与后方救援司机联系,给予其相应速度指引。前方进路的确认、运行安全由故障司机负责,在发生紧急情况时可按压紧急停车按钮停车。如列车在区间故障需要救援时,司机要做好广播安抚乘客。

推进运行救援时,救援列车司机服从故障列车司机指挥,密切与其联系,掌握运行前方信息,严格准确控制运行速度,在救援开始前应将操作端的拖动模式打到合位。

遇紧急情况,故障列车司机立即通知救援列车司机紧急停车,必要时采取相应紧急措施。

在救援过程中，故障列车司机应根据救援方式及进程，掌握列车紧急电源（蓄电池）供电的期限，列车蓄电池可维持45min的紧急照明及紧急通风，必要时报告可关断蓄电池。

严格执行有关规定，严格控制好速度，在接近目的地或前方停车信号前，及早降低速度，注意后部无动力列车的冲动。

如故障列车在区间故障救援时，列车连挂好后故障列车需要在前方站清客，故障列车司机要指挥好救援列车司机控制好速度，按要求对标停车。待列车对标停稳后，故障列车司机通知救援司机施加停放制动，列车停妥后将"强行开门"开关置"合"位按钮，确认（车载ATP故障时切除ATP）给出开门使能信号后按压"开门"打开屏蔽门、车门。广播通知乘客全部在此站下车，此车退出服务，确认站台岗的清客"好了"信号后关门（有信号的确认进路防护信号的显示），按行调的指示继续指挥救援司机推进运行到目的地。司机进行开门作业要严格执行先确认，再呼唤，跨半步，再开门的开门程序，防止错开车门。

9. 客车退行时司机应（指列车在区间退行的情况）

（1）列车因故在区间停车需要退行时，司机必须报告行调，在得到行调的命令后方可退行。列车退行必须是在前端牵引运行，但需后端驾驶推进运行时，运行前端必须有引导员资格的人员引导。

（2）列车退行原则采用ATPM模式驾驶（如需要采用RM/NRM模式驾驶必须经行调同意），进入车站前，车站接车人员应于进站端墙处显示引导信号．列车在进站端墙外必须一度停车，确认引导信号正确方可进站。

（3）如为载客列车退行，列车进入车站对标停车后，司机通知车站开启屏蔽门，随后开车门，并应及时向行调报告，同时根据行调的命令处理。

10. 客车推进运行时

（1）客车推进运行，必须得到行调的调度命令。推进运行时，必须有具有引导员及以上的人员在客车运行前端引导，无人引导时,禁止推进运行。

(2) 当难以辨认信号或引导员与司机无法随时联系时,禁止列车推进运行。

(3) 在30‰及以上的下坡道推进运行时,禁止在该坡道上停车作业,并注意列车的运行安全。

(4) 严格控制运行速度,鸣笛进站;

(5) 列车到达指定地点后,报告行调,按行调的指示执行。

11. 列车出现车门紧急解锁的信息的处理程序

(1) 处理原则

1) 列车停在车站未动车时出现车门紧急解锁信息,按下列程序1处理。

2) 列车在车站动车后出现车门紧急解锁,动车距离小于70m。

3) 列车在区间出现车门紧急解锁,动车距离大于70m,按下列程序2处理。

(2) 处理程序

程序1:列车在站台关门后,列车未启动出现车门紧急解锁的处理程序:

1) 司机做好临时停车广播,并将情况报告车站:上(下)行站台,某某车门解锁,请到现场确认;要求站台岗协助确认现场情况,司机再次打开车门、屏蔽门。

2) 通过显示屏确认发现紧急解锁的车门编号,并记录在手上或《司机日志》上。

3) 报行调,从站台跑到相应车门处确认车门情况。

4) 到达解锁车门后司机大概了解现场情况后恢复解锁车门。

5) 司机关屏蔽门、车门后,确认"关门灯"亮,车站人员确认该车门关闭后向司机显示"好了"信号。进司机室确认显示屏显示车门正常,按规定动车,动车后将情况报告行调。

程序2:列车在区间出现车门紧急解锁动车距离大于70米的处理程序:

1) 做好紧急解锁广播，并将情况报告行调。

2) 待列车到站停稳后，司机通过显示屏确认出现紧急解锁的车门编号，并记录在手上或《司机日志》上。

3) 在得到行调的同意后由客室前往相应车厢处理，简单了解现场情况，后恢复解锁车门。

4) 司机回到驾驶室，确认两侧"关门灯"亮、显示屏显示车门正常，按规定动车，动车后将情况报告行调。

5) 当列车启动后出现车门紧急解锁时，列车有一部分停在站台，一部分停在区间的处理程序：

① 列车在出站时，出现车门紧急解锁且列车会产生紧急制动，司机通过车辆显示屏确认紧急解锁的车厢及车门编号，做好临时停车广播，将情况报告车站，并报告行调要求前往处理。

② 在得到行调的同意后，记下紧急解锁车门的编号，待列车停稳并施加停放制动后，拉开司机室侧门确认列车越出站台的距离（离停车标的位置）。

(3) 注意事项：

1) 列车在出现车门故障及紧急解锁的处理由司机全权处理。

2) 列车在站台出现紧急解锁信息时，司机要打开屏蔽门及车门，从站台前往解锁车门处进行处理。处理完毕后，从站台回司机室，动车前须确认站台的"好了"信号。

3) 司机在到达现场恢复车门时，应避免在复位车门时错误的将车门切除，司机在复位车门后如发现车门切除红色指示灯亮时，说明司机将车门打到切除位。

4) 车门复位方法为：

① 打开车门紧急解锁手柄上的板盖；

② 恢复紧急解锁手柄到垂直位；

③ 恢复车门紧急解锁手柄上的板盖。

5 安全管理

5.1 概述

1. 安全管理理念

(1) 安全的含义

安全两方面的含义：预知危险、采取措施消除危险

危险：是一种状态。它可以引起人身伤亡、设备破坏或降低完成预定功能的能力。

危险性：表示危险的相对暴露。可能存在危险，但由于采取预防措施，危险性可能不大。

危害：是造成事故的一种潜在危险，它是超出人的直接控制之外的某种潜在的环境条件。

(2) 安全生产管理方针

安全第一，预防为主，综合治理。

(3) 安全生产管理原则

一岗双责，党政同责，齐抓共管。

(4) 安全生产指导思想

以人为本，安全发展，铁腕治理。

(5) 安全生产管理目标

杜绝较大及以上安全质量事故，防范一般安全质量事故，减少重伤事故的发生。

(6) "四不放过"原则

1) 事故原因调查不清不放过；

2) 事故责任人未得到严肃处理不放过；

3) 防范措施未落实到位不放过;
4) 相关工作人员未受到教育不放过。

2. 安全教育

所有电客车司机在上岗之前必须熟练掌握岗位上的所有安全生产知识,并通过三级安全教育,上岗后每年需要进行应知应会、消防安全等考试。三级安全教育的参与单位和主要内容见表5.1-1。

三级安全教育 表 5.1-1

级别	单位名称	内容
一	公司/分公司	国家和地方有关安全生产的方针、政策、法规、标准、规范、规程和企业的安全规章制度等
二	中心/部门	中心安全制度、施工现场环境、工程施工特点及可能存在的不安全因素等
三	班组/岗位	本工种的安全操作规程、事故案例剖析、劳动纪律和岗位讲评等

3. 事故的定义

事故是生产过程中发生的,违背人们意愿的意外事件,是一种失去控制的事件。

防止事故的发生,关键在于用安全管理的手段来规范、控制人的行为。

海因里希的事故法则:

在机械事故中,死亡、重伤、轻伤和无伤害事故的比例为 1∶29∶300,国际上把这一法则叫事故法则。

这个法则说明,在机械生产过程中,每发生 330 起意外事件,有 300 起未产生人员伤害,29 起造成人员轻伤,1 起导致重伤或死亡。

4. 事故因果类型

(1) 连锁型

一个因素促成下一因素发生,下一因素又促成再下一因素发生,彼此互为因果,互相连锁导致事故发生。

(2) 多因致果型

多种各自独立的原因在同一时间共同导致事故的发生。

(3) 复合型

某些因素连锁,某些因素集中,互相交叉,复合造成事故的发生多为复合型多米诺骨牌理论海因里希的多米诺骨牌理论:伤亡事故是一连串事件,按一定顺序,互为因果,依次发生的结果。这些事件就好像一连串垂直放置的骨牌,前一个倒下,引起后面的一个个倒下。

1) 物的系列的事故模型:

① 第一种简单模型(基本模型):起因物是指作为事故起源而导致事故发生的物体、物质或环境。致害物是直接作用于人体引起伤害及中毒的物质或物体。

② 第二种简单模型:起因物导致了事故现象1的发生,但并不引起伤害。由事故现象1产生致害物导致了事故现象2,与人体接触后发生伤害。

③ 第一种复杂模型(伤害连续):起因物导致致害物1,发生事故现象1,与人接触后导致伤害,同时还引发致害物2发生事故现象2,再次造成人员伤害。

④ 第二种复杂模型(事故连续):起因物1导致事故现象1,然后引发起因物2,又引发事故现象2导致致害物,最后导致事故现象3在与人接触后导致伤害。

2) 能量转移论是一种从能量的非正常转移引发事故的观点研究事故致因的理论。

3) 人受伤害的原因只能是能量向人体转移,而事故则是一种能量的不正常或不期望的释放。

4) 能量转移论的要点:在一定条件下,某种形式的能量能否产生伤害,造成人员伤亡事故取决于:

① 作用于人体的能量的大小

② 能量作用的时间和频率

③ 能量的集中程度

④ 人体接触能量的部位

5）轨迹交叉论基本思想：伤害事故是许多互相关联的事件顺序发展的结果。而这些事件概括起来不外乎人和物两个发展系列。

6）当人的不安全行为和物的不安全状态在各自发展过程（轨迹）中，在一定时间、空间发生接触（交叉），能量"逆流"于人体时伤害就会发生。

7）轨迹交叉论反映了绝大多数伤亡事故的情况。实际中只有少量事故与人的不安全行为或物的不安全状态无关，绝大多数是与两者同时有关。

8）人和物两大系列运动中，二者并不完全独立，两者可相互转换：

① 其中人为失误占绝对地位；

② 物的不安全状态最终也归结为人的失误。

③ 管理缺陷是造成伤亡事故的深层次原因，是间接原因，也是本质的原因。

5. 预防事故的策略

（1）伤亡事故的发生是偶然的、随机的现象。然而又有其必然的统计规律性；

（2）事故原因是多层次的，必须透过现象看本质，找到本质原因；

（3）事故致因的多种因素，可归结为人和物两大系列的运动；

（4）分析人的不安全行为和物的不安全状态必须结合环境分析。

（5）管理不完善是伤亡事故发生的深层次原因。

（6）人的不安全行为、物的不安全状态是伤亡事故的直接原因；

（7）管理不科学和领导失误才是伤亡事故发生的本质原因。

5.2 事故规定

1. 总则

为了落实《中华人民共和国安全生产法》，贯彻"安全第一、预防为主"的方针，落实生产安全事故责任追究制度，及时正确处理运营事故（事件），维护运营秩序，全面提高安全运营管理水平。

分公司安全管理执行党、政、工、团齐抓共管的原则。分公司各级领导要把安全工作当作首要任务来抓，加强安全管理和安全思想教育，强化员工安全意识。

分公司努力培育地铁运营安全文化，通过OHSAS18001职业健康安全管理体系的运作，实现运营安全。

良好的业务技能和严格执行规章制度是运营安全的重要保证，各部门要严肃劳动纪律、作业纪律和标准化作业，教育员工自觉执行各项规章制度，开展好业务技能培训和安全教育，深入开展安全生产和优质服务的竞赛活动，提高员工的业务水平和安全意识。

良好的设备是运营安全的重要基础，各部要做好设备设施的维修保养工作，提高设备质量，加强安全检查，及时消除各类隐患，保证设备正常运行。

运营事故（事件）的管理贯彻"大安全"的管理理念和"铁腕治理、科技兴安"的管理思想，通过加大对事件苗头的管理力度，遏制严重违章行为，减少危险性事件或一般事件，进而避免一般事故以上事故的发生，实现地铁运营安全可控。

发生运营事故（事件）时，要严格按《应急信息报告程序》立即报告，并按"先通后复"的原则，快报告、快处理、快开通，积极采取措施，尽快抢救伤员，尽快恢复运营，尽量减少损失。信息报告应当做到及时、客观、真实，对迟报、谎报、瞒报、漏报者应予以严肃批评教育或纪律处分。

处理事故（事件）要以事实为依据，以规章为准绳，按照"四不放过"原则（事故原因没有查清不放过，事故责任者没有严肃处理不放过，防范措施没有落实不放过，广大员工没有受到教育不放过）处理事故，认真调查分析，查明原因，分清责任，吸取教训，制定对策，防止同类事故（事件）再次发生。

对事故（事件）责任者，应根据事故（事件）性质和情节，予以批评教育、经济处罚、行政处分直至追究法律责任。事故（事件）性质、情节严重的，要按有关规定逐级追究领导责任。

对事故（事件）的调查、分析、处理拖延、推脱责任、姑息纵容、隐瞒不报或不如实反映事故（事件）情况者，应予以严肃批评教育或纪律处分。

注：在本章中，所称的"以上"均包括本数，所称的"以下"均不包括本数。

2. 运营事故分类

按照事故（事件）损失及对运营生产造成的影响和危害程度，分为特别重大事故、重大事故、较大事故、一般事故、危险性事件、一般事件和事件苗头。

（1）特别重大事故构成条件

在运营生产中，造成下列后果之一的为特别重大事故：

1) 死亡 30 人（含失踪）以上的；
2) 重伤 100 人以上（包括急性工业中毒，下同）的；
3) 直接经济损失 1 亿元（人民币，下同）以上的；
4) 一条或多条线路全线停运 48h 以上。

（2）重大事故构成条件

在运营生产中，造成下列后果之一的为重大事故：

1) 死亡 10 人以上 30 人以下的；
2) 重伤 50 人以上 100 人以下的；
3) 直接经济损失 5000 万元以上 1 亿元以下的；
4) 一条或多条线路全线停运 24h 以上 48h 以下。

(3) 较大事故构成条件

在运营生产中,造成下列后果之一的为较大事故:

1) 死亡 3 人以上 10 人以下的;
2) 重伤 10 人以上 50 人以下的;
3) 直接经济损失 1000 万元以上 5000 万元以下;
4) 一条或多条线路全线停运 12h 以上 24h 以下。

(4) 一般事故构成条件

在运营生产中,造成下列后果之一的为一般事故:

1) 死亡 1 人以上 3 人以下
2) 重伤 3 人以上 10 人以下;
3) 直接经济损在失 100 万元以上 1000 万元以下;
4) 一条或多条线路全线停运 6h 以上 12h 以下。

(5) 危险性事件构成条件

在运营生产中,发生下列情况或造成下列后果之一的为危险性事件:

1) 1 人以上 3 人以下重伤;
2) 直接经济损失 30 万元以上 100 万元以下;
3) 一条或多条线路全线停运 2h 以上 6h 以下;
4) 中断正线(上、下行正线之一)行车 3h 以上;
5) 列车冲突;
6) 列车脱轨;
7) 列车分离;
8) 向占用线错接入列车;
9) 向占用区间或区段错发出列车;
10) 未准备好进路接入、发出列车;
11) 未拿或错拿行车凭证发出列车;
12) 擅自改变列车运行方向行车;
13) 在实行站间行车法等人工组织行车时,未办或错办行车手续发出列车;
14) 信号升级显示;

15）列车冒进信号；

16）列车溜走，或者机车车辆溜走并进入正线车站或区间；

17）客运列车错开车门、运行途中开门、车未停稳开门，造成人身伤害的；

18）客运列车夹人开车或将人关在车门与屏蔽门（安全门）之间开车，造成人身伤害的；

19）接触网错送电、漏停电；

20）运营期间，正线及其辅助线走行轨断裂；

21）车辆、设备、机房、办公用房、车站、商铺发生火灾，未能及时自救扑灭，对客运、正常秩序造成影响；

22）其他严重影响生产安全、造成不良影响的行为。

（6）一般事件构成条件：

在运营生产中，造成下列后果之一的为一般事件：

1）直接经济损失人民币10万元以上30万元以下；

2）中断正线行车（上下行正线之一）30min以上；

3）调车冲突；

4）调车脱轨；

5）挤岔；

6）调车冒进信号；

7）机车车辆溜逸，但未进入正线车站或区间；

8）设备、设施超限，或车辆超限、车辆部件脱落，或装载货物超限、货物装载不良开车，导致设备设施损坏；

9）车厂内机车、车辆溜动或误动与其他车辆或设备发生碰撞；

10）主变电所全所供电中断120min以上；

11）运营期间，单个车站照明全部熄灭60min以上；

12）错挂、漏挂、错撤、忘撤接地线；

13）因错发操作命令或人员误操作，造成断路器跳闸或接触网（轨）误停电，影响运营服务的；

14）运营期间，某条线路通信主干网中断通信60min以上；

15）运营期间，行车指挥通讯有线或无线系统中断通信60min 以上；

16）运营期间，单一车站全部自动售票机中断售票 120min 以上或全线 60min 以上；

17）车厂线路由轨顶到轨底贯通断裂；

18）变电所保护拒动；

19）供电系统错送电、漏停电；

20）接触网断线或断杆；

21）其他（性质严重的事故，经分公司安全生产委员会决定列入本项）。

（7）事件苗头构成条件：

凡在运营生产中，因违反规章制度、违反劳动纪律或其他原因造成设备损坏、影响正常行车或危及行车安全，造成下列后果之一的为事件苗头，或者虽未造成损失，但违章行为性质严重，经安全管理部门认定为事件苗头的安全事件。

1）直接经济损失 1 万元以上 10 万元以下；

2）正线行车（上下行正线之一）中断 20min 以上；

3）客运列车车门故障无法关闭，且无安全措施行车；

4）客运列车车门夹人夹物，设备已检测到，但旁路车门动车，未造成人员伤害的；

5）客运列车错开车门、运行途中开门、车未停稳开门，未造成人员伤害的；

6）操作不当或客运列车客室、车站设备设施不良造成人员受伤；

7）设备、设施超限，车辆超限、装载货物超限、车辆部件脱落或货物装载不良开车；

8）应停载客列车未停站通过；

9）未经允许列车搭载乘客进入非运营线路；

10）运营期间，设备、设施、备品脱落或掉下站台、隧道，造成停车；

11) 未办理请点手续，进入正线或辅助线轨行区的（检修股道车辆部自身作业除外）；

12) 运营期间，单个车站正常照明全部熄灭 60min 以上；

13) 运营期间，单个车站照明全部熄灭 30min 以上；

14) 系统数据记录未按规定存储或数据丢失，对事故（事件）分析造成影响的；

15) 错发、错传、漏发、漏传调度命令，耽误列车运行；

16) 因行车有关人员违反劳动纪律漏乘或出乘迟延，耽误列车运行；

17) 未撤除防溜措施动车；

18) 空调季节，单个车站环控系统故障停机连续时间 24h 以上；

19) 空调季节，集中冷站故障停机连续时间 12h 以上；

20) 错办、误办工作票；

21) 未验电即挂地线；

22) 人为原因，造成自动消防设施误动作、在紧急情况下不动作或在操作过程中出现明显失误的；

23) 自动消防设施在紧急情况下失效，不能正常启动的；

24) 自动消防设施因检修或故障不具备相关监控功能的情况下，未及时通知相关岗位（或人员）采取相应措施的；

25) 行车指挥的无线通信系统或有线通信系统中断 20min 以上；

26) 正线给水主管、消防主管爆裂；

27) 供电系统操作中发生漏送电、错停电，或非正常单边供电；

28) 因房屋、隧道漏水，没在规定时间内处理，影响变电、通信、信号设备正常使用；

29) 运营期间，全线中断自动售票 30min 以上或单个车站中断自动售票 60min 以上；

30) 运营期间，单个车站进闸机或出闸机全部故障 30min

以上；

31) 运营期间，运营线路积水漫过轨面；

32) 无特种作业操作证操作相关设备，或无证违章操作安全相关命令；

33) 电客车误进供电区；

34) 车辆、设备、机房、办公用房、车站发生起火冒烟险情；

35) 轨行区内应撤除的设施、设备、物料、标志未及时撤除，影响行车的；

36) 擅自切除客运列车的车载安全装置开车；

37) 未按规定穿绝缘鞋或绝缘靴进入未停电接触轨区域；

38) 其他（性质严重、影响恶劣的事件）。

39) 其他危及运营生产安全的事件，分公司安全生产委员会认为有必要时可定为事故（事件）；同时，分公司安全生产委员会也有权对事故（事件）重新认定。

3. 事故（事件）的责任划分

全部责任：负有事故（事件）损失及不良影响100%的责任；

主要责任：负有事故（事件）损失及不良影响50%～99%的责任；

次要责任：负有事故（事件）损失及不良影响20%～49%的责任；

一定责任：负有事故（事件）损失及不良影响1%～19%的责任；

同等责任：各方均负有事故（事件）损失及不良影响的相同比例的责任；

若事故（事件）由多方原因造成，按各责任方承担责任比例进行划分。

4. 运营事故的责任判定

事故（事件）责任判定的原则：以事实为依据，规章为准绳。

运营事故（事件）责任按责任程度分为全部责任、主要责任、次要责任、一定责任、同等责任和无责任等。按责任关系分为直接责任、间接责任、管理责任、领导责任等。

5.3 术语

A1 运营事故（事件）：在运营事业分公司管辖范围内，在运营生产过程中，凡因违反规章制度、违反劳动纪律、技术设备不良及其他原因，造成人员伤亡、设备损坏、经济损失、影响正常运营生产或危及运营生产安全的，均构成运营事故。其他食品安全、收益安全、治安、交通安全等另有规定的，按其规定执行。

A2 四不放过原则：是指事故调查分析和处理的基本原则，具体包括事故原因没有查清不放过，事故责任者没有严肃处理不放过，防范措施没有落实不放过，广大员工没有受到教育不放过。

A3 直接经济损失：系指事故中直接发生的设施、设备损坏或报废的价值及事故救援、伤亡人员处理费（不含保险赔偿费用）。设备报废时按账面价值减除折旧及残值计算；破损设备按修复费用计算。

A4 中断正线行车：系指不论事故发生在区间、车站或车厂，造成运营正线双线之一（上下行线之一）不能通行后续客运列车的，即为中断正线行车。正线行车中断时间由事故发生的时间起至实际恢复列车行车条件的时间止。

A5 列车：按地铁规定编组的并有车次号的客车车组、工程车、单机。分为客运列车、其他列车两类。

A6 客运列车：系指以运送乘客为目的按规定编组而成的客车车组，包括专列。

A7 其他列车：系指除客运列车以外的列车。包括空列车、工程列车、调试列车、救援列车及开行的单机等。

列车与其他调车作业的客车车组、机车、车辆、设施、设备等互相冲撞而发生的事故,按列车事故论。列车以调车方式进行摘挂或转线而发生的事故,按调车事故论。

A8 工程列车:系指因运营生产的需要开行的由机车与按规定编组的车辆(包括客车、单元车、单节车、平板车等)连挂而成的列车。

A9 调试列车:系指因对运营设备进行调整、试验需开行的列车。

A10 救援列车:系指因需处理运营生产中发生的事件,担任救援任务而开行的列车。

A11 单机:系指因运营生产的需要开行的带有车次号的机车。

A12 机车:系指除客车车组外,凡自身带有动力能独立行驶的车辆。(现阶段包括600型内燃机车、380型内燃机车、210型轨道车、架线车、磨轨车、网轨检测车等,根据分公司增加的设备而增加。)

A13 车辆:系指含电客车、机车、平板车、作业车、检测车等在轨道上运行的设备。

A14 重伤:按照《劳动部关于重伤范围的意见》及国家标准《企业职工伤亡事故分类》GB 6441—86的有关规定。

A15 冲突:系指列车、机车、车辆相互间或与设备、设施(车库、站台、车档、脱轨设备、止轮设备等)发生冲撞招致列车、客车车组、机车、车辆、设备、设施等破损。

A16 脱轨:系指列车、客车车组、机车、车辆车轮离开钢轨轨面(包括脱轨后又自行复轨)。

每辆(台)只要脱轨1轮,即按1辆(台)计算。

A17 整备作业:系指列车、机车、车辆、轨道车等进行检查、试验设备功能、清扫等作业。整备作业过程中发生的行车事故,按调车事故论。

A18 列车分离:系指编组列车因未确认车的连结状态或车

钩作用不良而发生的车辆分离（包括车钩缓冲装置破损）。

A19 占用线：系指停有列车、客车车组、机车、车辆的线路或已封锁的线路。

A20 占用区间：系指下列情况之一：
（1）区间已进入列车；
（2）区间已被列车取得占用的许可；
（3）封锁的区间（如安排进行施工作业等）；
（4）区间内有停留或溜入的列车、客车车组、机车、车辆。列车发出后溜入的亦算。

A21 向占用区间或区段错发出列车：系指在采用电话闭塞法、区段进路行车法等人工组织行车法行车时，向占用区间或区段发出列车。开行救援列车、抢险列车时除外。

A22 未准备好进路：有下列情况之一，属于未准备好进路：
（1）进路上停有车辆或危及行车的障碍物；
（2）进路上的道岔未扳、错扳、临时扳动或错误转动；
（3）邻线的列车、客车车组、机车、车辆等越出警冲标。

A23 未拿或错拿行车凭证发出列车：系指已办理完行车手续，应凭行车凭证发车的但没交或没拿，或者行车凭证有日期、区间、车次错误的，并且已经发出列车。

A24 信号升级显示：系指由于某种信号联锁条件错误或有关人员违章操作，信号机设备发生应停信号显示为开放信号，列车已按此信号显示运行的，虽未造成后果，按本款论。

A25 擅自改变列车运行方向行车：系指在没有车载信号保护的情况下，未经行车调度允许，列车没按规定或图定的运行方向或行调指挥的行车方向运行的，并已占用或进入另一区间。

A26 在实行站间行车法等人工组织行车时，未办或错办行车手续发出列车：系指在采用电话闭塞法、区段进路行车法等人工组织行车法行车时，未办理行车手续发出列车，或办理手续后的区间或区段与列车运行的区间不一致。

A27 列车冒进信号

有下列情况之一的，属于列车冒进信号：

（1）列车前端任何一部分越过固定信号显示的停车信号或规定的手信号显示地点；

（2）停车列车越过信号机或警冲标；

（3）不含因紧急情况扣车、信号突变等，致使列车采取紧急制动后越出信号机的。

A28 列车溜逸，或者机车车辆溜逸并进入正线车站或区间

列车溜逸，系指列车发生溜车，并越出本车原占用的线路、股道或区间。

并且进入了正线区间或车站。若机车车辆溜逸，但未进入正线区间或车站的，列一般事故。

A29 客运列车错开车门、运行途中开门、车未停稳开门

错开车门，系指已载客的客运列车停车后未对好站台开启客室车门（指客车至少有一个客室门越出站台头端墙或未到站台尾端墙，在未切除车门的情况下，打开了客室车门）或开启非站台一侧的客室车门。

运行途中开门，系指在已载客的客运列车运行过程中，因车门故障等原因，客室车门打开。

车未停稳开门，系指已载客的客运列车未停稳时，客室车门打开。

客运列车错开车门、运行途中开门、车未停稳开门造成伤害后果的，列险性事故；若未造成伤害后果的，作事件苗头论处。

A30 客运列车夹人开车或将人关在车门与屏蔽门之间开车

客运列车夹人开车，系指夹住人体任何部位或随身衣物启动列车。

将人关在车门与屏蔽门之间开车，系指有人进入了车门与屏蔽门之间间隙启动列车。

A31 接触网错送电、漏停电：系指因工作失误造成、不应该送电的送电，或者应该停电的没停电，危及作业和人身安全的行为。

A32 运营期间，车站照明全部熄灭：系指运营时间内，某座地铁车站的照明（包括正常照明、应急照明）全部熄灭。因地铁外部供电失效造成的照明全部熄灭时不列此项。

A33 接触网断线或断杆：接触线或承力索断线，或者接触网支柱断。

A34 调车：系指除列车在正线运行、车站或车厂到发以外，一切机车、车辆或列车有目的的移动。

A35 挤岔：系指车轮挤上道岔、挤过道岔或挤坏道岔。

A36 应停载客列车未停站通过：系指因有关行车人员违反劳动纪律、违反规章制度致使应停载客列车在站通过。不包括列车调度按照列车运行情况临时调整变更通过的列车。

A37 擅自切除车载安全装置：系指未按规定得到授权，擅自切除客车车组的 ATP 切除开关、车门旁路开关、疏散门旁路开关、气制动旁路开关、停放制动旁路开关等安全设施。

A38 设备、设施超限：设备、设施越过设备限界。

A39 车辆超限，装载货物超限：客车、机车、车辆等任何一部分超出车辆限界，或装载的货物任何一部分超出车辆限界。

A40 侵限：限界是为保证地铁车辆安全行车规定的技术尺寸，任何设备、设施不得超过车辆限界，否则，侵入行车限界。简称：侵限。

A41 未撤除防溜措施动车：系指没有撤除铁鞋、止轮器动车，或没有缓解制动、手闸等动车。

A42 漏乘：系指乘务员在列车开车时，未按规定人数出乘。若有同等职务的人员或能胜任现行职务的高职人员顶替出乘将列车正点开出，不按事故论。

A43 操作不当或客运列车客室、车站设备设施不良造成人员受伤：系指由于操作不当或客运列车客室、车站设备设施不良，造成轻伤或以上，或发生地铁责任承担医疗费用 1000 元及以上的。

A44 耽误列车：系指列车在始发站或停车站，因违章作业、违反劳动劳动纪律造成列车晚开或超过运行图规定的停车时间。

A45 未经允许客运列车搭载乘客进入非运营线路：系指载客列车未经行车调度许可，在未进行清客的情况下擅自驶入未对外运营的线路、车站、车厂线，或因未计划办理进路致使载客进入非运营线路（折返线、存车线、车厂线路等）。

A46 电客车误进供电区：系指电客车升弓或伸出集电靴由无电区进入有电区，或由有电区进入无电区。

5.4 关键点

1. 防止错开车门

（1）采用 ATPM、RM、NRM 驾驶模式时，严格按顺序开关屏蔽门和车门并做到"先确认、再呼唤、跨半步、再开门"；

（2）当设备故障需使用"强行开门"按钮时，必须确认显示屏出现车门释放令、图标，严格执行"先确认、再呼唤、跨半步、再开门"开门程序；

（3）列车停稳未准确对标时做好防范措施；

（4）加强检查列车乘务员人工开门操作的掌握情况及继电器标志的完好情况。

2. 防止夹人夹物动车

（1）车门关闭，列车乘务员确认：车门关好红色指示灯全部熄灭；车门操纵控制盘绿灯亮；PSL 上的"门关好"灯亮；

（2）关好门后，认真确认列车与屏蔽门之间的空隙无人和物；

（3）动车前监听对讲机，有异常时马上停车；

（4）人工开门时，列车乘务员必须严格按章操作并加强确认；

（5）旁路车门时，必须确认车门锁闭良好且得到行调的授权；运行途中应密切留意列车状态，出现车门紧急解锁信息时，应及时采取防范措施。

3. 防止冒进信号

(1) 熟知正线及车厂信号分布、名称及其位置；
(2) 确认出站信号机开放再关车门；
(3) 动车前必须确认三要素，即道岔、进路、信号；
(4) 严格执行联控措施和呼唤应答制度，按标准化作业；
(5) 提高工作责任心，班前充分休息，出乘后集中思想；
(6) 信号楼加强对调车作业的跟踪监控。

4. 防止挤岔

(1) 认真执行规章制度，动车前必须确认三要素，严格执行呼唤应答的制度；
(2) 加强责任心，班前必须注意充分休息，作业时集中精神，认真瞭望，确认进路；
(3) 调车作业时，列车乘务员与调车长、信号值班员保持联系，详细了解和明确作业计划内容和要求并控制好速度；
(4) 在前一条进路或进路的某一区段未解锁前，不允许再排与此进路有关联的进路。

5. 查列车乘务员业务学习情况

(1) 定期检查学习制度的执行情况；
(2) 定期考核列车乘务员对《车辆故障处理指南》、《行车组织规则》等规章的掌握情况；
(3) 查列车乘务员的车辆故障判断和处理能力；
(4) 查列车乘务员对列车火灾等突发事件应急预案的掌握情况。

6. 防止列车追尾

(1) 采用 NRM 驾驶时，列车司机加强瞭望，平稳驾驶，严禁超速运行；
(2) 认真确认行车凭证，如调度命令等；
(3) 认真确认行车三要素（道岔、进路、信号）；
(4) 站务员显示停车手信号时，列车司机要马上采取停车措施；

(5) 需切除 ATP 时，列车乘务员必须得到行调的授权；

(6) 担当救援列车时，在被救援列车前一站应严格控制好速度，并在被救援列车前 15m 一度停车。

7. 防止撞车挡

(1) 进入车挡 10m 内进行调车作业，动车前车长要通知列车乘务员，严格控制速度（不超 3km/h），加强瞭望和引导工作，随时停车；

(2) 人工折返时，列车司机要加强瞭望，控制好车速；

(3) 试车线上要有完善的行车标志，调试时司乘人员要加强瞭望，控制好速度，防止撞车挡。

8. NRM 驾驶安全事项

(1) 采用 NRM 模式（ATP 钥匙开关置"分"位）时，列车乘务员必须得到行调授权；

(2) 严格执行《行规》中有关 NRM 使用授权、速度限制的规定，接受添乘人员的监督；

(3) 列车司机要严格执行规章制度，加强瞭望，不超速，平稳操纵，准确对标；

(4) 动车前要确认三要素。加强瞭望，确认信号，严格执行呼唤应答制度；

(5) 站务员显示停车手信号，列车司机要马上采取停车措施。

9. 防止压人、撞侵限物体

(1) 在运行时注意瞭望，遇有危及行车或人身安全情况时，应立即采取停车措施；

(2) 通过道口时，一度停车；

(3) 客车进站、进出隧道前要鸣笛；

(4) 工程车在隧道运行时严禁超速；施工时作业人员在后，工程车在前并不得后退；工程车进站、弯道、进出隧道、动车前须鸣笛；

(5) 进站时加强瞭望，注意站台安全，作好紧急停车准备。

10. 防止错办、误办列车进路

（1）信号值班员排列进路时坚持"一看、二按、三确认、四呼唤"制度；

（2）执行"一人操作、一人确认"和"干一勾、划一勾"的制度；

（3）正确记录和理解调度命令；

（4）设备故障及时通报维修人员或设备操作人员。

11. 防止错办隔离开关作业令

（1）熟悉作业股道及隔离开关位置；填发作业令前要认真确认；

（2）要认真检查和确认作业人员操作资格；

（3）严禁简化隔离开关作业控制程序；

（4）严格管理隔离开关操作钥匙。

12. 防止错、漏派班

（1）要求认真做好派班计划，公寓值班人员按时叫班；

（2）列车乘务员要按时出勤，迟到3min派班室要采取应急措施；

（3）排班或交路发生变化时，要及时通知所有相关人员；

（4）时刻表发生变化时，提前学习、检查交路落实情况。

13. 防止车辆溜逸

（1）保证平板车手闸状态良好；

（2）按要求采取防溜措施；

（3）对止轮器进行定置管理；

（4）加强对工程车长大下坡作业监控和车辆段在出入车厂线调车作业的控制。

14. 防止装载货物超载、脱落

（1）坚持动车前对货物装载、加固情况进行检查；

（2）超限货物经有关人员检测确认安全后才能动车；

（3）运输超高货物要求有供电专业人员押运，其他超限运输要求车辆、工建、施工部门相关人员押运。

15. 防止技术状态不良车出库

(1) 认真执行车辆的交验确认制度;

(2) 坚持动车前检查制度;发现问题立即报告车厂调度;

(3) 防车底有障碍物;

(4) 防止客车自动广播作用不良及语音不正确;

(5) 严禁手闸未缓解动车。

16. 防止未请点作业

(1) 认真执行施工作业登记制度;

(2) 对施工通告的作业内容主动跟踪;

(3) 加强车厂巡视,监督施工作业安全。

17. 防止屏蔽门未关好动车

(1) 严格按关门作业程序关门;

(2) 关门时,密切注意乘客上下车情况及站台岗人员的动态;

(3) 关门时认真确认屏蔽门指示灯是否熄灭,发现异常及时报告车站,确认站台岗给"好了"信号才动车;

(4) 列车进站时,发现有屏蔽门打开,控制好列车速度,加强瞭望,在打开屏蔽门前鸣笛,车停稳后及时报告车站。

18. 防止夹人夹物

(1) 客车在站停车开门后,及时立岗,密切注意乘客上下车情况;

(2) 严格执行关门程序,严禁盲目赶点;

(3) 关好门后,认真确认列车与屏蔽门之间的空隙无人无物;

(4) 遇屏蔽门不能打开时,及时进行列车广播引导乘客从其他屏蔽门下车,认真确认站台岗的"好了"信号才能动车,保证乘客有足够的时间下车。

19. 车厂信号控制室操作注意事项

(1) 信号控制操作必须做到一人操作、一人监控,执行呼唤应答制度;

(2) 严格执行"干一钩、划一钩"作业制度;

(3) 破封时，做好登记，并及时通知信号人员加封；

(4) 控制台没有道岔位置表示和光带表示时，必须到现场确认；

(5) 加强与正线的联系和出入车厂列车的管理，确保了列车出入厂线的畅通与安全。

20. 防止错办、误办列车进路

(1) 排列列车进路时："一看、二按、三确认、四呼唤"，严格按照标准程序作业；

(2) 严格执行一人操作一人确认制度，ATS-MMI 在站控时车控室要有两名值班员以上人员；

(3) 严格执行 ATS-MMI 操作规定。对 ATS-MMI 的规定车站要定期组织车站员工进行学习，并进行考试检查学习情况；对新规定要确保上岗的员工了解清楚再上岗；

(4) 当到现场准备进路时，现场排列进路需 2 人，车控室 1 人。

21. 消防安全

对用电安全管理进行检查，严禁违章用电：

(1) 在车站范围内，严禁乱拉、乱接电线及用电器；

(2) 对车站的其他驻站部门要加强检查。

(3) 落实对施工用电、动火作业、施工材料（如油漆等）的监督管理；

(4) 在车站范围内的动火作业，要严格执行重点单位动火作业的规定；

(5) 对施工遗留的余料，要及时清除出地铁站。

(6) 在车站区域禁止吸烟；

(7) 发现乘客吸烟，员工要及时制止；

(8) 要教育好员工和外单位施工人员不能在车站范围内吸烟；

(9) 车站加强检查和监控，发现吸烟人员及时制止并严厉教育。

22. 列车越站注意事项

（1）列车停站越过站台头端墙两个车门时，值班员报告行调，列车乘务员切除两个车门后开门，站台员工尽快组织乘客上、下车，尽量减少列车晚点时间；

（2）列车停站越过站台头端墙 5m 及以上时，值班员报告行调，如果行调安排越过本站，值班员要密切关注站台情况，必要时采取人潮控制，并及时通知邻站引导越站乘客返回本站；

（3）如果列车未按计划停站，通过车站时，车站值班员立即报告行调，并通知邻站及列车所在联锁区的连锁站，值班员密切关注站台情况，必要时采取人潮控制。车站员工提高警惕密切观察，发现异常情况及时汇报，防止列车被劫持。

23. 取消运营停车点注意事项

（1）取消运营停车点时，要一人操作一人监控；

（2）取消运营停车点前，要确认列车在相关车站站内信标显示单独占用约 7~10s 时，才可取消停车点；

（3）非连锁站在列车停站超过规定时间时，要及时报连锁站；若该站在两连锁区交界，则要及时报两端连锁站；

（4）需人工取消运营停车点时，列车在非连锁站停稳开门后，要及时通知相关连锁站；

（5）ATS 故障时，连锁站要加强监控，注意及时对相关车站从工取消运营停车点的操作。

24. 防止施工完毕未撤除防护

（1）正常情况下，施工防护执行谁设谁撤的原则，以防漏撤防护

（2）设在线路上的红闪灯统一放在车控室行车备品柜保管，运营前行车值班员检查红闪灯的数量情况；

（3）运营前站台岗检查站内线路情况，确保线路出清及施工防护已撤除；

（4）主站与辅站要做好施工销点的联系和沟通。

25. 防止端墙屏蔽门破碎

（1）正确掌握端墙屏蔽门的操作方法，站台岗加强巡视保持端墙门处于关闭锁好状态；

（2）严禁用任何异物卡住屏蔽门阻挡其正常关闭；

（3）在客车及工程车开行前，必须检查端墙门的状态，确保其关闭锁好；

（4）严禁任何人用异物敲打屏蔽门，施工人员所带的工器具经过屏蔽门时，要避免与屏蔽门碰撞；

（5）人员经过两端屏蔽门后，必须手推确认屏蔽门已经关闭。

26. 防止屏蔽门故障时人员侵入限界

（1）屏蔽门故障时要及时采取防护隔离措施；

（2）屏蔽门故障时要报行调和维修调度，严禁未经批准侵入限界进行维修。

27. 防止列车冒进信号

（1）非 ATO 驾驶时，行调要密切注意信号显示和列车的行驶状态；

（2）非 ATP 状态时，检查是否每一闭塞区间只有一列车占用；

（3）NRM 模式驾驶时，跟踪列车运行情况。发现列车未按运行要求停车时，要问清楚情况，联系不上而车仍在运行时紧急扣车；

（4）不能及时自动排列进路时，行调、车站要加强监控并及时与司机联系。

28. 防止火灾报警信号无人确认

（1）严格按火警报警程序确认火灾报警；

（2）报警记录要真实反应处理经过；

（3）加强对消防报警系统故障的维修和管理。

29. 防止救援抢险设备状态不良

（1）检查是否按要求配备救援设备，备品备件是否齐全；

（2）检查救援器材保养记录是否齐全。

30. 防自动广播失效

(1) 每日日检必须对自动广播进行检查，保证广播作用良好及语音正确；

(2) 列车过线时要及时用广播系统进行调整。

5.5 案例分析

1. 救援组织不当，造成行车事故。

事件经过：

某次客车在某站正点发车。列车动车后出现 4 个 DCU 中等故障，列车失去动力，在 K5+100m 处停车。司机在车辆部跟车人员的配合下，立即对故障进行处理，并于 9：24 分通过某站报告行调。9：26 分司机认为无法处理请求救援。行调在 9：24 分接到列车故障报告后，立即口头通知车厂准备救援列车、备用车出厂；9：26 分正式组织清客和救援工作，先通知车站准备车厂到上行正线救援列车进路。于 9：31 分客车清客完毕，行调再跟某站联系、多次确认故障列车位置，9：41 分行调发出开行 602 次救援列车的 267 号调度命令，9：42 分发布备用车 89110 次出厂的 268 号调度命令。救援列车 9：58 分经某某站开往某站，在救援列车进某某站后，设置下行线进路。备用车 9：55 分出车厂，9：59 分到达终点站，改为 9112 次客车于 10：09 从终点站发车，下行线恢复运行。

10：28 分救援列车牵引故障客车从某站返回，在下行线客车运营结束后，于 11：52 分从某某站回到车厂。

你作为一名司机，分析本次事件的定性及如何防范？

2. 7 月 23 日某次列车在某站-某站上行区间溜逸事件

事件经过：

7 月 23 日 21：24，某次（2728 车）以 ATPM 模式进某站上行站台，由学员某某负责驾驶，其已取得《实习司机驾驶证》，对标停车后，司机按压"左门开"按钮后车门无法打开，进司机室发现"左门开"按钮指示灯不亮，认为无开门使能信号，将"强行开门"开关置"合"位按钮给出开门使能信号，但左门开指示灯还是不亮。

21：27，某次司机关钥匙后切除 ATP，左门开指示灯仍不亮。

21：29，某次司机报行调切除 ATP 后仍然不能开门。行调问司机是否对准停车标，司机回答列车已经对准停车标。行调命令司机使用继电器开门。

21：30，某次司机到客室打开设备柜后用钥匙按压继电器车门仍不能打开（回厂后要求司机某某用继电器开左门时，其错误按了下一行的继电器）。

21：30，行调命令某次司机解锁车门清客并与车站联系，司机做好清客广播后，解锁了列车的 2 个车门，此时车站值班站长通过驾驶室进入列车车内，解锁紧急开门手柄手动开启车门，前两节车厢因乘客比较多，每节车厢手动开启两个车门，其他每节车厢开启一个车门，共解锁 8 个车门疏散乘客（800 人左右）。

21：30，某次（3738 车）司机某某以 ATO 模式正点到达某站上行站台，开门后行调要求司机开门清客待令，司机按命令执行。

21：32，行调问某次司机清客情况，司机回答没有清客完毕；行调命令司机清客完毕后，打车门旁路动车不停站到广州东退出服务。

21：32，某站行车值班员通知值班站长及车站全体员工列车晚点延误信息，延误时间 15min 左右。行车值班员放"延误 10min 以上"自动广播。车站安排人员在边门处引导乘客如何处理手中的单程票以及已经进站，通知客运值班员协助做好退票工作以及乘客解释工作。

21：33，某次司机清客完毕后报行调。

21：33，某站上行某次清客完毕后，行调命令改开 602 次担当救援任务；以 ATO 模式到达前方某站故障车前自动停车后，做好救援连挂准备工作。

21：34，某次司机报列车关不了门，行调命令司机将"强行开门"开关置"合"位关门。

21：34，602次列车以ATO模式动车，自动停车后转换RM模式运行到离故障车1m一度停车。

21：36，行调询问某次司机动车没有，司机报正在尝试动车；行调命令其能动车就沿途不停站通过到终点站。司机按命令执行，因当时列车已切除ATP，就操作了车门旁路，当时司机台旁路指示灯亮。

21：36，602次救援列车司机使用对讲机联系故障列车司机，但无应答。

21：37，某次司机发现旁路车门后，推牵引手柄列车出现保压制动不能缓解，4个DCU中等故障，司机将方向手柄回"0"，重新牵引一次仍然不能动车，司机马上报行调。

21：37，行调决定救援，此时某站值班站长上车给某次司机提供了另一条方孔钥匙，司机和学员一起去切B05（未施加停放制动），司机切除了1A28、1C28、1B27车的B05后返回1A28司机室报告行调列车已切除B05；学员切除了1B28、1C27、1A27车的B05跟随司机返回1A28司机室；

21：41，行调询问救援列车602次司机联挂好没有，救援列车司机说未见到故障车司机，未清楚故障车的防护情况。

21：42，某次司机到达1A28报告行调已切完B05；行调命令：开行602次，与救援车司机做好连挂后，推进运行到公园前上行经渡线到下行经某某站回厂。

21：43，某次列车发生向前溜动并加速；但某次司机误认为列车已经连挂并在被推进运行中，未采取任何停车措施。

21：43，602次司机发现前方故障车以3km/h的速度向前移动，司机马上报行调。

21：44，行调问故障车司机现在列车是什么样的状态，故障车司机回答后面的车推进运行，其在前面监控。

21:45,行调询问故障列车连挂情况（故障列车司机反馈当时列车移动的速度达到15km/h）时，命令司机马上拉停列车，司机马上施加停放制动，并恢复1A28、1B28车的B05。

21:46,行调问故障列车停车没有，司机回答已经停车。行调随后命令司机恢复三节车B05后限速30km/h到广州东退出服务。司机回复行调是否再恢复两个B05,行调再重新命令司机只恢复（列车）两个B05后限速25km/h到广州东退出服务。

21:47,行调要求602次司机进某站上行站台不开门待令；

21:49,行调问故障车司机动车没有，司机报列车出现4个DCU严重故障，不能动车。行调命令故障车司机切除车上的B05,到后端与救援车司机做好联挂后报行调。

21:51,行调命令602次司机动车到某站～陈家祠区间担当救援任务；

21:53,连挂完毕后故障车司机换端，切除1A28、1B28车的B05。

21:55,到达1A28司机室指挥救援车司机动车。

21:13,到达公园前上行站台。

22:16,救援列车经过公园前渡线到达公园前下行线线后换端以ATPM限速45km/h运行。

22:39,602次救援列车在车厂K信号机前停稳报信号楼后回厂。

你作为一名司机，分析本次事件的定性及如何防范？

3. 9月29日某某站2202次夹人动车事件

事件经过：

(1) 乘务经过

10:13,2202次（3940车）司机某某值乘2202次（3940车）到达某站上行站台，开门后约20s,司机见到乘客已基本上下完毕，DTI时间显示为"0"后，关车门、屏蔽门，司机站在屏蔽门与车门缝隙之间确认车门上方指示灯全灭，司机室内关门灯亮，确认当时间隙内没人，但看到屏蔽门没关好，就站在红线外确认屏蔽门状态，看到后端有一个屏蔽门上方指示灯亮，随后屏蔽门关好后，司机呼"屏蔽门关好"进入驾驶室。

10：14，司机在进入驾驶室时没有看清楚间隙内是否有人，就进入驾驶室确认站台安全后，以 ATO 模式动车，刚按下 ATO 按钮就听见对讲机有人叫司机，当时没有听清楚，之后就听到叫上行司机停车，司机马上拉快制（出站约 20m），随着列车产生紧急制动，列车停车后离开站台约 90m，司机播放临时停车广播并用对讲机呼叫站台了解情况，当时车站无人回应，对讲机里声音较嘈杂，司机马上联系行调，行调命令司机待令。

10：17，行调通知司机以 RM 模式动车，收到速度码后恢复 ATO 模式运行，司机按行调命令执行。

10：26，2202 次晚点 223s 到达终点站。

（2）车站经过

10：12，2202 次列车进某站，站台岗某在上行线 10 号屏蔽门（上行紧急停车按钮处）接车。

10：13，2202 次在某站上行站台停稳，正常打开车门、屏蔽门上下客，约 20s 后关车门、屏蔽门。

10：13，某站上行站台岗发现 9～10 号屏蔽门有乘客抢上抢下，于是到 9～10 号屏蔽门拦乘客（当时拦截住一名老年女乘客），当走到 7 号屏蔽门位置时，见到有一名老伯伯夹在车门与屏蔽门中间（当时车门及屏蔽门已经关闭），站台岗用对讲机呼叫司机"广州东方向的司机请重新开车门、屏蔽门，有人夹在车门与屏蔽门中间"，司机没有应答，站台岗再呼司机"请不要动车，有人夹在车门与屏蔽门中间"，呼了几次司机，司机没有反应。

10：13 站台岗见呼叫司机没有回应，列车动车，于是在站台显示紧急停车手信号。

10：13，行车值班员某某听到站台岗用对讲机叫司机不要动车，行车值班员马上叫司机不要动车并询问站台岗什么事，站台岗说：有乘客在车门与屏蔽门中间。此时，司机已经动车，协助岗值班站长通过对讲机听到此信息后立即按压紧急停车按钮。

10：13，行调电话询问车站为什么按压紧急停车按钮，行车值班员汇报：广州东方向7号屏蔽门与车门中间夹有乘客，司机已动车。同时，将此事通知值班站长。

10：14，列车尾部越过站台中部，站台岗马上去按压了紧急停车按钮。

10：14，行车值班员通知值班站长立即到站台。

10：15，站务人员找到一名目击证人。

10：15，值班站长到达站台后发现掉下轨道的乘客在7～8号屏蔽门之间对应的轨道旁。

10：15，值班站长与两名站务员一起手动打开7号屏蔽门下轨道处理。

10：16，将乘客从轨道扶起通过上行站台尾端端墙门回到站台，线路出清，取消紧停并报行调。

10：17，站台岗向2202次显示"好了"手信号，2202次动车。

10：19，行车值班员向站长汇报此事。

10：32，报120。

10：42，120医护人员到站。

10：45～11：00期间报公安、保险公司、保卫部。

10：48，120人员将乘客接到广东医药学院第一附属医院。

作为一名司机，分析本次事件的定性及如何防范？

6 司机培训考试规定

6.1 概述

根据教材使用范围不同，分公司培训教材分为分公司级、中心（部门）级、分中心（室）级培训教材，教材管理按照"统一规划、分级负责"的原则进行，培训中心负责分公司培训教材的统筹和规划，各级管理者、员工都有编制本专业、岗位培训教材的责任和义务。

下列以某地铁运营单位为例。

（1）新员工

指已签订劳动合同的新招聘或新调入地铁的员工（含应届大学毕业生）。

（2）新学员

指分公司拟招聘、暂没签订劳动合同的站务、乘务、维修等岗位学员。

（3）生产业务中心

指客运中心、车辆中心、维修中心、通号中心。

（4）新员工培训阶段

指新员工（新学员）从到培训中心报到之日起，至培训结束考取岗位合格证的过程。新员工培训分为入司教育、岗前理论培训和在岗培训三个阶段。

1. 目的

通过对新员工（新学员）进行岗前培训，帮助新员工（新学员）系统了解地铁运营单位的历史、现状、发展远景；深刻领会地铁运营单位文化及公司的各项规章制度，教育新员工（新学员）认真履行工作职责，严守职业道德和行为规范，早日融入企业文化，塑造良好的职业形象。

尽快缩短新员工（新学员）对工作环境的适应期，增强归属感，掌握岗位要求的基本技能，培养良好的工作习惯、工作作风，确保新员工（新学员）以最佳的状态投身于地铁建设。

2. 入司教育

入司教育采用脱产集中培训的形式，时间为期一周内，新招站务、乘务岗位新员工（新学员）可另安排3天的军训。

入司教育的内容包括地铁概论、企业文化、职业规划、人力资源制度、职业道德教育、综治法规、职业化塑造、团队建设等。

3. 岗前理论培训

岗前理论培训由生产业务中心和用人部门根据岗位任职要求和各岗位应知应会培训大纲制定培训计划，报培训中心审核，通过后各部负责组织实施及管理，培训中心负责检查落实情况。

岗前理论培训采用集中授课形式，时间根据各专业需求而定，其中初级安全教育时间按分公司《安全管理办法》执行。

岗前理论培训内容包括企业初级安全教育、部门文化、部门工作执行流程、管理制度和新员工岗位应知应会知识等。

4. 在岗培训

在岗培训采用现场跟岗、现场指导、师徒带教的形式，由用人部门负责组织实施。

在岗培训的内容包括带领新员工熟悉工作环境、讲解新员工本人岗位职责及主要承担的工作、传授新学员掌握岗位应知应会，达到独立上岗要求。

5. 培训管理

所有新员工（新学员）坚持安全教育合格上岗。分公司（中心）级安全教育合格，主办部门发放《安全合格证》及《安全教育卡》《安全教育卡》作为进行二、初级安全教育的凭证,初级安全教育结束后,安全教育卡由用人单位保存。

新学员培训管理规定参照新学员已签订的《培训协议》执行。应届大学毕业生培训管理规定参照当年颁布的应届大学生培养方案及大学生已签订的培养协议执行。

在岗培训期间,用人部门应安排业务好、责任心强的员工负责新员工(新学员)的师徒带教工作,各部门须根据岗位应知应会要求,制定带教培养目标和要求,并填写在《新员工培训指导手册》上,带教师傅与学员共同确认后执行,在带教期间,因故带教师傅无法继续带教,所在部门必须及时更换带教师傅,并将更换原因及时填写在《新员工培训指导手册》上。

原则上一个师傅一次带教人数不能超过 3 人,带教师傅的岗位级别须高于徒弟的岗位级别,新员工在带教期间可根据工作需要安排多个师傅,但每个师傅带教期不能少于 1 个月。

各部门根据带教培养目标和要求,每月底进行带教效果考核,对考核不合格的徒弟,延长带教期 1 个月并给予一次补考,补考仍不合格者按培训协议相关规定处理。

带教师傅在带教期间,分公司给予师傅带教补贴,补贴标准按每带 1 个徒弟每月 50 元计算,维修岗位、电客车及工程车司机、行调、电调、环调、维调岗位带教期为 3 至 6 个月,其余岗位带教期为 1~2 个月。

带教师傅带教的人数和带教效果作为师傅岗位晋升和高技能人才评定的加分依据之一,带教徒弟月度带教考核不合格,取消带教师傅当月带教津贴,同一带教师傅连续 2 人次带教不合格则取消其一年带教资格。

入司教育、岗前理论培训、在岗培训各阶段培训结束后二周内,各阶段培训负责人应将培训日志和师徒带教台账上报培训中心或生产业务中心,以便进行授课津贴和师带津贴的发放。

6.2 高技能人才评定

乘务系列职业技能鉴定及高技能人才评定管理办法：

1. 前言

为规范乘务系列主要生产岗位职业技能（资格）的培训、鉴定和高技能人才评定的管理工作，使乘务系列主要生产岗位职业技能（资格）鉴定和高技能人才评定的管理工作程序化、规范化和制度化，特制定本标准。

2. 范围

本标准规定了地铁运营事业分公司（以下简称分公司）乘务系列主要生产岗位职业技能（资格）鉴定的申报条件、鉴定方式、组织机构。

3. 引用标准

下列标准所包含的条文，通过在本标准中引用而构成本标准的条文。本标准出版时，所示版本均为有效。所有标准都会被修改，使用本标准的各方应探讨使用下列标准最新版本的可能性。

4. 定义

（1）岗位合格证书：由分公司统一印制、对分公司内通过相关岗位入职资格鉴定人员核发的上岗凭证，仅在分公司范围内使用有效。证内附有岗位资格鉴定和专项考核登记页。

（2）司机驾驶证：由分公司统一印制、只对通过分公司电客车和工程车入职资格鉴定人员核发的上岗凭证，仅在分公司范围内使用有效。证内附有准驾车型和技能等级登记页。

（3）分公司电客车驾驶分类：A类许可、B类许可和C类许可。

1) A类：申请对象为电客车司机学员或分公司行车岗位管理人员。A类许可核发电客车司机驾驶证，持证人员准予独立驾驶电客车，驾驶模式和行驶范围不受限制，准驾车型以驾驶证登记核准的车型为准。

2）B类：申请对象为工程车司机，许可资格在其工程车司机驾驶证证内登记。B类许可准予驾驶电客车，准驾车型以登记核准的车型为准，驾驶行驶范围限于车厂范围内及车厂与正线连接之间的线路。

3）C类：申请对象为车站值班站长或地铁行车管理人员。C类许可仅准予在特殊情况下，以列车自动保护系统保护下的驾驶模式（ATO、ATPM、ATPM 或 RM）驾驶电客车，准驾车型以登记核准的车型为准，驾驶范围限于接车位置至前方终点站之间的（含终点站）线路。

（4）国家职业技能鉴定：国家职业技能鉴定是一项对职业技能水平的考核活动，属于标准参照型考试，它是由考试考核机构对劳动者从事某种职业所应掌握的技术理论知识和实际操作能力客观的测量和评价。在本标准中，职业技能鉴定简称技能鉴定。

（5）国家职业资格证书：是指按照国家制定的职业技能标准或任职资格条件，通过政府认定的考核鉴定机构，对劳动者的技能水平或职业资格进行客观公正、科学规范的评价和鉴定，对合格者授予相应的国家职业资格证书。本标准涉及的资格证书分为《高级技能职业资格证书》、《技师技能职业资格证书》、《高级技师技能职业资格证书》。

（6）高技能人才评定：高技能人才评定是指对具有技师及以上技能水平的人才进行的评价、考核和鉴定，它既是职业技能鉴定的重要组成部分，也是高技能人才工作的重要环节。

5. 总则与说明

（1）乘务系列分电客车司机、工程车司机、车厂调度、信号楼值班员、派班员、电客车队长、工程车队长和车厂组组长八个主要生产岗位，其中司机岗位分初级司机、中级司机、高级司机、技师、特级和首席六个技能级别。

1）电客车队长、工程车队长和车厂组组长三个岗位不纳入职业资格鉴定管理办法范围，此3个岗位人员的入职和任职，由客运中心根据相应岗位说明书中规定的任职要求，自行制定相关培训、考核与聘任办法。

2）车厂调度、派班员和信号楼值班员入职资格纳入分公司岗位合格证考证范围；

3）电客车司机和工程车司机入职资格纳入司机驾驶证考证范围；

(2) 电客车司机和工程车司机技能鉴定分分公司技能鉴定和国家技能鉴定。

1）分公司技能鉴定的级别为分公司初级和中级，鉴定结果分公司内部认可，相关信息在员工司机驾驶证上登记。

分公司初级技能鉴定即为司机驾驶证考试。员工通过相应的电客车司机或工程车司机驾驶证考试后，即确定为具备相应的电客车司机或工程车司机初级技能。

2）国家技能鉴定的级别为高级（对应分公司高级）、技师（对应分公司高级）和高级技师（对应分公司特级）。鉴定成绩合格的，颁发相应级别的国家职业资格证书，鉴定结果国家认可。

① 依照国家职业分类大典，分公司开展电客车司机和工程车司机国家职业技能鉴定对应的工种名称分别为电动列车（电力机车）司机和内燃机车司机。

② 申报国家技能鉴定需按市职业技能鉴定机构收费标准缴纳鉴定费用。

3）首席技能纳入分公司高技能人才评定体系中。

(3) 鉴定组织时间安排。

1）车厂调度、派班员、信号楼值班员和司机岗位资格鉴定组织时间根据招聘和培训计划予以安排。

2）电客车司机和工程车司机分公司中级技能鉴定和国家高级技能鉴定每年组织两期，计划于每年的3月份和9月份进行。

3）电客车司机和工程车司机国家技师和高级技师技能鉴定每年组织一期，计划于每年的11月份进行；分公司司机首席技能评定根据工作计划和需要予以安排。

6. 职业资格、技能鉴定申报条件

(1) 基本申报条件

1) 乘务系列主要生产岗位职业资格、技能鉴定的申报人员，在最近1年的任职期间内满足以下基本条件后，方可根据相应岗位或级别的相关条件进行申报：

① 年度考评"称职"以上（含）。

② 岗位出勤率达到95%及以上。

③ 未受到中心及以上警告、记过、记大过、降职、撤职、留用察看等行政处分。

④ 未受到中心及以上通报批评。

⑤ 未受到部门及以上诫勉处分。

⑥ 未发生负主要及以上责任的事件苗头、一般事件。

⑦ 未生负次要及以上责任的危险性事件。

⑧ 未发生负一定及以上责任的一般事故、较大事故、重大事故、特别重大事故。

⑨ 未发生负主要及以上责任的晚点15min以上（含）的行车事件。

⑩ 按照分公司其他规定必须满足的条件。

2) 电客车司机和工程车司机中级及以上职业技能鉴定原则上仅接受在岗在聘司机和司机队长的申报，对于原从事司机岗位工作，后转入分公司其他岗位工作的员工，若要参加司机岗位职业技能等级鉴定，则须聘回原司机岗位，并在该岗位连续工作满3个月后，方可根据相关条件申报。

(2) 信号楼值班员（具备下列条件之一）

1) 已完成信号楼值班员岗位知识和技能不少于3个月的培训。

2) 已完成信号楼值班员岗位知识和技能不少于1个月的培训（此要求仅适用于从铁路或其他城市轨道交通单位招聘的、有行车值班员、信号员岗位工作经验，并持有相应岗位资格证的员工和分公司车厂调度岗位的员工或学员）。

(3) 派班员（同时具备以下两个条件）

1) 申报人员应符合以下要求之一：

① 具有 2 年以上（含，以下同）分公司信号楼值班员岗位工作经验；

② 具备分公司司机中级及以上技能；

③ 具有三年铁路或其他轨道交通单位相关岗位（司机、值班员、调度员）工作经验，持有相关岗位资格证的员工，且入司后取得地铁乘务行车岗位资格满 1 年。

2) 已完成派班员岗位知识不少于 1 个月的培训。

(4) 车厂调度（同时具备以下两个条件）

1) 申报人员应符合以下要求之一：

① 具有 3 年以上分公司信号楼值班员岗位工作经验；

② 具有 2 年以上分公司派班员岗位工作经验或具备司机高级及以上技能；

③ 具有铁路或其他城市轨道交通单位 5 年以上行车相关岗位（司机、值班员、调度员）工作经验，持有相应岗位资格证的员工，且入司后取得地铁乘务行车岗位资格满 1 年。

2) 已完成车厂调度岗位知识和技能不少于 3 个月的培训。

(5) 电客车驾驶许可

1) 电客车驾驶 A 类许可

① 有铁路或其他城市轨道交通单位电动列车或机车驾驶 1 年以上工作经验的，并持有相应的电动列车或机车车辆驾驶证的员工或学员：

已完成电客车司机岗位知识和技能不少于 3 个月的培训

② 其他员工或学员：已完成电客车司机岗位知识和技能不少于 5~6 个月的培训

2) 电客车驾驶 B 类许可

已完成电客车驾驶知识和技能不少于 1~5 个月的培训。

3) 电客车驾驶 C 类许可

已完成电客车驾驶知识和技能不少于 1~5 个月的培训。

（6）工程车司机驾驶证

1）有铁路或其他城市轨道交通单位内燃机车驾驶1年以上工作经验，并持有机车驾驶证的员工或学员：

2）已完成工程车司机岗位知识和技能不少于2个月的培训

其他员工或学员：已完成工程车司机岗位知识和技能不少于6、5个月的培训

（7）增驾车型

已完成"新车型"知识、操作技能和相关规章不少于1个月的培训。

（8）电客车司机中级及以上技能鉴定

电客车司机中级及以上技能鉴定的申报条件，主要以从事安全乘务的时间和安全行车公里数为报考依据。对任职期间参与了调车、调试、日常行车管理工作或协助培训的司机，对其安全行车公里数的要求，可按其参与以上工作期间的本线人均行车公里的1倍进行折减计算，即折减计算公里数＝参与以上工作总的时间段天数（不含工休天数）×本线日人均公里数。

1）中级（具备下列条件之一）

① 任职初级电客车司机满1年，且个人安全行车公里数累计满5万km；

② 任职初级电客车司机满18个月（从聘用之日起计算，以下同），且个人安全行车公里数不少于本线人均运行里程的80%（从聘用之日起计算，以下同）。

2）国家高级（具备下列条件之一）

① 任职分公司中级电客车司机满1年，且个人安全行车公里数累计不少于10万km；

② 任职分公司中级电客车司机满18个月，且个人安全行车公里数不少于本线人均运行里程的80%。

3）国家技师（具备下列条件之一）

① 取得国家高级职业资格证书后，任职分公司高级电客车司机满2年，且个人安全行车公里数总累计不少于20万km。

② 取得国家高级职业资格证书后,任职电客车队长(具备分公司高级资格)满2年。

4)国家高级技师

取得国家技师职业资格证书后,任职分公司高级电客车司机满3年,且任职高级电客车司机以来的个人安全行车公里数不少于6万km。

5)首席

取得国家高级技师资格后,任职分公司特级电客车司机满3年,且任职特级电客车司机以来的个人安全行车公里数不少于6万km。

(9)工程车司机中级及以上技能鉴定申报条件

1)中级

任职初级工程车司机满18个月,且个人安全行车天数不少于350天。

2)国家高级

任职分公司中级工程车司机满18个月,且个人安全行车天数累计不少于700天。

3)国家技师(具备下列条件之一)

① 取得国家高级职业资格证书后,任职分公司高级工程车司机满2年,且个人安全行车天数不少于900天。

② 取得国家高级职业资格证书后,任职分公司工程车队长(具备分公司高级资格)满2年。

4)国家高级技师

取得国家技师职业资格证书后,任职分公司高级工程车司机满3年,且任职高级工程车司机以来的个人安全行车天数不少于450天。

5)首席

取得国家高级技师职业资格证书后,任职分公司特级工程车司机满3年,且任职特级工程车司机以来的个人安全行车天数不少于450天。

（10）任职年限减免情形

具备下列情形之一的员工，在申报分公司内的职业资格、技能鉴定时，对其任职年限的可相应减免6个月：

1）在任期内，对公司有突出贡献，受到中心及以上记功、记大功、通令嘉奖或三次以上通报表扬的；

2）参加中心级及以上技术比武，取得第一名成绩的。

7. 鉴定方式

（1）信号楼值班员、派班员和车厂调度的岗位资格鉴定由客运中心组织、实施。每次鉴定前需将考试计划及参加人员信息交培训中心备案，鉴定结束后，需将鉴定结果和考件交培训中心登记备案和存档，并核发相应岗位合格证书。

1）信号楼值班员和车厂调度岗位资格鉴定分理论知识考试和操作技能考核两项，派班员岗位资格鉴定仅考理论知识一项。

2）理论知识考试和操作技能考核均采用百分制，成绩以不低于70分为合格。

（2）电客车司机、工程车司机岗位资格鉴定（即司机驾驶证考试）由培训中心统一组织，客运中心负责实施。电客车驾驶B、C类许可考试由客运中心组织和实施，每次考试前需将考试计划及参加人员信息交培训中心备案，考试结束后，需将考试结果和考件交培训中心登记备案和存档，并办理相应的许可登记。

1）鉴定分理论知识考试和操作技能考核。理论知识考试采用闭卷笔试方式，操作技能考核采用实际操作方式。

① 理论知识考试采用百分制，成绩不低于70分为合格。

② 电客车司机和工程车司机岗位资格鉴定的操作技能考核分实作（包括车辆检查、试验、故障处理、非正常行车及事件、事故处理模块和内容）和列（机）车驾驶两项独立进行鉴定。

实作考核采用百分制，并设直接判定为不合格的情形，最终成绩以不低于70分为合格。

驾驶考核采用"合格"和"不合格"的评判方式。

③ 电客车驾驶B、C类许可操作技能考核主要为驾驶技能考

核,考核采用"合格"和"不合格"的评判方式。

2) 鉴定实行逐项淘汰的方式,即当项鉴定不合格的,不能参加下一项目的鉴定。鉴定顺序设置为先考理论、再考实作、最后考驾驶。

3) 电客车司机和工程车司机岗位资格鉴定均设两次鉴定次数。第一次鉴定总评成绩不合格的,第二次则需重新参加所有项目的鉴定。两次鉴定成绩都不合格的,则终止其参加鉴定的资格。

① 若参加第一次鉴定出现有理论知识考试成绩或实作考核成绩低于35分的,则终止其参加第二次鉴定的资格。

② 理论知识考试和实作考核成绩合格,而驾驶考核不合格的,可在1个月内给予一次补考机会,补考不合格须参加第二次鉴定。两次参加鉴定均出现驾驶考核补考不合格的,则由司机考评会予以裁决。

(3) 电客车司机和工程车司机分公司中级技能鉴定由培训中心统一组织,客运中心负责实施。

1) 鉴定分理论知识考试、实作考核和驾驶考核三项。理论知识考试和实作考核均采用百分制,理论成绩以不低于70分为合格,实作成绩以不低于75分为合格,驾驶考核以"合格"和"不合格"的方式进行评判。

2) 鉴定实行逐项淘汰的方式,即当项鉴定不合格的,不能参加下一项目的鉴定。鉴定顺序设置为先考理论、再考驾驶、最后考实作。

(4) 电客车司机和工程车司机国家高级、技师和高级技师技能鉴定由广州市职业技能鉴定指导中心组织,分公司培训中心负责实施。

1) 鉴定分理论知识考试和操作技能考核,其中操作技能考核作为一个整体项目进行鉴定(具体考核要求参见考试大纲)。理论知识考试和操作技能考核均采用百分制,成绩不低于60分为合格。

2) 技师、高级技师还需进行综合评审（具体评审办法参加第 8 点高技能人才评定的内容），综合评审通过后，方能参加技能鉴定考试。

8. 高技能人才评定（审）

（1）电客车司机和工程车司机高技能人才评定（审）根据员工所具有的能力及业绩，采用核心能力评价、工作业绩评价、操作技能考核、理论知识考试相结合的方式，重点评价企业员工解决生产问题和完成工作任务的能力。

1) 核心能力评价是指对申报人员的职业道德、敬业精神和内在职业素质等进行的评价，评价采用量表测评、上级评价和班组评议相结合的方式，评价成绩不低于 60 分为合格。核心能力评价合格后，方可进入工作业绩评价阶段。

2) 工作业绩评价是指对申报人员的工作能力、工作效率、工作成果、执行操作规范、完成生产任务数量和质量、技术创新、传授技艺等方面的评价。评价成绩 85 分以上为优秀，60～85 分为合格。

① 对于业绩突出，贡献较大且已成为分公司公认的、具有高技能水平的人员，采取直接认定的方式，确认其具备申报相应级别的职业资格/技能。具体的操作方法是：分公司以评审会的方式组织考评专家对员工填报并已公示认可的业绩材料进行评审，业绩评审达到申报条件，经分公司高技能人才评审委员会评审同意，可直接予以认定为具备申报对应级别的职业资格/技能，核发相应等级的国家职业资格证书。

② 对于业绩评审合格但未达到优秀的申报人员，则需参加理论知识考试和操作技能考核项目的鉴定。

（2）电客车司机和工程车司机高技能人才的评定顺序依次为核心能力评价，工作业绩评价、操作技能考核和理论知识考试，每个环节评价合格后方能进入下一个环节。

9. 司机岗位职业资格、技能鉴定组织机构及职责

司机岗位职业资格、技能鉴定设专门的司机考评委员会，负

责司机岗位的职业资格、技能鉴定管理工作,并行使相关的职责。

(1) 机构组成

主任委员:分公司分管副总经理;副主任委员:客运中心分管副总经理;委员:安全稽查部分管副经理和分管主任、培训中心分管经理、乘务分中心分管副经理、乘务分中心分管主任或副主任、培训中心主任或分管主管。

(2) 职责:

1) 负责审定乘务司机职业资格、技能鉴定的考核大纲及考试试题,并对鉴定过程进行监控。

2) 受理司机或分中心的对鉴定过程或鉴定结果的投诉,并组织调查和处理。

3) 根据技能鉴定的结果,确定司机的分公司技能级别,并根据岗位空缺与需求以及相关条件,最终拟定聘用人选。

4) 负责对驾驶人员的从业行为进行监察、监督;负责对驾驶许可证的发放和吊销予以核准。

5) 负责对司机高技能人才的技术能力作出评价,并将评价结果报分公司高技能评定领导小组审核。

6) 负责对任职分公司电客车司机以来个人安全行车公里数达到25万km及以上的司机,破格参加高级司机聘用考试的申请予以核准。

(3) 对参加国家高级、技师和高级技师技能鉴定成绩达到以下要求的人员进行评议,确定其具备分公司相应的高级和特级资格:

1) 高级:理论70分及以上,操作技能80分及以上。

2) 技师:理论和操作技能皆达85分及以上。

3) 高级技师:理论和操作技能皆达90分及以上。

6.3 考试大纲

考试大纲为培训中心下发,如有改动以最新为准。

1. 初级客车驾驶员考试大纲

初级客车驾驶员理论考试见表 6.3-1。初级客车驾驶员考试大纲见表 6.3-2，初级客车驾驶员实际操作考试见表 6.3-3。

初级客车驾驶员理论考试　　表 6.3-1

项　目		考试范围、内容和要求	权重 100
行车基础知识	行车组织 安全规定 安全操作规程	(1)掌握行车组织中相关术语的定义和行车的组织原则(正常情况下和非正常情况下)； (2)熟记列车在各种情况或载荷下在正线、车厂和辅助线运行速度的规定； (3)熟知各种行车凭证和行车命令； (4)熟记列车开行车次的规定； (5)熟悉列车调试(试车线和正线)的安全规则和安全操作规程； (6)了解行车事件、事故的相关术语定义和事苗/事件/事故的界定范围； (7)掌握发生事件、事故时的处理原则和报告事项； (8)熟记《员工通用安全知识》和《事故十防》的内容； (9)掌握各联控用语的使用； (10)掌握灭火器的操作方法和使用安全事项； (11)掌握屏蔽门正常情况和非正常情况的操作方法； (12)其他安全作业事项	20～30
	行车相关知识 (线路、信号、供电、通信)	(1)了解轨道组成； (2)掌握道岔的定义、类型、分类、组成和开通方向的判定； (3)掌握道岔构造速度和通过速度(侧向和直向)； (4)了解外轨超高、轨距加宽的意义； (5)熟悉线路特点(坡度、线路类型和功能、曲率半径和道岔、信号机的设置等内容)； (6)熟悉各线路标志(如坡度标)、信号标志(如警冲标)的作用； (7)掌握信号的作用，信号的显示方式和意义； (8)掌握手信号的显示方式和显示意义； (9)了解连锁设备和 ATC 各子系统的功能； (10)掌握连锁、闭塞的概念，闭塞的分类和线路闭塞分区的划分； (11)熟练掌握线路各区间 ATP 提供的车载推荐速度变化情况； (12)熟悉接触网的架设范围、标准和分区； (13)了解分段绝缘器和隔离开关的作用； (14)掌握各通信设备的使用方法	

续表

项　目		考试范围、内容和要求	权重
			100
专业知识	车辆与列车驾驶	(1) 了解列车的基本构造和组成； (2) 掌握各主要设备的安装位置和功能； (3) 熟悉车辆的设计、技术参数； (4) 熟悉司机室和客室各主要开关、按钮的作用和显示灯、仪表的显示意义； (5) 熟悉司机室和客室设备柜内各主要小型断路器的作用； (6) 掌握列车牵引、制动和车门的基本控制原理； (7) 掌握列车的牵引、制动基础理论知识，熟悉克诺尔制动机的构造和作用原理； (8) 熟悉列车的气路图，掌握主要阀体、阀门、塞门或开关的作用； (9) 掌握列车的启动程序和操作方法； (10) 熟悉列车驾驶（载客、折返、出入车厂、调试、救援等）的相关作业程序和作业标准	20～30
	车辆故障处理	(1) 掌握车载电子设备（显示器、ATP/ATO、牵引和制动控制单元、车辆和逆变器控制单元等）复位或重启方法和要求； (2) 掌握列车不能激活或激活自动关闭的处理方法； (3) 掌握列车不能升弓/靴或受电弓/靴自动降落的处理方法； (4) 掌握列车高速断路器不能合上或断开的处理方法； (5) 了解列车充电器或直流供电系统的处理方法，了解列车的基本构造和组成； (6) 掌握各主要设备的安装位置和功能； (7) 熟悉车辆的设计、技术参数； (8) 熟悉司机室和客室各主要开关、按钮的作用和显示灯、仪表的显示意义； (9) 熟悉司机室和客室设备柜内各主要小型断路器的作用； (10) 掌握列车牵引、制动和车门的基本控制原理； (11) 掌握列车的牵引、制动基础理论知识，熟悉克诺尔制动机的构造和作用原理； (12) 熟悉列车的气路图，掌握主要阀体、阀门、塞门或开关的作用； (13) 掌握列车的启动程序和操作方法； (14) 熟悉列车驾驶（载客、折返、出入车厂、调试、救援等）的相关作业程序和作业标准； (15) 了解辅助逆变器和空调故障的处理方法；	30

续表

项目		考试范围、内容和要求	权重 100
专业知识	车辆故障处理	(16)掌握列车信息系统故障(显示屏黑屏或显示不正常等)的处理方法； (17)熟练掌握客室车门类故障的处理程序和方法： 1)客室车门不能正常开启的故障； 2)客室车门不能正常关闭的故障。 (18)熟练掌握牵引类故障的处理程序和方法： 1)保护方面的故障(警惕按钮、主风压力、客室门、司机室侧门、疏散门、停放制动、气制动等设备或系统及其检测处非正常情况时导致的牵引封锁或启动封锁)； 2)牵引设备(牵引值输出设备、牵引控制单元、车辆控制单元、逆变器控制单元、VVVF等设备)方面的故障。 (19)熟练掌握制动类故障的处理程序和方法： 1)列车产生气制动或气制动不缓解(以紧急制动内容为主)的故障； 2)列车制动设备(制动控制单元等)故障	30
	非正常行车和事件、事故处理	(1)掌握接触网/轨停电的处理程序； (2)掌握接触网/轨有异常或异物的处理程序； (3)掌握列车发生火灾的处理程序； (4)掌握列车乘客报警系统启动的处理程序； (5)掌握列车车门/屏蔽门夹人夹物和车门和屏蔽门之间滞留人或物的处理程序； (6)掌握列车撞人/压人的处理程序； (7)掌握信号系统不正常时的相关作业程序和要求； (8)掌握列车发生冒进信号、挤岔的处理程序	10～15

初级客车驾驶员考试大纲　　表 6.3-2

项目	考试范围、内容和要求	备注
列车驾驶	(1)能正确执行列车驾驶的作业程序和作业标准； (2)能遵守各项允许和限制速度，按运营时刻表行车； (3)能严格按信号(地面信号、车载信号、手信号)显示和相关行车凭证行车，安全、正点、平稳地操纵列车； (4)能够以手动驾驶模式(正常情况使用 ATPM/ATPM，特殊情况使用 RM 或 NRM)将进站列车制停在停车标前后 50cm(司机室侧门的中点与停车标之间的横向距离)的范围内(含 50cm)。考核将选取 10 个车站	驾驶考核过程中，出现有下列情形之一的，驾驶考核判为不合格： (1)有 1 个站的前后对标距离超出 50cm 的。 (2)人为原因触发列车产生紧急制动的(紧急情况除外)。 (3)采用快速制动减速或制停列车的。 (4)因操纵不熟练或不当，造成列车晚点 3min 及以上的。 (5)二次牵引对标停车的。 (6)严重违章操作或不按规定作业程序操作，可能招致或可导致行车事苗、事件或事故发生的

初级客车驾驶员实际操作考试

表 6.3-3

项目	考试范围、内容和要求	权重 100	备注
静检	能够根据相关作业程序要求,在规定时间内查找出在列车上或周边设置的故障点或非正常点,并准确报告	20	(1)实作考核分列车静态检查、车辆故障处理和列车连挂三个考核项目。每个考核项目满分100分。 (2)3项考核合格(不低于60分)且3项考核总分合计不低于70分认定为实作技能合格。 (3)3项考核均为不合格或有任1项不合格的均判为实作技能不合格。 (4)考核过程中,出现有下列情形之一的,视为失格或取消考试资格: 1)盲目操作非相关旁路开关动车,可能招致或已导致车辆设备损坏或人身伤亡的。 2)严重违章或违规操作或处理不当,可能招致或已导致行车事苗、事件或事故发生的
车辆故障处理	(1)导致行车事苗、事件或事故发生的。能按要求正确复位或重启车载电子设备(显示器、ATP/ATO、牵引和制动控制单元、车辆和逆变器控制单元等)。 (2)能够判断和处理列车不能激活或激活自动关闭的故障。 (3)能够判断和处理列车不能升弓/靴或受电弓/靴自动降落的故障。 (4)能判断和处理高速断路器不能合上或断开的故障。 (5)能复位处理列车充电器或直流供电系统的故障。 (6)能复位处理辅助逆变器和空调的故障。 (7)能够处理列车风管泄漏的故障。 (8)能复位处理列车信息系统的故障(显示屏黑屏或显示不正常等)。 (9)能够判断和处理客室车门类的故障。 (10)客室车门不能正常开启的故障。 (11)客室车门不能正常关闭的故障。 (12)能够判断和处理牵引类的故障: 1)牵引保护方面的故障(警惕按钮、主风压力、客室门、司机室侧门、疏散门、停放制动、气制动等设备或系统及其检测处非正常情况时导致的牵引封锁或启动封锁)。 2)牵引设备(牵引值输出设备、牵引控制单元、车辆控制单元、逆变器控制单元、VVVF等设备)方面的故障。 (13)能够判断和处理制动类的故障: 1)列车产生气制动或气制动不缓解(以紧急制动内容为主)的故障; 2)列车制动设备(制动控制单元等)故障	60	
列车连挂	(1)能够按列车救援程序要求和规定驾驶列车连挂另一停放的列车,并进行连挂后的解钩和离钩操作。 (2)熟悉救援程序内容、规定和相关救援行车知识	20	

2. 中级客车驾驶员考试

见表6.3-4。

中级客车驾驶员考试　　　　　表6.3-4

项目		考试内容和要求	备注
驾驶部分	ATPM 操作技能	司机采用 ATO＋ATPM 模式（特殊情况下可采用 RM 或 NRM 模式）运行，即在站启动和区间运行采用 ATO 模式，进站停车采用 ATPM 模式。考核时，选取 10 个车站作为考核站，考核要素包括： （1）10 个车站要求至少有 8 个车站的对标精度绝对值（以下简称"对标值"）不超过 25cm，允许有 2 个车站的对标值超过 25cm，但最大不能超过 50cm（适用于中级考核）；10 个车站要求至少有 8 个车站对标值不超过 20cm，允许有两个车站的对标值超过 20cm，但最大不能超过 50cm（适用于高级考核）。 （2）司机必须按规定的作业程序和流程进行操作，有以下行为的，驾驶考核将评为不合格： 1）采用快速制动对标停车； 2）人为原因触发列车产生紧急制动（紧急情况除外）； 3）列车在车站启动前未确认站台和列车与屏蔽门之间的间隙是否安全； 4）进站停车只顾紧盯司机台显示屏内的推荐速度表，不瞭望前方进路，经提醒仍未改正的； 5）操作手柄来回大幅度动作，导致列车平稳性较差的，经提醒仍未改正的； 6）进站对标停车时，早早将列车速度降低，以低速缓慢对标的，导致列车晚点比较严重，经提醒仍未改正的； 7）进站对标最后停车时刻时，主控手柄累计回"0"位超过 3 次的； 8）其他有较大安全隐患或不当的操作行为的	高级考核评分标准比中级考核高，比如故障或应急处理时间要求不同，另外规定的合格分数线也不同：中级为 75 分，高级为 80 分

续表

项目		考试内容和要求	备注
实作部分	车辆故障处理和行车应急处理技能	客车驾驶员中级和高级实作考核主要通过模拟情景的方式进行，要求客车驾驶员根据所看到或观察到的故障现象和考官提供的假设情景(有综合的情形)。 (1)列车产生牵引封锁的判断和处理(不同的车型或运行模式,有不同的构成要素)： 1)牵引指令线故障引起的牵引封锁： ①警惕按钮故障； ②主风压力不足或检测电路故障； ③停放制动缓解检测电路故障； ④车门检测电路故障； ⑤其他引起牵引指令线故障的原因。 2)气制动缓解检测电路故障引起的牵引封锁： ① 单节或几节车的气制动不缓解； ②气制动缓解检测电路故障。 3)无牵引值输出引起的牵引封锁。 4)乘客进出车厢安全监控回路故障引起的牵引封锁。 (2)列车保压制动(停放制动)不能缓解的判断和处理。 (3)列车快速制动不能缓解的判断和处理。 (4)列车产生紧急制动和紧急制动不能缓解的判断和处理(不同车型有不同的构成要素)： 1)紧急制动电气回路故障引起的紧急制动； ①半自动车钩监控电路故障。 ②列车激活电路故障。 ③其他原因。 2)车间电源监控电路引起的紧急制动； 3)警惕按钮监控电路引起的紧急制动； 4)ATP触发的紧急制动； ①车门监控电路故障(含车门紧急解锁情况)； ② ATP系统或设备故障。 5)其他原因触发的紧急制动。 (5)列车车门故障的判断和处理： 1)单个或几个车门不能开启或关闭的判断和处理； 2)单节车车门不能开启或关闭的判断和处理； 3)列车单边车门不能打开(分有开门信号和无开门信号)或关闭的判断和处理。 (6)其他应急情况下的判断和处理： 1)列车发生火灾； 2)接触网停电； 3)列车压人、压物； 4)其他应急情况。 (7)其他相关的行车知识： 1)线路特点； 2)行车组织规定； 3)其他行车知识	高级考核评分标准比中级考核高，比如故障或应急处理时间要求不同，另外规定的合格分数线也不同：中级为75分,高级为80分

3. 高级客车驾驶员考试

高级客车驾驶员理论考试见表 6.3-5，高级客车驾驶员操作技能考核见表 6.3-6。

高级客车驾驶员理论考试　　　　表 6.3-5

项目		考试范围、内容和要求	权重 100
行车基础知识	行车组织、安全规定、安全操作规程	(1)掌握行车组织中相关术语的定义和行车的组织原则(正常情况下和非正常情况下)； (2)熟记列车在各种情况或载荷下在正线、车厂和辅助线运行速度的规定； (3)熟知各种行车凭证和行车命令； (4)熟记列车开行车次的规定； (5)熟悉列车调试(试车线和正线)的安全规则和安全操作规程； (6)了解行车事件、事故的相关术语定义和事苗/事件/事故的界定范围； (7)掌握发生事件、事故时的处理原则和报告事项； (8)熟记《员工通用安全知识》和《事故十防》的内容； (9)掌握各联控用语的使用； (10)掌握灭火器的操作方法和使用安全事项； (11)掌握屏蔽门正常情况和非正常情况的操作方法； (12)其他安全作业事项	20
	行车相关知识(线路、信号、供电、通信)	(1)了解轨道组成； (2)掌握道岔的定义、类型、分类、组成和开通方向的判定； (3)掌握道岔构造速度和通过速度(侧向和直向)； (4)了解外轨超高、轨距加宽的意义； (5)熟悉线路特点(坡度、线路类型和功能、曲率半径和道岔、信号机的设置等内容； (6)熟悉各线路标志(如坡度标)、信号标志(如警冲标)的作用； (7)掌握信号的作用,信号的显示方式和意义； (8)掌握手信号的显示方式和显示意义； (9)了解连锁设备和 ATC 各子系统的功能； (10)掌握连锁、闭塞的概念、闭塞的分类和线路闭塞分区的划分； (11)熟练掌握线路各区间 ATP 提供的车载推荐速度变化情况； (12)熟悉接触网的架设范围、标准和分区 (13)了解分段绝缘器和隔离开关的作用； (14)掌握各通信设备的使用方法	

续表

项目		考试范围、内容和要求	权重
			100
专业知识	车辆与列车驾驶	(1)了解列车的基本构造和组成； (2)掌握各主要设备的安装位置和功能； (3)熟悉车辆的设计、技术参数； (4)熟悉司机室和客室各主要开关、按钮的作用和显示灯、仪表的显示意义； (5)熟悉司机室和客室设备柜内各主要小型断路器的作用； (6)掌握列车牵引、制动和车门的基本控制原理； (7)掌握列车的牵引、制动基础理论知识，熟悉克诺尔制动机的构造和作用原理； (8)熟悉列车的气路图，掌握主要阀体、阀门、塞门或开关的作用； (9)掌握列车的启动程序和操作方法； (10)掌握列车牵引、制动和车门方面主要继电器、接触器的作用； (11)熟悉列车驾驶(载客、折返、出入车厂、调试、救援等)的相关作业程序和作业标准	30
	车辆故障处理	(1)掌握车载电子设备(显示器、ATP/ATO、牵引和制动控制单元、车辆和逆变器控制单元等)复位或重启方法和要求； (2)掌握列车不能激活或激活自动关闭的处理方法； (3)掌握列车不能升弓/靴或受电弓/靴自动降落的处理方法； (4)掌握列车高速断路器不能合上或断开的处理方法； (5)了解列车充电器或直流供电系统的处理方法； (6)了解辅助逆变器和空调故障的处理方法； (7)掌握列车信息系统故障(显示屏黑屏或显示不正常等)的处理方法； (8)(考核重点)熟练掌握客室车门类故障的处理程序和方法： 1)客室车门不能正常开启的故障； 2)客室车门不能正常关闭的故障。 (9)(考核重点)熟练掌握牵引类故障的处理程序和方法： 1)牵引保护方面的故障(警惕按钮、主风压力、客室门、司机室侧门、疏散门、停放制动、气制动等设备或系统及其检测处非正常情况时导致的牵引封锁或启动封锁)； 2)牵引设备(牵引值输出设备、牵引控制单元、车辆控制单元、逆变器控制单元、VVVF等设备)方面的故障。 (10)(考核重点)熟练掌握制动类故障的处理程序和方法： 1)列车产生气制动或气制动不缓解(以紧急制动内容为主)的故障； 2)列车制动设备(制动控制单元等)故障	40

续表

项目		考试范围、内容和要求	权重
			100
专业知识	非正常行车和事件、事故处理	(1)掌握接触网/轨停电的处理程序； (2)掌握接触网/轨有异常或异物的处理程序； (3)掌握列车发生火灾的处理程序； (4)掌握列车乘客报警系统启动的处理程序； (5)掌握列车车门/屏蔽门夹人夹物和车门和屏蔽门之间滞留人或物的处理程序； (6)掌握列车撞人/压人的处理程序； (7)掌握信号系统不正常时的相关作业程序和要求； (8)掌握列车发生冒进信号、挤岔的处理程序	10

高级客车驾驶员操作技能考核　　表 6.3-6

项目	考试范围、内容和要求	权重 100	备　注
列车驾驶	(1)能正确执行列车驾驶的作业程序和作业标准； (2)能遵守各项允许和限制速度，按运营时刻表行车； (3)能严格按信号(地面信号、车载信号、手信号)显示或相关行车凭证行车，安全、正点、平稳地操纵列车； (4)(考核重点)能够以手动驾驶模式(正常情况使用 ATPM/ATPM，特殊情况使用 RM 或 NRM)将进站列车停在停车标前后 50cm(司机室侧门的中点与停车标之间的横向距离)的范围内(含 50cm)。考核将选取 10 个车站	35	操作技能考核过程中出现有下列情形之一的，直接判为不合格。 (1)在驾驶考核中，出现一个站的对标距离超过 50cm； (2)在驾驶考核中，人为触发列车产生紧急制动或采用快速制动减速对标停车； (3)在驾驶考核中，运行速度超过线路允许或限制速度达 5km/h 及以上的或臆测行车，可能或导致安全行车事苗、事件、事故发生； (4)不按信号显示或行调指挥行车的
列车故障处理	在需要时，能按要求正确复位或重启车载电子设备(显示器、ATP/ATO、牵引和制动控制单元、车辆和逆变器控制单元等)； 能够判断和处理列车不能激活或激活自动关闭的故障； 能够判断和处理列车不能升弓/靴或受电弓/靴自动降落的故障； 能判断和处理高速断路器不能合上或断开的故障； 能复位处理列车充电器或直流供电系统的故障	65	

续表

项目	考试范围、内容和要求	权重 100	备注
列车故障处理	能复位处理辅助逆变器和空调的故障； 能够处理列车风管泄漏的故障； 能复位处理列车信息系统的故障（显示屏黑屏或显示不正常等）； （考核重点）能够判断和处理客室车门类的故障： （1）客室车门不能正常开启的故障； （2）客室车门不能正常关闭的故障。 （考核重点）能够判断和处理牵引类的故障： （1）牵引保护方面的故障（警惕按钮、主风压力、客室门、司机室侧门、疏散门、停放制动、气制动等设备或系统及其检测处非正常情况时导致的牵引封锁或启动封锁）； （2）牵引设备（牵引值输出设备、牵引控制单元、车辆控制单元、逆变器控制单元、VVVF等设备）方面的故障； （考核重点）能够判断和处理制动类的故障： （1）列车产生气制动或气制动不缓解（以紧急制动内容为主）的故障； （2）列车制动设备（制动控制单元等）故障	65	（5）在故障处理考核中严重违章、处理严重失当或处理结果可能招致或已导致行车事故、事件、事苗或设备损坏的； （6）列车故障处理模块考核成绩低于39分

4. 高级（技师）客车驾驶员考试

高级（技师）客车驾驶员理论考试见表6.3-7、实际操作考核见表6.3-8。

高级（技师）客车驾驶员理论考试　　表6.3-7

项目	考试范围、内容和要求	权重 100
行车组织、安全规章、安全操作规程	（1）掌握行车组织中相关术语的定义和行车的组织原则（正常情况下和非正常情况下）； （2）熟记列车在各种情况或载荷下在正线、车厂和辅助线运行速度的规定； （3）熟知各种行车凭证和行车命令； （4）熟记列车开行车次的规定； （5）熟悉列车调试（试车线和正线）的安全规则和安全操作规程； （6）了解行车事件、事故的相关术语定义和事苗/事件/事故的界定范围； （7）掌握发生事件、事故时的处理原则和报告事项； （8）熟记《员工通用安全知识》和《事故十防》的内容； （9）掌握各联控术语的使用； （10）掌握灭火器的操作方法和使用安全事项； （11）掌握屏蔽门正常情况和非正常情况的操作程序和方法； （12）其他安全作业事项	15

续表

项目	考试范围、内容和要求	权重 100
行车相关专业基础知识（线路、信号、供电、通信）	(1)了解轨道组成； (2)掌握道岔的定义、类型、分类、组成和开通方向的判定； (3)掌握道岔构造速度和通过速度(侧向和直向)； (4)了解外轨超高、轨距加宽的意义； (5)熟悉线路特点(坡度、线路类型和功能、曲率半径和道岔、信号机的设置等内容)； (6)熟悉各线路标志(如坡度标)、信号标志(如警冲标)的作用； (7)掌握信号的作用，信号的显示方式和意义； (8)掌握手信号的显示方式和显示意义； (9)了解连锁设备和ATC各子系统的功能； (10)掌握连锁、闭塞的概念，闭塞的分类和线路闭塞分区的划分； (11)熟练掌握线路各区间ATP提供的车载推荐速度变化情况； (12)熟悉接触网的架设范围、标准和分区； (13)了解分段绝缘器和隔离开关的作用； (14)掌握各通信设备的使用方法	15
基本知识	(1)相关力学知识。 (2)机械传动知识。 (3)机械零件、电器的基本知识。 (4)机械识图、制图的基本知识。 (5)电与磁的基本知识。 (6)直流电路、交流电路、磁路的基本知识。 (7)电路符号的画法及含义	5
车辆专业知识（车辆构造、技术参数、控制原理、列车驾驶和车辆故障处理）	(1)了解列车的基本构造和组成。 (2)掌握各主要设备的安装位置和功能。 (3)熟悉车辆的设计、技术参数。 (4)熟悉司机室和客室各主要开关、按钮的作用和显示灯、仪表的显示意义。 (5)熟悉司机室和客室设备柜内各主要小型断路器的作用。 (6)掌握列车牵引、制动和车门的基本控制原理。 (7)掌握列车的牵引、制动基础理论知识，熟悉克诺尔制动机的构造和作用原理。 (8)熟悉列车的气路图，掌握主要阀体、阀门、塞门或开关的作用。 (9)掌握列车的启动程序和操作方法	70

续表

项目	考试范围、内容和要求	权重
		100
车辆专业知识（车辆构造、技术参数、控制原理、列车驾驶和车辆故障处理）	（10）掌握列车牵引、制动和车门方面主要继电器、接触器的作用。 （11）熟悉列车驾驶（载客、折返、出入车厂、调试、救援等）的相关作业程序和作业标准。 （12）了解列车充电器或直流供电系统的故障处理方法。 （13）了解辅助逆变器和空调故障的故障处理方法。 （14）掌握车载电子设备（显示器、ATP/ATO、牵引和制动控制单元、车辆和逆变器控制单元等）复位或重启方法和要求。 （15）掌握列车信息系统故障（显示屏黑屏或显示不正常等）的处理方法。 （16）熟悉列车激活电路的电气控制原理（图），掌握列车出现不能激活或激活自动关断的故障分析、判断和处理的方法。 （17）熟悉列车受电弓电气控制原理（图）、气路控制原理（图），掌握列车不能升弓/靴或受电弓/靴自动降落的故障分析、判断和处理的方法。 （18）熟悉列车高速断路器电气控制原理、逻辑控制原理，掌握列车高速断路器不能合上或断开的故障分析、判断和处理的方法。 （19）熟悉列车车门电气控制原理（图）、车门机械传动原理、逻辑控制原理和车门保护检测电路原理（图），掌握列车客室门不能正常开、关和保护检测电路出现断路的故障分析、判断和处理的方法。 （20）熟悉列车牵引电气控制原理（图）和逻辑控制原理，掌握列车产生牵引/启动封锁的故障分析、判断和处理的方法。 （21）熟悉列车气制动和停放制动的电气控制与检测电路原理（图）、气路控制原理（图），掌握列车出现制动不能施加或缓解和检测电路出现断路的故障分析、判断和处理的方法	70
非正常行车和事件、事故处理	（1）掌握接触网/轨停电的处理程序； （2）掌握接触网/轨有异常或异物的处理程序； （3）掌握列车发生火灾的处理程序； （4）掌握列车乘客报警系统启动的处理程序； （5）掌握列车车门/屏蔽门夹人夹物和车门和屏蔽门之间滞留人或物的处理程序； （6）掌握列车撞人/压人的处理程序； （7）掌握信号系统不正常时的相关作业程序和要求； （8）掌握列车发生冒进信号、挤岔的处理程序； （9）其他突发事件的处理	10

高级（技师）客车驾驶员操作技能考核　　　　　表 6.3-8

项目	考试范围、内容和要求	权重 100	备注
列车驾驶	(1)能正确执行列车驾驶的作业程序和作业标准； (2)能遵守各项允许和限制速度，按运营时刻表行车； (3)能严格按信号（地面信号、车载信号、手信号）显示或相关行车凭证行车，安全、正点、平稳地操纵列车。 (4)能够以手动驾驶模式（正常情况使用 ATPM/ATPM，特殊情况使用 RM 或 NRM）将进站列车停在停车标前后 50cm（司机室侧门的中点与停车标之间的横向距离）的范围内（含 50cm）。考核将选取 10 个车站	25	操作技能考核过程中出现有下列情形之一的，直接判为不合格（考卷记作"0"分）。 (1)在驾驶考核中，出现有一个站的对标距离超过 50cm； (2)在驾驶考核中，人为触发列车产生紧急制动或采用快速制动减速对标停车； (3)在驾驶考核中，运行速度超过线路允许或限制速度达 5km/h 及以上的或臆测行车，可能或导致安全行车事苗、事件、事故发生； (4)不按信号显示或行调指挥行车的； (5)在故障处理考核中严重违章、处理严重失当或处理结果可能招致或已导致行车事故、事件、事苗或设备损坏的； (6)列车故障处理模块考核成绩低于 45 分的
车辆故障处理	(1)在需要时，能按要求正确复位或重启车载电子设备（显示器、ATP/ATO、牵引和制动控制单元、车辆和逆变器控制单元等）。 (2)能够运用列车激活电气控制原理（图），分析和查找列车不能激活或激活自动关断的故障原因，并正确处理该类故障。 (3)能够运用受电弓/靴的电气控制原理（图）、气路控制原理（图）分析和查找列车受电弓/靴不能正常升弓的故障原因，并正确处理该类故障。 (4)能运用高速断路器的电气控制原理（图）分析和查找列车高速断路器不能正常闭合或自动断开的故障原因，并正确处理该类故障。 (5)能复位处理列车充电器或直流供电系统的故障。 (6)能复位处理辅助逆变器和空调的故障。 (7)能够处理列车风管泄漏的故障。 (8)能复位处理列车信息系统的故障（显示屏黑屏或显示不正常等）。 (9)能够运用车门构造原理、车门电气控制原理（图）和电路检测原理（图）分析和查找列车车门不能正常开、关的故障和电路检测故障的原因，并能正确处理车门控制方面和检测方面出现的较为复杂的故障或新故障。 (10)能够运用列车牵引电气控制原理和逻辑控制原理（图）分析和查找列车产生牵引/启动封锁的故障原因，并能正确处理牵引控制方面出现的较为复杂的故障或新故障。 (11)能够运用列车气制动和停放制动电气控制原理（图）与电路检测原理（图）、气路控制原理（图）分析和查找列车气制动（保压制动、常用制动、快速制动和紧急制动）、停放制动不能施加、缓解和检测电路故障的原因，并正确处理制动控制与检测方面出现的较为复杂的故障或新故障	75